《岭南视野丛书》编委会

农地产权结构对
农业环境效率的影响研究

李燕 著

Nongdi Chanquan Jiegou Dui
Nongye Huanjing Xiaolü De Yingxiang Yanjiu

人民出版社

《岭南理论视野丛书》总序

习近平总书记在全国党校工作会议上指出:党校姓党,决定了党校科研要紧紧围绕党的中心工作展开,在党的思想理论研究方面有所作为,为坚持和巩固党对意识形态工作的领导、巩固马克思主义在意识形态领域的指导地位作出积极贡献。党校(行政学院)作为党的思想理论建设的重要阵地和重要智库,要根据时代变化和实践发展,加强理论总结和理论创新,为发展 21 世纪马克思主义、当代中国马克思主义作出努力,充分发挥干部培训、思想引领、理论建设、决策咨询作用,为新时代坚持和发展中国特色社会主义服务。

理论是行动的先导,思想是前进的旗帜。当今世界正经历百年未有之大变局,经济全球化遭遇挑战,全球治理面临着复杂形势,国际秩序处在关键路口,我国新时代新发展也正迎来新征程。在这大变革大调整大发展之中,出现许多新情况和新问题,需要广大理论工作者深化理论研究,把握经济社会新特点、新规律,厘清发展思路,明确发展方向。党校(行政学院)要发挥学科优势、研究优势、人才优势和系统优势,聚焦党和国家中心工作、党委和政府重大决策部署、

1

社会热点难点问题进行深入研究，及时反映重要思想理论动态，提出有价值的对策建议，为党委、政府提供决策参考。

《岭南理论视野丛书》是由中共广东省委党校（广东行政学院）专家学者研究、撰写的理论研究系列成果，是由校（院）资助出版的丛书。这套丛书重视理论性和学术性，在对重大现实问题的研究上注重理论提升，力图形成以理论性和学术性为基础，具有岭南视野与党校（行政学院）特色的系列著作。我们希望丛书的出版，对理论工作者尤其是领导干部学习研究习近平新时代中国特色社会主义思想，提高逻辑思维和理论分析水平，深入理解当代中国特别是广东经济社会发展的现状和趋势，将会有所补益。

学无止境，探索真理的道路是漫长而又艰辛的，对《岭南理论视野丛书》的作者们来说，情形亦是如此。没有批评，就没有进步。我们期待着各界方家的指点。

丛书编委会

2020 年 6 月

前　言

改革开放以来,中国农业发展取得举世瞩目的成就,然而这种成就的取得付出了巨大的环境代价,农业生产所带来的环境污染成为中国环境污染的主要来源。因此,推进农业从环境污染型向绿色可持续发展转变已经成为中国农业高质量发展面临的当务之急。农业环境效率是衡量农业绿色发展的重要指标之一,环境效率越高说明在相同投入和产出条件下,农业生产过程产生的环境负面效应越小。农地产权制度安排是影响农业环境效率的重要制度因素,它会对农户生产决策产生作用进而影响农业产出和生态环境。改革开放40多年来,中国在不改变土地所有制的情况下,越来越多地赋予农民对承包地占用、收益、处置等权能,使农民拥有的土地产权完整性、确定性和稳定性不断增强,农村土地产权结构持续优化。产权结构的优化对农户的生产行为和资源利用方式,进而对农业增长和农业环境效率都产生了深刻的影响。然而现有研究鲜有关注农地产权结构细分对农业环境效率产生的影响,对其影响机制的研究就更加罕见。本书试图构建理论机制并利用1983—2020年全国28个省份的面板数据进行实证检验。

现有研究大多是将农地产权作为一个整体来考察农地产权制度对农业经济绩效的影响,忽视了农地产权内部结构的动态演进过程,也未考虑这种演变对农业环境污染带来的不利影响。一方面,现有关于农地产权制度的经济绩效的研究大多是将农地产权作为一个整体,很少有研究对农村土地产权制度变迁中产权结构进行细分,从而无法准确呈现中国农地产权结构变迁的过程。另一方面,现有关于农业产权结构的制度绩效的研究主要是从经济绩效来评价的,学者们大多把注意力集中在农地产权制度变革对农业经济增长或农业全要素生产率的影响上,而没有将农业生产所带来的不利影响即环境污染考虑进来。随着农业发展所需的资源与环境约束的日益趋紧,农业生态环境保护也应该成为农地产权制度变革的目标之一。因此有必要对农地产权结构细分过程精准刻画,并将经济绩效和环境绩效结合起来,考察农地产权结构对农业环境效率的影响及其机制。

本书基于研究背景、研究现状和研究目的的分析,遵循“理论分析—现状分析—实证研究—对策建议”的研究范式,按照“提出问题—分析问题—解决问题”的行文逻辑,聚焦农地产权结构演进与中国农业环境效率的现实问题,分为四大部分展开。第一部分为农地产权结构影响农业环境效率的理论分析,主要是构建农地产权结构影响农业环境效率的理论机制。第二部分为农地产权结构影响农业环境效率的现状分析,主要是对农地产权结构和农业环境效率的现状进行测算。第三部分为农地产权结构影响农业环境效率的实证分析,主要是实证检验农地产权结构影响农业环境效率的总效应、中介效应和调节效应。第四部分为对策建议,主要是如何更好地推动农地产权制度改革以推进农业绿色可持续发展,并提出对策建议。

本书立足于中国农地产权制度改革的实际,构建了农地产权结构演进影响农业环境效率的理论机制,并对这一机制进行实证检验,最后在此基础上提出进一步优化农地产权制度改革对策建议,以推动农业实现绿色可持续发展,弥补了现有研究鲜有从农地产权结构细分的角度分析农地产权制度变迁影响农业环境效率的缺陷。

目　　录

图 目 录

表 目 录

绪　　论

　　20 世纪 70 年代末,中国开启了由农村集体所有制向家庭承包制转变为主要内容的农村改革。当时这场土地制度变革的核心是在农户、集体和国家之间对农地产出收益进行了分割,形成了"交足国家的,留够集体的,剩下的都是自己的"契约结构和激励机制[1]。改革使农民获得了更多的自主经营权,也成为土地产出收益的占有者,从而极大地调动了农民的生产积极性。学者们普遍认为这是导致中国农业持续高速增长的制度之源[如 Lin(1992)[2]、McMillan 等(1989)[3]、姚洋(1998)[4]、冀县卿和钱忠好(2010)[5]]。但是,实施家庭承包制并没有一劳永逸地解决中国农业现代化进程中的问题。其中,农业增长的环境代价过大,耕地和水资源过度利用,农业面源污染加重,农业生态系

---

[1]　周其仁:《产权与制度变迁:中国改革的经验研究》,社会科学文献出版社 2002 年版,第 59 页。

[2]　Lin JY. "Rural reforms and agricultural growth in China", *American Economic Review*, 1992,82(01),pp.34−51.

[3]　McMillan J., Whalley J., Zhu LJ., "The Impact of China's Economic Reforms on Agricultural Productivity Growth", *Journal of Political Economy*, 1989, 97(04),pp.781−807.

[4]　姚洋:《农地制度与农业绩效的实证研究》,《中国农村观察》1998 年第 6 期。

[5]　冀县卿、钱忠好:《中国农业增长的源泉:基于农地产权结构视角的分析》,《管理世界》2010 年第 11 期。

统退化,农村环境状况堪忧,农业可持续发展面临挑战。转变农业发展观,实现农业绿色发展,已经成为我国农业现代化迫切需要解决的新课题①。"十四五"时期是我国农业现代化从"绿色革命"向绿色发展实质性迈进的起步期。同时,在世界农产品需求持续上升、国际贸易环境不确定性增大的背景下,我国越来越需要提高自身农业生产能力的可持续性,这对于实现全球范围的可持续发展目标意义重大②。

发展绿色农业,就是要摆脱以往那种高度依赖化肥、农药,消耗大量不可再生的能源,并造成水土流失和环境污染后果的农业生产方式,摒弃单纯追求产量和经济效益的做法,在提高农业产出的同时将对生态系统的负面影响降到最低③。农业环境效率是衡量农业绿色发展的重要指标,而农地产权制度又是影响农业环境效率的制度基础。本书围绕农地产权结构对农业环境效率的影响开展分析,旨在更好改革我国农地产权制度,提高农业环境效率,促进农业绿色可持续发展。

一、选题背景及研究意义

(一)选题背景

改革开放以来,中国创造了经济高速增长的奇迹,但是,中国经

---

① 李国祥:《论中国农业发展动能转换》,《中国农村经济》2017 年第 7 期。
② 金书秦、牛坤玉、韩冬梅:《农业绿色发展路径及其"十四五"取向》,《改革》2020 年第 2 期。
③ 金书秦、沈贵银:《中国农业面源污染的困境摆脱与绿色转型》,《改革》2013 年第 5 期。

济发展也存在着"不平衡、不协调、不可持续"的隐忧。其中,城乡与
区域差距扩大、发展不平衡是这种隐忧的集中体现,实现城乡和区域
协调发展,已经成为中国现代化进程中的两大难题①。"三农"问题
也一直是党和国家高度关注的重大问题之一。1998 年中共十五届
三中全会通过的《中共中央关于农业和农村工作若干重大问题的决
定》就明确提出:"农业、农村和农民问题,是关系改革开放和现代化
建设全局的重大问题。没有农村的稳定,就没有全国的稳定。没有
农村的小康,就没有全国人民的小康。没有农业现代化,就没有整个
国民经济的现代化。"为此,在 1982 年至 1986 年期间,中共中央连续
五年发布以农业、农村和农民为主题的中央一号文件;在 2004 年至
2022 年期间,又连续十九年发布以"三农"(农业、农村、农民)为主
题的中央一号文件,强调了"三农"问题在中国的社会主义现代化建
设时期"重中之重"的地位。正是由于改革开放以来,中国在大力发
展工业、服务业,加快城镇化建设的同时,始终没有忽视农业、农村的
发展。中国在成为世界制造业基地、创造经济增长奇迹的同时,农
业生产也取得了举世瞩目的成就,农林牧渔增加值从 1978 年的
1027.5 亿元增长到 2020 年的 13265.276 亿元,年均增长率为
6.13%(以 1978 年为基期);粮食生产也连年丰收,粮食总产量从
2003 年的 43069.5 万吨增长到 2020 年的 66949.2 万吨,取得了连
续 17 年增产;用占世界不足 9%的耕地成功解决了世界近 21%人
口的吃饭问题;在农产品供给方面依靠自己的力量实现了主要农

---

① 王梦奎:《中国现代化进程中的两大难题:城乡差距和区域差距》,《中国经济时报》
2004 年 3 月 16 日。

产品由长期短缺向总量平衡、丰年有余的历史性跨越,为保障世界粮食安全作出了重要的贡献。农民收入水平实现了历史性跨越,农民生活实现由贫困不足到温饱再向总体小康的转变①。而且,农业在总量增长之外,结构也不断优化,效率也得到提升。农业劳动生产率从 1978 年的 362.84 元/人增长到 2020 年的 7488.161 元/人,年均增长率为 7.29%;土地生产率从 1978 年的 684.5 元/公顷增长到 2020 年的 7920.183 元/公顷,年均增长率为 5.86%(见表 0-1)。土地产出率和劳动生产率的大幅提升,满足了经济高速增长对农业发展的需要,为工业化和城市化的发展提供了充足的土地、劳动力等生产要素供给,成功消化了经济与制度双重转型给农业带来的冲击②。

与此同时也必须清醒地认识到,中国农业所取得的巨大成就是以生态环境严重破坏为代价的③。长期以来,中国农业发展主要是依靠高强度的农药、化肥投入以及大量能源消耗和碳排放所实现的,属于"高投入、高排放、高产出"的生产模式,农业环境效率十分低下。

---

① 洪绂曾:《新中国农业 60 年成就、经验与可持续发展》,《中国人口·资源与环境》2010 年第 8 期。

② 李谷成、范丽霞、闵锐:《资源、环境与农业发展的协调性——基于环境规制的省际农业环境效率排名》,《数量经济技术经济研究》2011 年第 10 期。

③ 于法稳:《习近平绿色发展新思想与农业的绿色转型发展》,《中国农村观察》2016 年第 5 期。

表 0-1　1978—2020 年中国农业发展各项指标①

年份	农林牧渔增加值（亿元）	农业劳动生产率（元/人）	农业土地产出率（元/公顷）	粮食总产量（万吨）
1978	1027.5	362.8434	684.4912	30476.5
1980	1312.536	450.7025	896.6227	32055.5
1985	1650.193	530.0973	1148.894	37910.8
1990	2654.431	682.1006	1789.069	44624.3
1995	5192.597	1461.468	3464.526	46661.8
2000	5394.801	1496.768	3451.568	46217.5
2005	6671.488	1994.943	4290.677	48402.2
2010	9457.866	3386.154	5964.135	54647.7
2015	11630.898	5430.431	6971.748	62143.9
2018	11756.565	6025.911	7088.260	65789
2019	12405.480	6651.018	7476.288	66384.3
2020	13265.276	7488.161	7920.183	66949.2
年均增长率	6.13%	7.29%	5.86%	1.85%

资料来源：根据历年《中国统计年鉴》数据整理所得。

从化肥的施用量来看，如表 0-2 所示，1978—2020 年中国化肥施用量（折纯量）从 884 万吨增加到 5250.7 万吨，年均增长 4.23%。同期，中国的农作物总播种面积从 1.50104 亿公顷增长到 1.67487亿公顷，粮食总播种面积从 1.20587 亿公顷下降到 1.16768 亿公顷，年均仅分别增长 0.26% 和 -0.075%，粮食产量从 3.05 亿吨增长到6.69 亿吨，年均增长率为 1.85%。从上述数据来看，中国农作物播

---

① 农林牧渔增加值、农业劳动生产率和农业土地产出率均是以 1978 年为基期剔除价格影响进行核算的。

种面积、粮食总产量与化肥施用量之间是紧密相关的。并且同时期化肥施用强度(一公顷农作物播种面积的化肥施用量)呈现出明显的增长态势,从 1978 年的 58.89 公斤/公顷增长到 2020 年的 313.5 公斤/公顷,年均增长 3.97%。国际公认的化肥施用安全上限是 225 公斤/公顷,而中国平均化肥施用强度是此标准的 1.39 倍。

农药在中国农业发展所取得的成就中产生了重要作用,但随着农药使用量的不断增加,对农产品、耕地、地下水造成了严重污染。根据《中国统计年鉴》的数据进行估算,我们发现,1990—2020 年中国农药使用量从 73.3 万吨增长到 131.3 万吨,年均增长 1.90%。同时期农膜使用量从 48.2 万吨增长到 238.9 万吨,年均增长 5.30%。

表 0-2　1978—2020 年中国农业相关投入与产出

年份	化肥 (万吨)	农药 (万吨)	农膜 (万吨)	农作物 播种面积 (千公顷)	粮食 播种面积 (千公顷)	粮食 总产量 (万吨)
1978	884.0			150104	120587	30476.5
1985	1775.8			143626	108845	37910.8
1990	2590.3	73.3	48.2	148362	113466	44624.3
1995	3593.7	108.7	91.5	149879	110060	46661.8
2000	4146.4	128.0	133.5	156300	108463	46217.5
2005	4766.2	146	176.2	155488	104278	48402.2
2010	5561.7	175.8	217.3	160675	109876	54647.7
2015	6022.6	178.3	260.4	166374	113343	62143.9
2018	5653.4	150.4	246.5	165902	117038	65789.2

续表

年份	化肥 （万吨）	农药 （万吨）	农膜 （万吨）	农作物 播种面积 （千公顷）	粮食 播种面积 （千公顷）	粮食 总产量 （万吨）
2019	5403.6	139.2	240.8	165931	116064	66384.3
2020	5250.7	131.3	238.9	167487	116768	66949.2

资料来源：根据《新中国六十年统计资料汇编》及历年《中国统计年鉴》《中国农村统计年鉴》数据
　　　　整理所得。

为了追求农产品产量，大规模施用化肥、农药及大量使用石化能源，使得中国农业单位面积施用的化肥、农药等化学投入品显著高于发达国家如美国、全球平均水平以及金砖国家。以化肥施用量为例，根据联合国粮农组织（FAO）的数据，2014 年，全球每公顷耕地施用的氮肥是 85.8 千克，磷肥是 33.2 千克，钾肥是 20.4 千克。而中国每公顷耕地的氮肥施用量是 422.2 千克，磷肥施用量是 155.7 千克，钾肥施用量是 66 千克，分别是全球平均水平的 4.92、4.69 和 3.24 倍（见表 0-3）。由此可以看出，中国已成为世界上单位耕地面积施用化肥和农药最高的国家之一。

大量的农药、化肥、农膜等化学中间品的投入，加上畜牧业动物的粪便不加处理直接排入湖泊中，导致中国土壤和水质遭受严重污染和破坏，农业生态环境面临严重威胁。

过去，中国由于国情所需，必须依靠农业增产来解决温饱问题，农业生产更为注重数量增长，而现在温饱问题已经得到解决。依靠过度消耗土壤肥力和淡水资源、滥用化肥和农药等化学投入品来追求产量的增长已经不合时宜，也得不偿失。中国农业已经到了必须加快转型升级、实现绿色可持续发展和高质量发展的新阶段。

表 0-3　2000 年和 2014 年全球主要国家每公顷耕地使用的化肥

（单位：千克）

投入	氮肥用量		磷肥用量		钾肥用量	
年份	2000	2014	2000	2014	2000	2014
全球	64.9	85.8	25.9	33.2	18.2	20.4
亚洲	110.6	165.6	39.8	62.5	20.2	28.4
中国	251.6	422.2	85.8	155.7	43	66
美国	67.2	78	24.4	25.7	28	27.5
澳大利亚	19.8	23.3	21.7	17.2	4.7	4.2
俄罗斯	6.9	9.9	2.5	3.5	1.6	2.3
印度	69.3	107.9	25.9	43.1	10	12.7
巴西	37.2	58.6	55.4	59.8	59.7	63.4
南非	30.9	35.8	14.8	15.8	9.4	10.3

资料来源：FAO Statistical Pocketbook 2015：World Food and Agriculture.

　　农业发展的目标已经不再仅仅局限于确保农产品基本供给与需求的平衡和粮食的安全，还要进一步考虑资源环境承载能力及其可能导致的环境问题[1]。为此，许多学者开始关注中国农业生产所带来的环境问题。部分学者提出要以 EPI（Environmental Performance Index）即环境绩效指数来衡量环境政策的有效性。然而 EPI 仅仅衡量的是环境质量，而没有考虑到中国等广大发展中国家对于发展的迫切要求。如果为了保护环境而停滞发展甚至牺牲发展，那么这也

---

　　[1]　李谷成、范丽霞、闵锐：《资源、环境与农业发展的协调性——基于环境规制的省际农业环境效率排名》，《数量经济技术经济研究》2011 年第 10 期。

是缘木求鱼,很可能从环境灾难走向环境专制,不符合联合国提出的"共同而有区别的责任"的原则。自从 1990 年沙尔特格尔(Schalteg-ger)和斯特姆(Sturm)提出环境效率概念后,环境效率就成为衡量可持续发展能力的重要衡量指标[1]。它既衡量了生产活动所产生的经济价值,也衡量了生产过程对生态环境带来的不利影响[2],因此它不仅表示经济增长与环境压力之间的关系,也意味着经济效率与环境效益的统一[3]。推动中国农业朝着更具有可持续性的方向转变,一个重要的途径就是提高农业环境效率。

影响农业环境效率的因素很多,如城镇化和工业化进程加快、农业生产力布局调整等,都会影响农业环境效率,但最根本的原因还是农地产权制度的安排。农地产权制度会通过影响农户生产行为,进而影响农业环境效率。农业环境效率与农地产权制度关联极其紧密,原因在于农地在生态环境中占据重要地位,对生态环境中的其他要素也具有重要的影响。与工业和服务业的不同点在于,农业生产的过程中农地与生态环境是紧密联系且相互影响的,进而导致农地产权制度与农业环境效率的联系更加紧密[4]。作为农地产权制度的重要内容,农地产权结构不仅对农业环境效率具有直接的影响,而且会通过农地长期投资和农地经营规模影响农业环境效率。中国的农

---

① 李静:《中国地区环境效率的差异与规制研究》,社会科学文献出版社 2012 年版,第 10 页。

② 田伟、杨璐嘉、姜静:《低碳视角下中国农业环境效率的测算与分析——基于非期望产出的 SBM 模型》,《中国农村观察》2014 年第 5 期。

③ 罗能生、张梦迪:《人口规模、消费结构与环境效率》,《人口研究》2017 年第 3 期。

④ 张振环:《中国农地产权制度对农业生态环境的影响研究》,经济科学出版社 2016 年版,第 31 页。

地产权制度经历了农业合作化、人民公社化、家庭联产承包责任制的发展历程,虽然仍然存在着产权主体虚化、产权稳定性不强、产权权能不完整等问题,但是随着改革的深入,农业产权制度总体是在朝着农地产权结构配置以农户为主体的趋势演变①。这种农地产权制度的改革对农业绩效产生了显著的影响,农地产权制度与农业绩效之间关系的研究,也成为我国农业经济学研究的热点②③。

但是,以往的研究存在两个方面的不足:一是学者们往往把农地制度看作是一个整体和单一的变量,把农地制度的改革当成是一次性的制度变迁,而没有打开农地产权制度这只"黑箱",没有关注农地产权结构的持续优化和演进,具体分析农地的使用权、收益权和处置权及其构成结构对农业绩效的影响;二是学者们把农业绩效局限在农业增长和农业生产效率等方面,忽视环境绩效和环境效率。随着资源和环境约束的日益趋紧,农业绿色发展势在必行。那么,农地产权结构对农业环境效率的影响如何? 如何设计合理有效的农地产权制度来协调和规范人们利用资源和生产方式行为,从而确保农业期望产出增长和污染物排放量的下降,进而提高农业环境效率以实现农业的绿色可持续发展? 本书正是结合中国农地产权结构的演变,从理论和实证方面,深入研究农地产权结构与农业环境效率之间的内在联系,探索和构建以农业环境效率改善为目标的农地产权制

---

① 李宁:《农地产权变迁中的结构细分特征研究》,南京农业大学 2016 年博士学位论文,第 53 页。

② 姚洋:《农地制度与农业绩效的实证研究》,《中国农村观察》1998 年第 6 期。

③ 陈志刚、曲福田:《农地产权制度变迁的绩效分析——对转型期中国农地制度多样化创新的解释》,《中国农村观察》2003 年第 1 期。

度,不仅对当前我国农地产权制度变革具有十分重要的理论和现实意义,而且有利于促进中国农业绿色可持续发展的实现。

(二)研究意义

自从环境效率的概念在 1992 年被世界可持续发展工商理事会(WBCSD)接受之后,国内外大量的学者展开了对环境效率、工业环境效率的测算及其影响因素的研究。有部分学者对农业环境效率的测算及其影响因素展开了深入研究,但目前还鲜有学者对农地产权结构与农业环境之间的关系开展深入的研究。在当前中国农业发展已经取得巨大成就的基础上,提高农业环境效率成为农业绿色转型发展的重要途径。而农地产权结构是影响农业环境效率最基本的制度因素。通过对农地产权结构与农业环境效率关系的研究,从农地产权制度层面提炼和总结提高中国农业环境效率进而推动农业绿色可持续发展的路径和对策建议,具有较大的理论与现实意义。

1. 理论意义

农业绿色发展已成为新时代党中央深入推进农业现代化的新方向和目标,而农业环境效率是衡量农业绿色发展的重要内容。环境效率是考察在相同农业投入和产出的条件下农业对环境所造成的破坏程度,它是衡量农业绿色发展的重要指标之一。农地产权结构是影响农业环境效率的重要制度因素。本书综合运用农业经济学、环境经济学、发展经济学、制度经济学等不同学科理论和方法,构建农地产权结构影响农业环境效率的理论分析框架,探讨其影响机理,对于丰富农业环境效率理论、农业绿色发展理论以及农地产权制度理论均有重要理论意义。

首先,从农地产权制度和农业可持续发展相关理论出发构建了农地产权制度影响农业环境效率的理论框架,并从实证角度验证了农地产权结构与农业环境效率之间的关系。在此基础上,将理论基础部分所做的分析应用于中国农地产权结构与农业环境效率的研究中,利用多种实证研究方法分析了中国农地产权结构演进与农业环境效率之间的关系。

其次,在探讨农地产权结构对农业环境效率的总体影响的同时,本书还构建了农地产权结构通过农地长期投资和农地经营规模两条路径对农业环境效率的间接影响的分析框架。一方面农地产权结构通过激励功能和要素配置功能影响农地长期投资和农地经营规模,另一方面农地长期投资和农地经营规模又是影响农业环境效率的重要因素。深入探讨农地产权结构通过农地长期投资和农地经营规模对农业环境效率的间接影响,深化和丰富了农地产权结构影响农业环境效率的研究,对现有研究领域是一个有益的补充和拓展。

2. 现实意义

改革开放以来中国农业发展成就瞩目,但与此同时农业生态环境恶化严重,资源环境约束趋紧,提高农业环境效率进而实现农业绿色可持续发展成为大众的期盼。本书探讨农地产权结构与农业环境效率的内在联系,对于深化农地产权制度改革、提高农业环境效率、促进农业发展和环境保护的双赢可以提供有益的政策建议。

第一,对农地产权结构与农业环境效率之间的关系进行综合研究,在认识到农地产权制度变革对中国农业增长具有重要推动作用的同时,也将环境因素纳入经济绩效中。深入考察农地产权结构演进对农业环境效率的影响,这对于中国农地产权制度变革的深入推进,更为科学地探索农地产权制度变革,特别是农地三权分置改革提供有益的指导,具有较强的现实和实践意义。

第二,研究农地产权结构对农业环境效率的影响机制及途径,可以为农地产权制度改革深入推进提供指导的同时,还能为提高农业环境效率、促进农业可持续发展找到可行的路径。

二、国内外研究综述及述评

中国农业的快速发展已经引起众多学者对农业增长绩效的关注。现有文献大多是在忽视农业对环境的负面影响的情况下展开对中国农业增长绩效问题的研究。随着农业生产所产生的污染问题日益严重,国内外许多学者对农业环境效率的测度展开了丰富的研究。任何一种效率的实证分析都包括两个部分:一是对不同生产决策单位的效率值进行估算;二是对效率值的影响因素进行分析[1]。从既有文献的研究现状来看,基本也是围绕农业环境效率的测度和影响因素分析来展开的。

---

[1]　Reinhard S., Lovell C. A. K., Thijssen G. J. "Analysis of environmental efficiency variation", *American Journal of Agricultural Economics*, 2002, 84(04), pp. 1054-1065.

（一）国内外研究综述

1. 农业环境效率的测度

从国内外现有文献来看,农业环境效率的测度主要是从微观层面和宏观层面展开的。国外学者较多地通过微观调研的数据对某些国家和地区的各类农场的环境效率进行测算。例如莱因哈德等(Reinhard 等, 1999)以氮剩余作为环境不利投入利用随机超对数生产前沿来估计荷兰奶牛场的投入导向的环境效率,并利用同样的方法估计了技术效率,发现荷兰奶牛场平均的环境效率要低于技术效率[1]。塔明尼等(Tamini 等, 2012)利用投入导向函数(IDF)实证估计和分析了位于加拿大魁北克的 210 个农场的技术和环境效率[2]。研究结果发现技术效率和环境效率存在重要关联。阮晋勇等(Nguyen 等, 2012)利用 2003—2007 年韩国江原道 96 个水稻农场的数据检验了农场的成本和营养使用效率[3]。研究结果发现技术效率的改善会导致更低的生产成本和更高的环境绩效。此外,国外学者大多采用物料平衡原则来核算非期望产出(如 Lauwers,2009)[4]。国内也有部分学者从微观层面研究了农场的环境效率,如邢丽荣和徐

---

[1] Reinhard S., Lovell C. A. K., Thijssen G. J. "Econometric estimation of technical and environmental efficiency: an application to Dutch dairy farms", *American Journal of Agricultural Economics*, 1999,81(01), pp. 44–60.

[2] Tamini L. D., Larue B., West G. "Technical and environmental efficiencies and best management practices in agricultrue", *Applied Economics*,2012,44(13), pp. 1659–1672.

[3] Nguyen T. T, Hoang V. N., Seo B "Cost and environmental efficiency of rice farms in South Korea", *Agricultural Economics*,2012,43(04), pp. 369–378.

[4] Lauwers L. "Justifying the incorporation of the materials balance principle into frontier-based eco-efficiency model", *Ecological Economics*, 2009,68(06), pp. 1605–1614.

翔(2016)基于江苏、广东与海南省的 572 份有效调查数据,运用基于松弛测量的模型(SBM Model)评价中国不同水产养殖模式的经济效率与环境效率①。朱宁和秦富(2015)利用 2004—2013 年蛋鸡养殖投入产出数据,采用 SBM 模型与玛姆奎斯特—林恩格伯(Malmquist-Luengerber)生产率指数分析了不同规模蛋鸡养殖场的环境效率和环境全要素生产率②。李翠霞和曹亚楠(2017)运用基于松弛测量的非期望模型(SBM-Undesirable Model)对 2004—2014 年中国 29 个省份不同规模奶牛养殖场的环境效率进行了测算③。

从微观层面对农场的环境效率的测算为细致地研究农业环境效率提供了丰富的资料,但是微观测度也具有一定局限,它可能受到地域和农村个体特征的限制无法分析全局状况,因而宏观层面的国别或地区间的农业环境效率的测度成为研究的主要趋势之一。随着数据可得性的提高和研究的需要,越来越多的学者开始关注和测度宏观层面的农业环境效率。例如一些国外的学者从宏观角度对经济合作与发展组织(OECD)国家的农业环境效率进行了测算。侯昂和科埃利(Hoang 和 Coelli,2011)利用物料平衡原则测算了 1990—2003 年 OECD 30 个国家以营养为导向的环境效率④。结果表明 OECD 国

①　邢丽荣、徐翔:《水产养殖经济效率与环境效率的测度及分析——以不同模式下淡水鱼池塘养殖为例》,《农业技术经济》2016 年第 4 期。

②　朱宁、秦富:《畜禽规模养殖场环境效率与环境全要素生产率分析——以蛋鸡为例》,《农业技术经济》2015 年第 9 期。

③　李翠霞、曹亚楠:《中国奶牛养殖环境效率测算分析》,《农业经济问题》2017 年第 3 期。

④　Hoang V., Coelli T. "Measurement of agricultural total factor productivity growth incorporating environmental factors: A nutrients balance approach", *Journal of Environmental Economics and Management*, 2011, 62(03), pp. 462-474.

家通过提高其技术效率和改善其投入组合即可实现环境效率的改善。侯昂和阿拉丁（Hoang 和 Alauddin，2012）利用投入导向的数据构建了数据包络分析（DEA）框架对 OECD 国家的农业生产中的经济、环境和生态效率进行测算和分解[①]。弗朗佐斯等（Vlontzos 等，2014）基于非径向 DEA 模型对 2001—2008 年欧盟国家的农业部门的全要素能源和环境效率进行了测度并将其分解为全要素能源效率和全要素环境效率[②]。此外，亚历杭德罗（Alejandro，2013）利用物料平衡原则建立 DEA 模型对 2002—2007 年 142 个发展中国家和发达国家的畜牧业环境效率进行了测算并将其分解为技术效率和环境分配效率，试图寻求全球畜牧业环境效率差距的原因，探索在给定技术条件下缩小差距的潜力以及提高全球畜牧业环境效率的政策[③]。

国内关于从宏观层面对环境效率的测算的文献更多是针对整体环境效率或工业环境效率，专门针对农业环境效率测算的文献较少，其原因可能是受到数据可得性的限制。随着农业相关数据的日益丰富，国内学者开始利用清单分析法来核算农业污染物并使用 DEA 方法测算农业环境效率。相对于物料平衡原则，清单分析法所需数据

---

① Hoang V., Alauddin M. "Input-Orientated Data Envelopment Analysis Framework for Measuring and Decomposing Economic, Environmental and Ecological Efficiency: An Application to OECD Agriculture", *Environmental and Resource Economics*, 2012, 51(03), pp. 431-452.

② Vlontzos G., Niavis S., Manos B. "A DEA approach for estimating the agricultural energy and environmental efficiency of EU countries", *Renewable and Sustainable Energy Reviews*, 2014, 40, pp. 91-96.

③ Alejandro N. P. "Reducing the Environmental Efficiency Gap in Global Livestock Production", *American Journal of Agricultural Economics*, 2013, 95(05), pp. 1294-1300.

更容易收集从而使得其在国内广为应用。李谷成等（2011）通过单元调查评估法对 1979—2008 年中国各省份的农业污染排放量进行计算,然后利用非合意产出的非径向、非角度的 SBM 方向距离函数模型评价了 1979—2008 年农业环境技术效率,综合考察转型期各省份农业发展与资源、环境的协调程度①。田伟等（2014）利用以碳排放为非期望产出的 SBM 模型,对 2002—2012 年中国农业环境效率进行了测算,结果表明,2002—2012 年中国各地区的农业环境效率值普遍较低,并且提升幅度较小②。东部的农业环境效率相对而言处于较高水平,西部地区的农业环境效率偏低。张可和丰景春（2016）从农业面源污染特征、治理成本和环境规制方面研究联合弱可处置性视角下农业环境效率测度模型可能存在的局限性,然后构建了基于强可处置视角的农业环境效率测度模型,并用两种视角下的模型对比研究了 2012 年我国农业环境效率③。极少数文献利用物料平衡原则对中国各省份的农业环境效率进行了测算,例如张屹山和崔晓（2014）利用物料平衡原则使用非径向、非角度 SBM 方向性距离函数模型,对 1990—2011 年我国 31 个省份的农业环境效率进行了测算④。沈能等（2013）在考虑环境技术差距的基础上

---

①　李谷成、范丽霞、闵锐:《资源、环境与农业发展的协调性——基于环境规制的省际农业环境效率排名》,《数量经济技术经济研究》2011 年第 10 期。

②　田伟、杨璐嘉、姜静:《低碳视角下中国农业环境效率的测算与分析——基于非期望产出的 SBM 模型》,《中国农村观察》2014 年第 5 期。

③　张可、丰景春:《强可处置性视角下中国农业环境效率测度及其动态演进》,《中国人口·资源与环境》2016 年第 1 期。

④　张屹山、崔晓:《资源、环境与农业可持续发展——物料平衡原则下的省级农业环境效率计算》,《农业技术经济》2014 年第 6 期。

利用拓展的 SBM 方向性距离函数和共同前沿（Meta-frontier）效率函数估算了中国的农业环境技术效率，结果表明，不同区域的农业环境技术存在较大差异，农业环境技术效率呈现出东、中、西部地区依次递减的特征[①]。

也有学者把二者结合起来测算，如孟祥海等（2019）运用基于松弛测量的超级模型（Super-SBM ）和 Malmquist-Luenberger 生产率指标，基于种养结合视角，考虑畜禽粪便、农作物秸秆还田和农作物对养分的吸收等因素，选取农地氮盈余强度为非期望产出指标，测算了1997—2016 年中国 29 个省份的农业环境技术效率和绿色全要素生产率增长情况，并对农业环境技术无效率的来源和绿色全要素生产率的构成进行了分析[②]。吕娜和朱立志（2019）利用包含非期望产出的非径向、非角度 SBM 超效率模型测算 2011—2015 年我国农业环境技术效率，并将农业污染排放纳入 Malmquist 指数框架中对农业绿色全要素生产率加以测量[③]。研究表明，我国东部地区环境技术效率最高，西部次之，中部最低。侯孟阳和姚顺波（2018）基于1978—2016 年中国各省份面板数据，采用超效率 SBM 模型测算省际农业生态效率，在时间序列分析和空间相关性分析的基础上，构建传统和空间马尔可夫概率转移矩阵，探讨中国农业生态效率的时空

---

① 沈能、周晶晶、王群伟：《考虑技术差距的中国农业环境技术效率库兹涅茨曲线再估计：地理空间的视角》，《中国农村经济》2013 年第 12 期。

② 孟祥海、杜丽永、沈贵银：《中国农业环境技术效率与绿色全要素生产率增长变迁——基于种养结合视角的再考察》，《农业经济问题》2019 年第 6 期。

③ 吕娜、朱立志：《中国农业环境技术效率与绿色全要素生产率增长研究》，《农业技术经济》2019 年第 4 期。

动态演变特征,并预测其长期演变的趋势①。研究发现:中国农业生态效率呈现出在波动中稳定上升的"双峰"分布特征,且波峰高度的差距在缩小,但整体仍处于较低水平,农业生态效率仍存在较大提升空间,东部地区农业生态效率提升较中西部地区更加显著;中国农业生态效率整体上向高水平方向转移的趋势显著,但农业生态效率的演变具有维持原有状态的稳定性,且较难实现跨越式转移。魏琦等(2018)构建了包含资源节约、环境、友好、生态保育和质量高效四个维度14个指标的中国农业绿色发展指数,并对近年来全国及各省份的农业绿色发展水平进行了初步评估②。结果显示,2012年以来,虽然全国农业绿色发展水平显著提升,面源污染防治取得明显进展,农业供给质量效益得到极大提高,但是各地区之间农业绿色发展水平差异较大,其中浙江综合得分最高,并且环境友好和质量高效两个维度的地区差异最大。

少量学者对中国与其他国家的农业环境效率进行测算并展开国际比较,如张杨和陈娟娟(2019)运用同时考虑共同前沿面和非期望产出的超效率SBM模型,将农业甲烷排放量和农业一氧化氮排放量作为非期望产出指标,对68个国家1992—2008年的农业生态效率进行了更全面准确的测算,进一步将我国农业生态效率与其他国家进行比较,研究结果表明,1992—2008年,我国农业生态效率整体处

① 侯孟阳、姚顺波:《1978—2016年中国农业生态效率时空演变及趋势预测》,《地理学报》2018年第11期。

② 魏琦、张斌、金书秦:《中国农业绿色发展指数构建及区域比较研究》,《农业经济问题》2018年第11期。

于上升趋势,并且效率的增长率远远超过各国平均水平①。

2. 农业环境效率的影响因素研究

现有文献对农业环境效率影响因素的研究也主要是从宏观层面和微观层面分别展开的。也有部分研究专门分析了技术、制度和经济发展水平对农业环境效率的影响。

微观因素包括农场经营规模、肥料使用强度、土地产权制度、农场的集约化经营水平、农户的社会经济特征及其对农业生态环境保护的态度、农业环境友好型生产技术的采用等方面。乌迪亚莱斯和兰辛克(Urdiales 和 Lansink,2016)在对西班牙 50 个农场的环境效率进行测算的基础上,分析了农场主的社会经济特征及其态度对农场环境效率的影响②。结果发现,年轻的、有长久农场经营意愿的、参与过培训项目的农场主其农场的环境效率更高。莱因哈德等(Reinhard 等,2002)利用两阶段法对荷兰奶牛场的环境效率进行了研究,在第一阶段对奶牛场的环境效率进行测算的基础上,第二阶段分析了影响奶牛场环境效率的影响因素③。结果表明,对土地利用的规制、生产配额、对过度使用肥料进行征税等制度方面的因素均对环境效率有正向影响,农场经营者在农场上的劳动时间占家庭劳动力的总劳动时间对环境效率有显著的正向影响,同时农场规模对环

---

① 张杨、陈娟娟:《农业生态效率的国际比较及中国的定位研究》,《中国软科学》2019年第 10 期。

② Urdiales M. P., Lansink A. O. "Eco-efficiency among dairy farmers: the importance of socio-economic characteristics and farmer attitudes", *Environmental and Resource Economics*, 2016, 64(04), pp. 559-574.

③ Reinhard S., Lovell C. A. K., Thijssen G. J. "Analysis of environmental efficiency variation", *American Journal of Agricultural Economics*, 2002, 84(04), pp. 1054-1065.

境效率也具有正向影响。侯昂和阮晋勇(Hoang 和 Nguyen，2013)在对韩国 96 家水稻农场的环境效率进行测算的基础上分析了其影响因素，结果发现租赁的土地越多，技术效率越低、化肥农药使用强度越大，农场经营者年龄越大，农场环境效率越低[①]。阿卜杜拉伊和阿卜杜拉伊(Abdulai A N 和 Abdulai A，2017)选择随机前沿法(SPF)测算了赞比亚麦农的环境效率的基础上，利用倾向匹配法(PSM)考察了使用保护性农业生产技术(Conservation Agriculture，CA)和使用传统农业技术对赞比亚麦农的环境效率的影响[②]。实证结果表明，使用保护性农业生产技术的农民在技术效率和环境效率上均比使用传统技术的农户要高。这一结果表明保护性农业生产技术不仅有利于提高农场的经济回报率，而且可以降低对环境的破坏。更低的环境负担表明保护性农业生产技术是一项社会成本更低的环境友好型技术。此外，该研究还发现技术效率、信用准入、农场主的受教育程度以及年龄均与环境效率呈正向关系，而农场与市场的距离越远，环境效率越低。阿卜杜拉等(Abedullah 等，2015)利用农场调研的数据在一个双重异方差随机生产函数的框架下分析了巴基斯坦棉农采用抗虫(Bt)棉技术对环境效率的影响[③]。采用 Bt 棉技术的棉农不论是在技术效率还是环境效率均比没有采用 Bt 棉技术的农民要更

---

① Hoang V., Nguyen T. T. "Analysis of environmental efficiency variations: A nutrient balance approach", *Ecological Economics*, 2013, 86, pp. 37-46.

② Abdulai A. N., Abdulai A. "Examining the impact of conservation agriculture on environmental efficiency among maize farmers in Zambia", *Environment and Development Economics*, 2017,22(02), pp.177-201.

③ Abedullah, Kouser S., Qaim M. "Bt Cotton, pesticide use and environmental efficiency in Pakistan", *Journal of Agriculutural Economics*, 2015,66(01), pp. 66-86.

高。采用 Bt 棉技术的农场不仅能够获得更高的棉花产量,同时还能使用更少的农药,对环境的破坏更小。并且,该研究还发现不采用 Bt 棉技术的农场如果想要获得相同的环境效率需要付出每亩 54 美元的额外成本。因此,他们认为 Bt 棉技术是一项环境友好型技术,有利于促进农业可持续发展。塔明尼等(Tamini 等, 2012)在测算了 210 家农场的环境效率和技术效率的基础上,进一步分析二者的影响因素,结果表明技术效率对环境效率具有正向关系[①]。斯盖沃斯等(Skevas 等, 2012)分析了荷兰耕地农场的环境效率,发现环境效率与农场主的年龄、作物补贴均呈负向关系,作物轮作与环境效率有正向关系,而天气条件的变化所反映的生产的不确定性对农业环境效率具有显著的影响[②]。皮卡佐等(Picazo 等,(2011)估计了西班牙农场的生态效率值,并对其影响因素进行了检验[③]。研究发现,农场主的特征(年龄、受教育程度、农场经营收入)、农场特征(规模、农场土壤质量等)均对农场环境效率有显著影响,他们的结论也得到了乌迪亚莱斯和兰辛克(Urdiales 和 Lansink, 2016)的支持[④]。

宏观因素包括要素投入组合、农业经济发展水平、农业生产特

---

① Tamini L. D., Larue B., West G. "Technical and environmental efficiencies and best management practices in agricultrue", *Applied Economics*, 2012, 44(13), pp. 1659-1672.

② Skevas T., Stefanou S. E., Lansink A. O. "Can economic incentives encourage actual reductions in pesticide use and environmental spillovers?", *Agricultural Economics*, 2012, 43(03), pp. 267-276.

③ Picazo-Tadeo A. J., Gomez-Limon J. A., Reig-Martinez E. "Assessing farming eco-efficiency: A data envelopment analysis approach", *Journal of Environmental Management*, 2011, 92(04), pp. 1154-1164.

④ Urdiales M. P., Lansink A. O. "Eco-efficiency among dairy farmers: the importance of socio-economic characteristics and farmer attitudes", *Environmental and Resource Economics*, 2016, 64(04), pp. 559-574.

征、技术条件、社会结构、人力资本、要素积累等方面。

国外学者对农业环境效率的宏观层面影响因素的分析主要是利用物料平衡法将农业环境效率分解为技术效率和营养导向的配置效率,结果表明改善投入组合能够提高农业环境效率[例如 Hoang 和 Coelli(2011)[1]、Hoang 和 Alauddin(2012)[2]]。

国内学者较多地利用托比特(Tobit)回归来分析农业环境效率的影响因素。如田伟等(2014)在测算 2002—2012 年中国农业环境效率的基础上,对中国东、中、西部三大地区的农业环境效率的影响因素进行了 Tobit 回归分析[3]。结果表明:各地区的农业环境效率主要受生产特征、技术条件和社会结构等因素的影响。生产特征包括化肥、农药的施用强度,机械化水平等,技术水平包括第一产业单位产值、综合能耗等,能源结构包括汽油消耗比例、柴油消耗比例等,社会结构包括非农产业所占比重、城镇化率和工资性收入等。赵丽平等(2016)在对 1994—2012 年我国 29 个省份的利用粮食生产环境技术效率进行测算的基础上,将城镇化细分并设置为人口、土地、产业发展和生态环境压力城镇化指标,利用面板数据模型分析了城镇化

①　Hoang V., Coelli T. "Measurement of agricultural total factor productivity growth incorporating environmental factors: A nutrients balance approach", *Journal of Environmental Economics and Management*, 2011, 62(03), pp. 462-474.

②　Hoang V., Alauddin M. "Input-Orientated Data Envelopment Analysis Framework for Measuring and Decomposing Economic, Environmental and Ecological Efficiency: An Application to OECD Agriculture", *Environmental and Resource Economics*, 2012, 51(03), pp. 431-452.

③　田伟、杨璐嘉、姜静:《低碳视角下中国农业环境效率的测算与分析——基于非期望产出的 SBM 模型》,《中国农村观察》2014 年第 5 期。

对粮食生产环境技术效率的影响①。结果表明:人口城镇化促进了粮食主销区和平衡区粮食生产环境技术效率的上升,在主产区则是相反的效果;土地、产业发展和生态环境压力城镇化则对全国及三大地区的粮食生产环境技术效率具有负向的影响。姚增福等(2017)在利用以碳排放为非期望产出的 SBM 模型测算了 2000—2013 年中国 30 个省份的农业环境效率的基础上,建立以要素积累为门槛变量的面板门槛模型,检验了农村人力资本对农业环境效率的影响②。结果表明,人力资本与农业环境效率间会因为经济发展和物质资本积累水平的不同而呈现出显著的双门槛区间效应,表现为经济低水平发展区到高水平发展区,人力资本与农业环境效率提升之间具有显著的"反 N 型"特征趋势,而物质资本从匮乏区到丰富区,人力资本与农业环境效率之间存在显著的"倒 U 型"趋势。沈能等(2013)在测算了 1998—2010 年间中国 29 个省份的农业环境效率的基础上考察了中国农业增长与环境技术效率之间的库兹涅茨曲线是否存在。结果表明全国和东、中、西部三大地区的农业环境技术效率与农业增长之间均存在"正 U 型"曲线特征③。同时在控制变量中,收入差距、对外开放程度、农业比重、农业技术水平和农业财政支持力度对农业环境技术效率具有显著影响。胡平波和钟漪萍(2019)利用

①　赵丽平、王雅鹏、何可:《我国粮食生产的环境技术效率测度》,《华南农业大学学报(社会科学版)》2016 年第 3 期。

②　姚增福、唐华俊、刘欣:《要素积累、人力资本与农业环境效率间门槛效应研究——低碳约束下面板门槛模型检验》,《重庆大学学报(社会科学版)》2017 年第 4 期。

③　沈能、周晶晶、王群伟:《考虑技术差距的中国农业环境技术效率库兹涅茨曲线再估计:地理空间的视角》,《中国农村经济》2013 年第 12 期。

2010—2016 年的全国地级市数据测度了农业生态效率,进而以全国休闲农业与乡村旅游示范县为例,实证分析了农旅融合对农业可持续发展的作用,剖析了政府支持下的农旅融合对农业生态效率的促进机制①。研究发现,政府支持下的农旅融合有益于提升农业生态效率,尤其当融合水平较高时,促进作用呈增强态势。在影响机制上,农业劳动力、农作物播种面积、有效灌溉面积等要素投入均伴随融合水平的不断提升而相应减少;农药、化肥等要素投入在融合初期并未减少,但在跨越门槛值后,呈现迅速减少态势。姚增福(2020)基于 2001—2015 年我国 30 个省(区、市)数据,在"波特假说"和投资调整成本组合框架下,采用环境生产技术与固定效应模型测算和检验了环境规制及其对农业环境效率收敛的影响②。研究发现,短期内农业环境效率收敛可以依赖环境规制直接驱动的路径,但中长期还是要依靠释放创新补偿效应的间接驱动路径。马贤磊等(2019)基于 2007—2016 年 26 个省份农业生产数据构建"耕地流转—利用规模—利用方式与利用强度—农业环境效率"的传导路径,研究发现,耕地流转并未显著提高农业环境效率,但耕地利用规模对农业环境效率的影响呈倒 U 型③。

3. 农地产权制度对农业环境效率的影响

农地产权制度作为农业经济制度中最为核心的制度,对农户的

①　胡平波、钟漪萍:《政府支持下的农旅融合促进农业生态效率提升机理与实证分析——以全国休闲农业与乡村旅游示范县为例》,《中国农村经济》2019 年第 12 期。

②　姚增福:《环境规制、农业投资与农业环境效率趋同——"波特假说"和投资调整成本整合框架的分析》,《统计研究》2020 年第 7 期。

③　马贤磊等:《耕地流转与规模经营改善了农业环境吗?——基于耕地利用行为对农业环境效率的影响检验》,《中国土地科学》2019 年第 6 期。

生产行为和资源利用方式能够产生决定性影响,进而对农业环境效率产生影响。直接研究农地产权结构对农业环境效率的影响的文献较少,现有相关研究主要是从以下两个方面来展开的:第一,农地产权对农业增长绩效的影响;第二,农地产权对农业生态环境的影响。

第一,农地产权对农业增长绩效的影响。农地产权制度的变革是中国农业增长的重要来源,许多学者对这一问题展开了深入研究。研究的结论基本一致,即农地产权制度的变革对中国农业增长产生了重要的促进作用。如麦克米兰等(McMillan 等, 1989)考察了1978—1984 年期间中国农业生产率快速增长的原因,结果表明在考察期,中国农地产权向家庭联产承包责任制的转变导致了农业全要素生产率增长了 32%[1]。林毅夫(1994)认为改革开放以来的中国农村由过去的生产队体制向家庭联产承包责任制的变迁,是 1978—1984 年间中国农业产出快速增长的主要源泉[2]。但是随着改革的完成,中国农业增长逐渐放缓,学者们开始质疑家庭联产承包责任制的作用,也引发了学界对农地产权改革与中国农业增长之间的因果关系的争论。孙圣民和陈强(2016)在原有文献的基础上对数据和方法加以改善重新考察了家庭联产承包责任制对中国农业增长的影响,结果表明,以家庭为基础的联产承包责任制对 1970—1987 年间中国农业增长有显著的正效应[3]。黄少安等(2005)利用反历史计量

---

① McMillan J., Whalley J., Zhu L. "The Impact of China's Economic Reforms on Agricultural Productivity Growth", 1989,97(04), pp. 781–807.

② 林毅夫:《制度技术与中国农业发展》,上海人民出版社 1994 年版,第 98 页。

③ 孙圣民、陈强:《家庭联产承包责任制与中国农业增长的再考察——来自面板工具变量法的证据》,《经济学(季刊)》2017 年第 2 期。

方法从侧面论证了不同的土地产权制度对农户在要素投入量方面存在不同的激励作用,从而对农业总产出也会产生不同的影响①。冀县卿和钱忠好(2009)认为不同的产权结构安排对产权主体的行为产生不同的影响,而产权主体的不同行为又会影响经济绩效②。具体而言,产权结构主要是通过产权完整性和完全性对经济增长产生影响的。他们分析了中国从改革开放以来农地产权制度在完整性和完全性方面发生的变革,从理论上分析认为中国农地产权结构在产权完整性和完全性上是不断增强的,这也是中国农业持续增长的制度源泉。因此他们认为要实现中国农业的进一步增长不一定非要改变土地所有制,也可以在现有土地所有制安排下,进一步去完善土地产权结构,赋予农民更多的农地产权,推动中国农业增长。随后,冀县卿和钱忠好(2010)从定量的角度考察了中国农地产权内部结构的变化对中国农业增长的影响,他们发现,随着中国农地产权结构不断强化农民土地产权,农民在农业生产经营的积极性在不断提高,促进了农业产出的增长③。他们得出结论,认为对农民私人的土地使用权、收益权和交易权进行法律界定,赋予农民更多的土地产权,有利于促进农业增长。但是他们的研究对农地产权内部结构的变化只是用时间虚拟变量来代替,仍然没能将农地产权的内部结构刻画出来。李宁等(2017)在该研究的理论基础之上利用丰富的数据将农

---

① 黄少安、孙圣民、宫明波:《中国土地产权制度对中国农业经济增长的影响》,《中国社会科学》2005年第3期。

② 冀县卿、钱忠好:《农地产权结构变迁与中国农业增长:一个经济解释》,《管理世界》2009年第1期。

③ 冀县卿、钱忠好:《中国农业增长的源泉:基于农地产权结构视角的分析》,《管理世界》2010年第11期。

地产权内部结构进行量化,并利用计量方法考察了农地产权对农业增长绩效的影响,他们发现农地产权会通过影响劳动力和土地的生产效率进而影响农业产出①。

第二,农地产权对农业生态环境的影响。上述文献分析了农地产权制度对农业产出的影响,并且大部分研究发现中国农地产权制度的变革对农业产出增长具有正向促进作用。但是他们没有考察农地产权制度对农业生产环境的影响。随着农业生态环境的恶化,农地产权对农业生态环境的作用开始逐渐引起人们的关注。但是,目前这方面的研究主要是从定性层面来分析的。如王跃生(1998)认为农地产权制度的安排会影响农户的生产行为方式,而这些生产行为方式是现有的农业生态环境问题的主要原因②。现有的家庭联产承包责任制在解决外部性生态环境问题上存在不完善之处,同时缺乏相配套的制度是20世纪80年代中后期以来农业生态环境恶化的重要原因。农地产权主体虚化、农村土地固定的均分性、农地使用权的非排他性和产权结构的单一性等导致了农户土地经营的短视行为,从而使得生态环境问题日益严重。林卿(1996)从定性的角度分析了农地产权制度对农户土地利用方式和行为的选择进而直接影响农业生态环境③。他认为适当的农地产权制度能够激发产权主体维护和培育地力的积极性。它的作用不只是体现为促进宏观经济发展,还体现在它能够激发人们自觉保护和努力改善自然环境的积极

---

① 李宁等:《农地产权结构、生产要素效率与农业绩效》,《管理世界》2017年第3期。
② 王跃生:《制度因素与中国农业的环境生态问题》,《经济学家》1998年第2期。
③ 林卿:《试论农地产权制度与生态环境》,《中国土地科学》1996年第2期。

性。因此适当的农地产权制度具有自然环境与经济协调发展的特点。

(二)文献述评

农业环境效率近年来日益受到国内外的经济学、社会学和环境科学领域的广泛关注,取得了丰富成果。但总体而言,农地产权制度影响农业环境效率的研究仍处于探索阶段,有进一步拓展的空间。

(1)目前现有关于中国农业环境效率的测算结论分歧较大,存在着较多的争议。原因主要有:一是对农业环境效率的测算方法不同。测算方法不同则意味着对农业生产所带来的环境破坏的度量存在差异,对污染物的选择也不同,从而使得测算结果存在差别。二是测算的时间阶段不同。学者们大多根据自己所获得的数据来定义测度的时间阶段。不同的阶段农业发展对环境所造成的影响必然不同,从而导致测算结果存在差异。三是测算的区域不同。部分学者采用的是对某个区域的农场进行调研的微观数据,还有些学者是利用宏观数据测算各省份的环境效率,并且不同的研究包含的省份的数量也不相同,从而得出的结论也不尽相同。

(2)对农业环境效率的测度研究较多,对农业环境效率的影响因素的研究较少。已有的研究大多是利用微观数据对一些国家的农场的环境效率进行测算,或利用宏观数据对 OECD 国家和发展中国家进行测算,国内学者较多是利用省际面板数据对全国不同时期的农业环境效率进行度量。对于农业环境效率的影响因素的研究较少。兰辛克和沃尔(Lansink 和 Wall,2014)认为未来更多的研究应该集中到农业环境效率的影响因素的研究上来,以便更好地为政策制定者提供理论依据[1]。

(3)微观研究较多,宏观层面的系统研究较少。现有研究不论是关于农业环境效率的测度还是农业环境效率的影响因素,大多是基于对农场调研的微观研究。兰辛克和沃尔(Lansink 和 Wall,2014)对农业环境效率的研究进行了梳理和评述[2]:当前国际上对农业环境效率的研究大多以微观层面的效率测度和分析为主,少数学者集中于宏观层面对国别间农业环境效率的研究。微观研究的好处就是可以更为深入细致地将农场及其经营者的经济社会特征纳入考量的范围,从而使结果更为可靠,结论更有政策指导意义。但是这也存在一定缺陷,就是微观研究的推广性不强,无法从宏观层面对总体状况进行把握,不能反映全局的情况。对农业环境效率及其影响因素的研究应该要从宏观和微观两个层面来展开,相互佐证,更好地为农业的绿色发展提供理论和实践指导。

(4)对农地产权结构与农业经济绩效的研究较多,将环境因素纳入农业绩效考察农地产权制度与农业环境效率的研究较少。

目前关于农业产权结构的制度绩效的研究主要是从经济绩效来评价的,大量的学者把注意力主要集中在农地产权制度变革对农业经济增长或农业全要素生产率的影响上,而没有将农业生产所带来的不利影响即环境污染考虑进来。随着农业发展所需的资源与环境

---

① Lansink A. O., Wall A. "Frontier models for evaluating environmental efficiency: an overview", *Economics and Business Letters*, 2014,1(03), pp. 43-50.

② Lansink A. O., Wall A. "Frontier models for evaluating environmental efficiency: an overview", *Economics and Business Letters*, 2014,1(03), pp. 43-50.

约束的日益趋紧,农业生态环境保护也应该成为农地产权制度变革的目标之一。如果只是单纯考察农地产权制度变革与农业经济绩效的关系,这类研究是不够全面的。因此有必要将农业的经济绩效和环境绩效结合起来,考察农地产权结构对农业环境效率的影响及其机制。

本书拟从以下几个方面进行补充和扩展。

第一,针对现有农业环境效率测度的结果存在的分歧,本书首先构建了全局数据包络分析(Global-DEA)超效率模型,解决了当前研究普遍存在的跨期不可比较和相对有效的单元无法比较的问题,其次以化肥投入和农作物固体废弃物所产生的化学需氧量(COD)、总氮(TP)和总磷(TN)作为非期望产出,考察 1983—2020 年中国 28 个省份的农业环境效率,从而更为全面地把握改革开放以来农业生产对环境产生的影响。此外本书还对这一时期农业环境效率的收敛性及其地区差异的演进趋势进行了分析。

第二,利用相关理论分析了农地产权结构影响农业环境效率的作用机理,在此基础上构建了农地产权结构影响农业环境效率的研究框架,并进一步利用多种实证研究方法对这一框架进行实证检验。

第三,从农地长期投资和农地经营规模两种机制深入探讨了农地产权结构对农业环境效率的影响,并采用多种实证方法进行检验。首先以农地长期投资作为中介变量,利用中介效应模型检验了农地产权结构通过农地长期投资对农业环境效率的间接影响。其次,本书采用联立方程组探讨了农地产权结构通过农地经营规模对农业环境效率的间接影响。此外,本书还基于不同区域和不同地貌进行了稳健性检验。

通过构建农地产权结构影响农业环境效率的研究框架以及分析农地产权结构通过农地长期投资和农地经营规模对农业环境效率的影响机制,并运用计量方法进行实证检验。试图在深入推进农地产权制度改革的研究背景下,厘清农地产权结构对农业环境效率的影响机制及程度,剖析机制背后的原因,重新审视农地产权制度变革的模式,为实现农业绿色可持续发展提供政策建议。

三、研究思路、研究内容与研究方法

(一)研究思路

基于对上述研究背景的分析、已有研究文献的梳理及本书的研究目的,遵循"理论分析—现状分析—实证研究—对策建议"的研究范式,按照"提出问题—分析问题—解决问题"的行文逻辑,聚焦农地产权结构演进与中国农业环境效率的现实问题,分为四大部分展开。本书紧紧围绕农地产权结构与农业环境效率这一议题,拟回答和解决如下几个问题:第一,我国农业环境效率及其地区差距如何?第二,农地产权结构对农业环境效率的影响机理和作用途径?第三,农地产权结构对农业环境效率的影响以及农地长期投资和农地经营规模对农业环境效率的影响机制如何?

本书可分为四大部分(具体研究路线图参见图0-1),共七章。第一部分为农地产权结构影响农业环境效率的理论分析,包括绪论及第一章,主要是构建农地产权结构影响农业环境效率的理论机制。本书首先由经济现象提出农地产权结构与农业环境效率之间的关系这一问题,并对该议题的背景和意义进行论证,针对农业环境效率与农地产权制度的相关研究文献进行梳理并对已有研究文献的优点和不足进行评述。在此基础上,提出本书拟解决的突破点及行文逻辑。首先阐述了农业环境效率和农地产权结构的内涵,并从理论上分析了农地产权制度对农业生态环境的影响。基于此,本书分析了农地产权结构对农业环境效率的影响机理,阐释了农地产权结构对农业环境效率的作用途径,并指出农地长期投资和农地经营规模是两条十分重要的路径。试图解析农地产权结构对农业环境效率的影响机制,力求对农地产权结构如何影响农业环境效率这一问题作出回答。

第二部分为现状研究。包括第二、三章。首先梳理了新中国成立以来中国农地产权结构的演变历程并参考权威文献的方法对中国农地产权结构进行了度量。其次通过构建全局数据包络分析(Global-DEA)超效率模型对 1983—2020 年中国 28 个省份的农业环境效率进行了测算,并分析了农业环境效率的时空分布以及收敛性特征。这两章是属于平行关系。

第三部分为农地产权结构影响农业环境效率的实证分析,包括第四、五、六章。主要是实证检验农地产权结构影响农业环境效率的总效应、中介效应。首先利用多种实证检验方法考察了农地产权结构对农业环境效率的影响。其次检验了农地产权结构通过农地长期投资影响农业环境效率的间接影响,重点关注农地产权结构是如何通过农地长期投资对农业环境效率产生间接影响。最后验证了农地产权结构通过农地经营规模作用于农业环境效率的间接影响,剖析了这一间接影响在不同区域和不同地貌类型条件下的异质性。总体来看,三章实证之间的逻辑思路为首先回答农地产权结构对农业环境效率的影响是怎样的,接着回答农地产权结构对农业环境效率为什么会产生这种影响,其内在机制是什么? 按照"是什么—为什么"的逻辑思路展开。第五章和第六章是属于并列关系,分别从不同的路径展开农地产权结构对农业环境效率的间接影响研究。

第四部分为对策研究,是本书的落脚点。根据前文的理论和实证研究结论,从农地产权结构角度提出了提升农业环境效率、实现农业绿色可持续发展的对策建议。

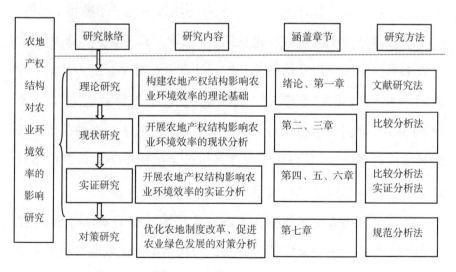

图 0-1　本书的基本研究路线

(二)研究内容

全书共分为理论研究、现状研究、实证研究、对策研究等四大部

分(具体研究路线图参见图0-1),共七章,各章节主要内容为:

绪论。首先阐明了本书选题的背景、理论意义和现实意义;然后梳理了现有农地产权制度与农业环境效率研究的相关文献,并对已有文献进行述评,指出了当前文献的不足并提出本书试图努力解决的突破点及行文逻辑。

第一章为理论分析部分。首先阐述了农业环境效率和农地产权制度的内涵,然后从理论上分析了农地产权制度对农业环境效率的影响。最后重点从理论上阐述了农地产权结构影响农业环境效率的机理及作用途径,提出本书的研究框架。在对农地产权结构影响农业环境效率的总体影响进行分析的基础上从农地长期投资和农地经营规模两条路径探讨了农地产权结构对农业环境效率的间接影响。

第二章对中国农地产权结构的演进历程进行梳理并对中国农地产权结构进行了度量。首先对新中国成立以来中国农地产权结构的演进历程进行深刻的梳理,分析农地产权在国家、集体和农户三个不同主体之间的配置状况。然后利用"内容实质—主体干预—排他边界"这一理论框架对1983—2020年中国农地产权结构进行测度,发现中国农地产权结构朝着以农户为主体的方向演进,农户所获得的农地使用权、农地收益权和农地处置权的排他性在不断增强。

第三章是对农业环境效率的测算。首先介绍了农业环境效率的测度方法、数据来源,然后利用非角度非径向的方向性距离函数构建全局数据包络分析(Global-DEA)超效率模型,使用Max DEA软件对中国1983—2020年28个省份的农业环境效率进行测算。

接着对各省份历年的农业环境效率的时空演变特征和收敛性进行了分析。

第四章实证分析了农地产权结构对农业环境效率的影响。利用1983—2020年中国28个省级行政区的面板数据,使用多种计量方法检验了农地产权结构对农业环境效率的影响。研究结果表明:农地使用权排他性的增强对农业环境效率具有显著促进作用,农地收益权排他性的增强对农业环境效率具有显著促进作用,农地处置权排他性的增强对农业环境效率具有显著促进作用。

第五章从理论和实证角度分析了农地产权结构通过农地长期投资对农业环境效率的影响。农地产权结构对农户生产行为产生影响,而农户生产行为又会对农业环境效率产生影响。农地长期投资是农户生产行为的重要内容之一,因此本章从理论和实证两个方面论证了农地产权结构对农地长期投资的显著影响,并且本章还发现农地产权结构不仅对农业环境效率有直接影响,也会通过农地长期投资对农业环境效率产生间接影响。

第六章研究了农地产权结构通过农地经营规模对农业环境效率的影响。首先揭示了农地产权结构通过农地经营规模影响农业环境效率的作用机理,提出了研究基础。其次,对农地经营规模的现状进行了分析。再次通过构建联立方程组估计了农地产权结构通过农地经营规模对农业环境效率的间接影响。在此基础上分析了不同区域和不同地貌下这一机制的差异性。

第七章为本书的结语与政策建议,根据前文的分析所得出的结论,对本书进行总结,并提出提升农业环境效率的对策建议。

（三）研究方法

本书紧紧围绕"农地产权结构影响农业环境效率"这一主题，厘清农地产权结构影响农业环境效率的机理和路径，基于中国 1983—2020 年 28 个省份的面板数据进行实证检验。具体而言，主要包括：

第一，规范分析法。理论阐释和机理分析部分，通过规范分析和归纳分析等方法，以农地产权制度为基础，结合农业可持续发展理论，深度梳理相关理论，构建农地产权结构影响农业环境效率的理论机制框架。

第二，比较分析法。考虑到农业生产及其对环境的影响存在地区间的差异，本书在实证检验时，将全国的省际面板样本数据分为东部、中部和西部地区，以及不同地貌条件下分为丘陵山区和平原地区，并对不同地区的实证结果进行对比分析，寻找农地产权结构影响农业环境效率的机制存在的差异，以便于更好地提出对策建议。

第三，实证分析法。运用 MaxDEA 软件对农业环境效率进行了测算，并利用收敛性分析法考察了农业环境效率地区间差距的演进趋势。最后运用全面可行广义最小二乘法（FGLS）、最小二乘虚拟变量法（LSDV）、纠偏最小二乘法（LSDVC）、中介效应、联立方程组、调节效应以及门槛效应模型等多种实证方法检验了农地产权结构对农业环境效率的影响。

四、本书的主要创新点

自 1990 年德国学者沙尔特格尔和斯特姆首次在学术界提出环境效率概念并被 WBCSD 进一步推广之后,人们开始关注生产活动对环境产生的影响,国内外学者纷纷聚焦于这一热点问题。学者们从微观和宏观视角对总体环境效率、工业和农业环境效率开展了丰富的研究,其中农业环境效率的研究以国外学者的研究较多,并且以微观研究为主,国内学者对总体环境效率和工业环境效率研究较多,而对农业环境效率的研究较少。此外,不论是国内还是国外学者对农业环境效率的影响因素及其作用机制的研究非常少见,对农地产权结构影响农业环境效率的研究就更少了。因此,本书立足于农业生产的负外部性——环境污染视角,从理论上深入剖析农地产权制度对农业环境效率的影响机理,在此基础上严密论证了农地产权结构对农业环境效率的影响,并进一步检验了农地产权结构通过农地长期投资和农地经营规模对农业环境效率的间接影响机制,试图从理论和实证两方面对农地产权结构与农业环境效率之间的关系进行系统研究。

结合已有研究,本书的创新点主要有:

(1)研究视角较独特。现有研究大多是将农地产权作为一个整体来考察农地产权制度对农业经济绩效的影响,忽视了农地产权内部结构的动态演进过程,也未考虑农业环境污染带来的不利影响。

本书以农业绿色发展为目标,从农地产权结构细分视角出发,从理论上构建农地产权结构的动态演进对农业环境效率的影响机制框架并以实证加以检验,最后对农地产权制度改革更好推进农业绿色发展提出了对策建议。同现有研究比较,这一研究视角更独特。

(2)研究方法较科学。首先本书构建全局数据包络分析(Global-DEA)超效率模型对 1983—2018 年中国农业环境效率进行了测算,这种做法能够有效解决当前研究中普遍存在的相对有效决策单元无法比较和测算结果无法跨期比较的问题。其次,本书利用多种实证方法包括全面可行广义最小二乘法(FGLS)、最小二乘虚拟变量法(LSDV)、纠偏最小二乘法(LSDVC)、中介效应以及联立方程组等方法,检验了农地产权结构对农业环境效率的影响机制,具有一定的创新。

(3)研究结论较深刻。首先,改革开放以来农户的农地使用权、农地收益权和农地处置权的排他性在不断增强,而中国农业环境效率在 1983—2020 年期间也呈现出先下降后上升的状态。其次,农地使用权、收益权和处置权排他性的增强对农业环境效率提升不仅有直接效应,还通过农地长期投资和农地经营规模对农业环境效率产生间接的促进作用。这些结论具有一定的创新性。

第一章　农地产权结构影响农业
环境效率的理论分析

自 20 世纪 70 年代实行农村改革以来,中国农业发展取得了举世瞩目的成就,农产品产量不断增长,粮食生产实现了供求基本平衡、丰年有余,成功地解决了一直困扰中国的农产品供给不足的问题。与此同时,中国农业发展存在的问题也不容忽视。效率不高,农业生产污染严重就是其中的突出问题。在新的发展阶段,中国要按照新发展理念,把农业发展的重点放到环境效率的改善上来,通过提高环境效率来实现农业的绿色增长。

影响农业环境效率的因素很多,但归根结底在于农地产权制度。现代产权经济学理论认为,产权是多种权利组合而成的权利束,它包括收益权、处置权、转让权等内容。一般来讲产权权利束全部归属于一个主体所有的情况比较少见,财产的绝对公有或绝对私有也几乎不存在。更为普遍的是产权被分割成多个部分并归属于多个不同的主体,从而形成各种不同的产权结构①。改革开放以来,中国农地制

---

① Alchian A., Demsetz H. "The property right paradigm", *The Journal of Economic History*, 1973,33(01), pp. 16–27.

度出现重大变革,农地产权在国家、集体和农户之间进行了重新配置,产权结构经历了深刻变革。这种变革对农业增长和农业环境均产生了重要影响。

本章主要围绕农地产权结构对农业环境效率的影响这一核心问题进行分析。本章是本书的理论分析部分,首先阐述了农业环境效率和农地产权结构等主要概念的内涵,然后从理论上分析了农地产权制度对农业环境效率的影响,最后提出了农地产权结构影响农业环境效率的理论机制和理论假设。

第一节　主要概念的界定

一、农业环境效率的含义

1. 效率及环境效率的含义

对于效率这一概念,在社会科学和自然科学中都有广泛的运用,但不同的学科有着不同的理解。经济学是研究资源配置的学说,其要解答的一个基本问题是如何用有限的资源满足人类无限的需要。因此,效率在经济学研究中始终具有十分重要的地位。一般而言,经济学上的效率,是指在投入要素和生产技术一定的状况下,资源利用已经达到了最充分的状态。它表现为两个层面:其一是微观层面,即微观个体的资源有效配置的程度;其二是宏观层面,即以现有的要素投入和产出可以使社会需要得到最大满足或社会福利得到最大增进。在微观层面,效率可以看作是产出与投入的比率,是指在给定产出水平条件下追求投入最小化,或者给定投入水平下追求产出最大化。也有学者认为效率是指生产决策单元的实际产出与最佳生产产出之间的差距①。在宏观层面,美国公共选择学派的主要代表人物布坎南(1991)提出的效率的评判标准是:当且仅当一个给定系统没有一种可行的可供选择的状态能让至少一个人状况变好而不令其他人情况变坏时,这一系统就达到了帕累托最佳的效率②。

近年来,随着可持续发展理念的兴起,学术界尝试将环境因素纳入效率和生产率的分析框架中。环境效率一词是由德国学者沙尔特格尔和斯特姆在 1990 年第一次在学术界提出来,他们认为环境效率可以由增长的经济价值与增长的环境影响之比来衡量。1992 年 WBCSD 提出的报告《改变航向:一个关于发展与环境的全球商业观点》使环境效率概念被学术界广泛认识和接受。此报告对企业如何降低污染排放担负社会责任提出了建设性意见,指出过去长期以来企业一直被认为是污染排放的源头,今后企业应在努力提高产出的同时降低污染排放,以改变过去的印象,努力成为推动全球可持续发展的主要力量。而企业要做到这一点,应该要提高环境效率。这是一个全新的概念,是将环境和经济发展联系到一起形成的一个新概念,其目的是为了实现人类的可持续发展。在 1992 年里约地球峰会上,WBCSD 进一步对环境效率进行了界定,即环境效率等于生产的

---

① 庞家幸:《中国农业生态效率研究》,兰州大学 2016 年博士学位论文。
② 布坎南:《伦理学、效率与市场》,廖申白,谢大京译,中国社会科学出版社 1991 年版,第 30 页。

产品或服务的经济价值与生产过程中产生的环境负荷的比值。从该定义可知环境效率指产生 1 单位的环境污染负荷企业创造的经济价值有多大。如果企业生产经营行为产生 1 单位环境负荷条件下创造的经济价值越大,则该企业环境效率就越高,反之则环境效率越低。

由于 WBCSD 是国际企业领导组成的协会组织,他们更关注的是微观主体特别是企业的环境效率状况。而微观个体和企业的环境效率的提高能够促进社会经济环境的协调发展,最终带来总体的可持续发展。但是微观层面进步容易被社会对产品和资源的总体需求的绝对增加所超越。并且微观加总的偏误也会导致微观有效的东西和宏观事实不符,从而导致微观的环境效率与宏观的环境效率出现偏差。因此从宏观层面来评价环境效率是十分必要的[①]。由于环境效率直接连接了环境影响与经济发展,所以环境效率成为自 20 世纪 90 年代以来最为流行的概念与哲学思想,一些国家和地区也开始按照环境效率的思想来治理其经济发展与环境污染的行为,在尽可能创造更好产品和服务的同时,尽可能少地使用自然资源、最小化影响环境[②]。正因为如此,环境效率的概念不仅用于微观企业的分析,还被广泛应用于宏观和中观分析,如区域环境效率、农业环境效率和工业环境效率等。

以现有相关文献的基础,本书认为环境效率就是在生产过程中

---

① 李静:《中国地区环境效率的差异与规制研究》,社会科学文献出版社 2012 年版,第 10 页。

② Song M. L., An Q. X., Zhang W., Wang Z. Y., Wu J. "Environmental efficiency evaluation based on data envelopment analysis: a review", *Renewable and Sustainable Energy Reviews*, 2012, 16(07), pp. 4465–4469.

在投入一定的条件下生产的期望产出与产生的非期望产出的比值。因此低环境效率具有以下特征:资源消耗强度低、污染排放少、资源综合利用能力强、产出能力高、可持续发展能力强。

2. 农业环境效率

农业环境效率是环境效率这一概念在农业中的应用。农业作为人类的"母亲产业",由于经济的迅速发展以及人口总量的增长,人们对农产品的需求也呈几何级数增加,而在土地等资源又不断减少的情况下,人类对土地的掠夺性经营使得农业生产率不断提高的同时污染及资源消耗在不断加剧。这必然会对农业的可持续发展造成一定影响。农业环境效率是衡量农业可持续发展的重要指标。对于快速发展的中国而言,这一问题同样存在,同时,农业可持续发展也是我国宏观经济可持续发展的根本保证。

如上文所述,本书将农业环境效率定义为:在生产过程中在投入一定的条件下农业生产的期望产出与产生的非期望产出的比值[①]。由此定义可知,提高农业环境效率就是在一定的生产资料投入和经济产出下实现环境非期望产出的最小化。生产的期望产出越多,排放的非期望产出越少,农业环境效率也就越高。同环境效率的本质相一致,农业环境效率的本质也是要以可持续的方式协调农业生产活动中生产资料的投入关系,提供有价格竞争优势、满足人类需求和保证生活质量的人类生存必需品,同时能逐步降低农产品生命周期中的资源消耗和污染物排放。从农业环境效率的定义中可以看出它

---

① 王宝义、张卫国:《中国农业生态效率的省际差异和影响因素——基于1996—2015年31个省份的面板数据分析》,《中国农村经济》2018年第1期。

既要考虑经济指标也要考虑环境指标。而传统的农业生产效率评估主要侧重经济效率,忽略了其对生产环境造成的不利影响,因此不能反映农业的可持续发展能力①。农业环境效率将生产中的投入要素、期望产出和对环境的不利影响统一结合,从而更好地评价农业效率,体现了可持续发展理念,因此农业环境效率必将成为农业可持续发展能力评价的重要指标。

二、农地产权结构的含义

1. 产权

产权有经济学和法学两类定义,在此只讨论其经济学的定义。在《新帕尔格雷夫经济学大辞典》中,产权是指以社会强制力量实现对某类经济物品的用途进行分配和使用的权利。德姆塞茨(Demsetz,1994)指出产权是权利与各种社会关系的综合,能够帮助人们形成交易的合理预期,同时是对交易参与者的损益状况进行界定的依据②。阿尔钦和德姆塞茨(Alchian 和 Demsetz,1973)认为产权是在资源稀缺状况下人们正确使用该资源的规则③。

虽然大家对产权的内涵有各自不同的看法和理解,但是从这些看法和理解中可以得出一些共识。第一,产权并非表面上所呈现出的人与物之间的单纯关系,其本质应该是人与人之间的权利关系,如

① 庞家幸:《中国农业生态效率研究》,兰州大学 2016 年博士学位论文,第 37 页。
② 德姆塞茨:《关于产权的理论》,载刘守英等译:《财产权利与制度变迁——产权学派与新制度学派译文集》,上海人民出版社 1994 年版,第 92 页。
③ Alchian A., Demsetz H. "The property right paradigm", *The Journal of Economic History*, 1973,33(01), pp. 16-27.

果某种产权制度安排确定下来就意味着明确了权利当事人在使用某种资源时的地位与社会经济关系[①];第二,产权并不是某一项权利,它囊括了所有权、使用权、占有权、处置权和收益权等,由此可见,产权是一束综合的权利;第三,产权是当人们在进行交易过程中出现获得利益或利益受损以及补偿等状况时解决争端的主要依据,它需要国家和社会的强制力量来实施。

2. 农地产权

农地是一种经济社会资源,它实际上是农业用地或农村土地的简称,但二者的含义有着天壤之别。农业用地是指直接用于农业生产的耕地、林地和农田水利用地等[②]。而依据《农村土地承包法》的规定,农村土地是归国家和农村集体共同所有,但是其使用权归农村集体,类型主要包括耕地、草地等用于农业用途的土地。考虑到本书研究的需要,本书将农地限定在以家庭联产承包农村集体所有的耕地。

农地产权就是与农地这项资源相关的权利的集合,包括农地所有权、农地收益权、农地使用权和农地处置权等权利。在农地的各项权利中,所有权是其他权利的基础。一般而言一国的基本社会制度会决定农地所有权的归属。农地所有权必须在国家法律范围内行使,具有排他性,并且能够在法律范围内对农地所有权进行使用、处置、交易以及从权利获得收益。从中国国情来看,一般来讲,产权一

---

① 斯韦托扎尔·平乔维奇:《产权经济学:一种关于比较体制的理论》,蒋琳琦译,经济科学出版社1999年版,第28页。

② 李宁:《农地产权变迁中的结构细分特征研究》,南京农业大学2016年博士学位论文,第61页。

般由资源的排他使用权、收益权和转让权三部分构成①。而使用权是它的核心,反映的是农地所有、占有、使用及管理时所出现的人与人之间的关系。当前农村土地制度改革已进入全面深化阶段,其中以承包经营权流转为代表的不转用途的内部流转改革进展顺利。农地收益权则是农地所有权或使用权的获得者在行使该项权利时获取经济利益的权利,其权利主体拥有该项权利的目的就是从该项资源中获得经济利益。例如权利主体通过对农地的经营获得农作物的经济收入就是最好的例子。农地处置权是从农地所有权中派生出来的,因此农地处置权的行使必须经过农地所有权所有者的同意。它包括农地的交易权、流转权、抵押权和继承权等。由此可见,农地产权也是由于农地这一稀缺资源所形成的人与人之间的权利关系,在这些关系中,农户、农户集体以及国家政府是农地产权的主体。农地产权制度形成的根源在于农地资源的稀缺性,它要求人们合理有效地配置和利用该项资源,而农地产权制度就是对高效合理利用资源的制度安排。

3. 农地产权结构

农地产权结构是农地的各项权利如所有权、使用权、收益权和处置权等在农户、农户集体、国家等各类主体之间进行配置的结果。此处的农地产权结构一般包含两个方面:首先,农地产权具体包括什么权利,这些权利之间的关系如何;其次,这些权利在不同主体之间是

①　丰雷等:《中国农村土地转让权改革的深化与突破——基于2018年"千人百村"调查的分析和建议》,《中国农村经济》2020年第12期。

如何配置的①。由于本书关注的农地产权的经济价值,因此本书参考李宁(2016)的做法,认为完整的农地产权结构应该包括农地使用权、农地收益权和农地处置权②③。阿尔钦和德姆塞茨(Alchian 和 Demsetz, 1973)认为农地的使用、收益和处分这三种行为已经基本涵盖了资源利用的所有行为④。农地所有权以及农地占有权没有纳入农地产权结构范畴原因有二:一是农地所有权更多的是强调法权关系而非经济学意义;二是由于意识形态的原因农地所有权的变动可能性很小。

因此本书认为农地产权结构就是指农地使用权、收益权和处置权在农户、集体和国家三大主体之间进行组合配置。

第二节　理论分析

一、绿色农业是农业可持续发展的主要方式

从开始出现农业到目前为止,农业的发展经历了原始、传统和现代农业三个阶段。传统农业以人畜为主要动力,进行精耕细作,节约

---

① 黄少安:《产权经济学导论》,山东人民出版社 1997 年版,第 56 页。

② 李宁:《农地产权变迁中的结构细分特征研究》,南京农业大学 2016 年博士学位论文,第 59 页。

③ 张五常:《佃农理论》,商务印书馆 2002 年版,第 78 页。

④ Alchian A., Demsetz H. "The property right paradigm", *The Journal of Economic History*, 1973,33(01), pp. 16-27.

能源,并主要施以有机肥,不造成环境污染。但传统农业技术进步慢,存在着低投入、低产出、低效益等弊端。所以工业革命以后,为了实现传统农业向现代农业转变,许多国家纷纷投入大规模的化学投入品,打破了传统农业原来的只依靠内部物质循环这一模式。

目前,现代农业主要是在农业生产过程中,大量使用机械设备,土地生产率得到快速提升,大量使用良种、化肥、农药,促进了劳动生产率的增长。这种农业发展模式能够显著增加农产品的供给,为工业化提供足够的农业剩余,进而顺利促使农业富余劳动力朝着非农产业转移,有利于提升整个宏观经济的实力[①]。但是,"石油农业"的主要特点就是资源和能源的高强度投入,这虽然能够在短时间内大幅度增加农产品的供给,但也存在许多弊端,如导致土壤肥力下降、对土壤和水源造成严重污染、破坏生态系统的多样性等,对生态环境造成巨大的威胁[②]。

自20世纪60年代以来,人们逐渐意识到当时经济发展与资源、环境之间存在尖锐的剧烈矛盾,因而提出可持续发展理论。早在1962年,美国海洋生物学家蕾切尔·卡逊所著《寂静的春天》出版,提出人类应该和自然和谐共处,共同享有地球的理念[③]。1972年"罗马俱乐部"发布了报告《增长的极限》,该报告分析了自然环境的重要性,提出了"增长的极限"这一问题[④]。可持续发展理论成为社会

---

① 梁树春:《对石油农业与生态农业的再认识——兼论我国现代化农业模式的选择》,《农业现代化研究》1988年第3期。

② 谭秋成:《作为一种生产方式的绿色农业》,《中国人口·资源与环境》2015年第9期。

③ 蕾切尔·卡逊:《寂静的春天》,马绍博译,天津人民出版社2017年版,第68页。

④ 梅多斯等:《增长的极限》,李涛等译,机械工业出版社2013年版,第142页。

发展的主流思想是在 20 世纪 80 年代,其标志性事件是 1984 年美国著名学者爱迪·维斯在社会选择和分配公平理论的基础上提出了代际公平理论,成为可持续发展的理论基础。随后,世界环境与发展委员会(WCED)则在一份题为《我们共同的未来》的报告中提出了可持续发展的模式,并对"可持续发展"的概念和定义作了全面系统的阐述。在 20 世纪 90 年代以后,可持续发展理论成为社会发展的主流思想。

可持续发展要求实现经济、自然、社会三个系统之间协调发展,要构建一个这样的社会体制,它不仅能促进经济增长和社会公平,合理分享经济增长红利,还要满足当代人和后代人的需求,也要根据环境资源的实际供应状况来制订发展计划,必须要考虑到环境资源动态承载能力能否满足发展的需求[1]。可持续发展要求当代人在经济活动中不仅要遵循经济发展规律,还要以自然生态的演进规律为基础,同时遵循生物多样性原则,以物质循环利用和再生等规律为指导,更好地构建一个新的生态文明。

可持续发展的理念也迅速扩展到农业发展领域,许多学者都把可持续农业作为未来农业发展的模式。联合国粮农组织在荷兰召开的"农业与环境"国际会议上所发表的《可持续农业和农村发展的丹波斯宣言和行动纲领》中就明确提出,人们要利用一定的方法对自然资源进行保护和管理,同时对技术和机构变革的方向进行深度调整,增加农产品的产出的同时不损害资源的承载力,以此满足当代人

---

① 冯海发:《农业可持续发展:理论与实践》,吉林出版集团 2016 年版,第 54 页。

以及下一代人对食品的基本需求[①]。以这种模式所形成的可持续发展农业可以对水、土地以及生物的遗传资源进行全面保护,也避免污染生态环境,在技术难度方面适中,经济成本上具有一定可行性,因此容易为社会大众所接受。

绿色农业是实现农业可持续发展的主要方式。它是指在正确利用化学投入品的情况下,对存在于包含动植物与微生物等要素的生物系统中的能量自然流动和循环转移加以深度利用,尽最大努力降低能量利用过程中产生的能量损耗。它还注重对资源和环境的保护,采取先进的生产方式合理地开发和使用资源和能源,为人类创造更为舒适的自然环境。绿色是农业的本色,也是农业现代化的重要标志,推进农业绿色发展既是回归本色,也是发展观的变革。绿色农业的发展目标就是确保提供安全的食品、舒适的生态环境以及可持续利用的资源,提升农业的综合效益。由此可以看出,绿色农业体现了全面、协调、可持续发展理念,是现代化农业发展的一种新模式。农业绿色发展就是以尊重自然为前提、以利用各种现代技术为依托、探索可持续发展的过程,实现经济、社会、环境、生态效益的协调统一[②]。

二、农业环境效率是农业可持续发展的核心

农业现代化的目标之一就是实现产出的增长,为发展非农经济

---

① 李静:《中国地区环境效率的差异与规制研究》,社会科学文献出版社 2012 年版,第 32 页。

② 魏琦、张斌、金书秦:《中国农业绿色发展指数构建及区域比较研究》,《农业经济问题》2018 年第 11 期。

提供原材料和人们生活提供基本的物质保障,而实现这一目标的根本途径在于提高农业生产效率。农业生产效率的大幅提升,一方面可以直接促进农产品供给总量的增加,进而促使农民收入水平的增长;另一方面,农业生产效率的提高将能降低农产品加工行业的成本,进而能够降低食品价格,促进消费者的福利上升,同时能够为工业和服务业供应更多的资源,促进整体社会经济的发展①。大部分的国家在发展农业的过程中,都对农业生产效率非常重视,因为农业生产效率的大幅提升就意味着农业现代化的实现②。

农业生产效率是指农业生产过程中生产要素投入与产出的比率。传统上衡量一个国家的农业生产效率,主要是用某一个单项生产要素的生产率(如劳动生产率、土地生产率)或者农业全要素生产率来衡量。例如,高帆(2008)就提出,农业生产率提高包含土地生产率和劳动生产率这两个方面③。劳动生产率表达了投入的劳动要素与能够获得的收益二者之间的关系,提高劳动生产率就意味着单位劳动力的投入能够获得更多的收入。土地生产率则表达了投入的农地与生产的农业产出二者之间的关系,提高土地生产率意味着投入一单位农地能够获得收入更多。速水佑次郎和拉坦(2000)等农业经济学家在比较世界各国农业发展时,也主要是根据农业劳动生产率和土地生产率这两个方面,将世界各国农业发展分为三种类型:第一种类型是在劳动力/土地比率特别有利的新大陆国家(以新西

---

① 成德宁:《各种发展思路视角下的城市化》,《国外社会科学》2004年第6期。

② 郑林庄:《农业现代化的目标是提高农业生产效率》,《经济研究》1980年第6期。

③ 高帆:《中国农业生产率提高的优先序及政策选择》,《经济理论与经济管理》2008年第8期。

兰、澳大利亚、加拿大、美国为代表），相对缺乏弹性的劳动力供给是对产量增长最显著的限制，农民主要用人工产品投入替代限制性要素，如用机械化来替代劳动力[1]。其农业生产率主要沿着劳动生产率提高的路径发展。第二种类型是在劳动力/土地比率普遍不利的亚洲国家（以中国、日本等为代表），土地成为限制农业产量增长的主要因素，农民主要采用生物技术来提高农业生产率。其农业生产率主要沿着土地生产率提高的路径发展。第三种类型是劳动力/土地比率介于两者之间的欧洲国家（以荷兰、比利时和丹麦为代表），其农业生产率一般沿着劳动力生产率和土地生产率平衡、同步提高的路径发展。

受传统农业发展观的影响，中国学术界在研究农业现代化问题时，也长期把焦点放在农业劳动生产率、土地生产率和农业全要素生产率等维度上。黄宗智（2000）认为，中国农业从明清开始就已经处于土地生产率较高而劳动生产率较低的状态，并称之为"农业过密化"，也叫"农业内卷化"[2]。在计划经济体制下，由于农村劳动力迁移受到严格限制，集体化组织也不能像使用雇佣劳动的资本主义企业那样"解雇"富余劳动力，因此，农村有大量富余劳动力，高土地生产率的同时低劳动生产率的状态一直没有改变。高帆（2008）也认为，虽然中国的农业生产效率在改革开放后得到大幅度提升，但是这种提升仍然主要是依靠土地生产率带动的，劳动生产率的带动作用

---

[1]　速水佑次郎、弗农·拉坦：《农业发展的国际分析》，郭熙保等译，中国社会科学出版社 2000 年版，第 81 页。

[2]　黄宗智：《长江三角洲小农家庭与乡村发展》，中华书局 2000 年版，第 12 页。

仍然较小,高土地生产率和低劳动生产率的状况仍然没有得到根本性解决[①]。

在传统的经济学理论模型中,环境资源是巨大无穷的并且可以无限使用的资本库,这就包含了一个假设前提,即资源永远不会稀缺。因此,在传统经济学理论中,经济被认为是对环境不具有依赖性,属于完全孤立的系统,跟外在的自然环境完全没有关系,环境对经济的影响也是微乎其微的。在经济学的经典书籍中对发展理论的阐述都将新古典生产函数作为发展的基础。这就意味着,生产仅仅与劳动与资本有关,同资源和环境没有丝毫关系[②]。也正如生态经济学家戴利和汤森(2001)所指出的,经济学的经典教材完全没有将"自然""环境"等关键词纳入其中[③]。然而依据可持续发展理论,大自然中的不可再生资源并非是取之不尽用之不竭的,同时在一定时间内环境吸收废物的能力也是有限的,因此,人类的发展要建立在资源和环境的可持续性基础上。与工业和服务业一样,农业也必须转到可持续发展的方向上去。可持续发展农业是指在以正确使用和爱护环境与资源为基础对农村体制机制和农业生产技术进行深度改革和升级,以尽量生产出丰富的农产品满足当代人需求的同时也要考虑后代人的需求,实现农业的多维拓展。

从新的可持续农业发展观看来,农业生产会产生期望和非期望

[①] 高帆:《中国农业生产率提高的优先序及政策选择》,《经济理论与经济管理》2008年第8期。

[②] 侯伟丽:《可持续发展模式的兴起与经济学理论范式的转变》,《经济学家》2004年第2期。

[③] 戴利、汤森:《珍惜地球———经济学、生态学、伦理学》,马杰等译,商务印书馆2001年版,第91页。

两类产出,是一个伴随着农业期望产出增长的同时,不断排放"三废"等非期望产出的过程。这些非期望产出是指人们不想获得的,但是以目前企业自身的技术条件,又不能对这些产品进行深加工,必须依靠向大自然排放或者掩埋等途径来处理的附加产品。传统衡量农业生产效率的方法中,农业产出主要只考虑了期望产出,对于农业生产过程中的非期望产出并没有加以考虑,这种忽视污染等副产品的传统生产率衡量思路和方法不能全面衡量农业的效率,会导致结论失真,与人们追求资源和环境的可持续发展利用的目标相违背①。随着人类对环境的关注,学术界开始考虑农业非期望产出的作用与影响,并拓展出农业环境效率这个新的维度,对农业效率进行更全面的衡量,并主张提高资源利用效率、降低资源消耗量和环境污染物的排放量,以此作为改善农业生态环境和效率的重要途径。

三、农地产权制度是影响农业环境效率的根本制度

产权经济学认为,产权制度不合理(产权缺失或者界定不清)使理性的经济人产生"搭便车"问题。他们会从自利原则出发,对公共利益不关注、对公共资源不爱护,从而造成自然资源的滥用和严重的环境污染问题。亚里士多德早就断言:"如果一件事物被多数人共同占有,那么人们对这件东西就不会太重视。因为人们更看重的是只属于自己的东西,不会去重视公共事务。即使关心公共事务也只是在乎与自身利益密切相关的方面。"1968 年,英国加勒特·哈丁

---

① Chung Y. H., Fare R., Grosskopf S. "Productivity and Undesirable Outputs: A Directional Distance Function Approach", *Journal of Environmental Management*, 1997, 51(03), pp.229–240.

教授在《公地悲剧》一文中,提出著名的"公地悲剧"理论模型:如果一个牧场对所有的大众完全开放,每个牧羊人能够得到的直接利益是由他所放牧的牲畜数量来决定的①。在牧场的产权没有得到清晰界定的情况下,即使所有牧羊人都知道无限放牧会导致牧场退化最终所有人都没有牧场可以放牧,但对于每个牧羊人而言,对自己最有利的办法就是增加牲畜的数量,长此以往的结果就是牧场将彻底退化,大家都没有牧场都可以放牧。"大家都被困在一个迫使自己毫无约束地扩充其放牧的牲畜数量的系统,而事实上这个世界的所有资源都是有限的。在一个公地可以被无节制使用的系统中,每个人都是理性人,都会以自身利益最大化为目标,而最终导致的结果将是整个系统的崩溃,公地的自由使用权产生的结局就是走向毁灭"。哈丁通过"公地悲剧"模型,很好地说明了当众多自然资源和环境的产权没有清晰界定时,就是属于典型的公共资源,大家都希望最大程度地使用该资源以追求自身利益最大化,而不会考虑这一行为是否会影响其他人的行为、资源环境的可承载力以及可持续能力,进而导致资源的过度利用。这实质上说明了产权制度对于资源持续利用的重要性。

新制度经济学代表人物科斯也认为,减少环境污染就是要做到负外部性内部化。而外部性问题产生的主要原因就是产权界定不明晰。科斯认为,在交易成本为零的世界,只要产权是明确界定的,并且具有健全完善的市场机制,无论在开始时将产权赋予谁,负外部性

---

① 科斯等:《财产权利与制度变迁——产权学派与新制度学派译文集》,刘守英等译,上海人民出版社1994年版,第78页。

内部化所存在的问题完全能够通过市场交易和协商的办法来解决，只要实现市场均衡，最终结果都是有效率的，能够达到资源配置的帕累托最优状态。然而实际情况是交易成本等于零的状况十分罕见。因此，如果存在交易成本大于零的状况，产权的初始安排对于资源进行优化配置、减少污染物的排放具有十分重要的影响。

科斯的理论为消除负外部性提供了一种新的思路。即通过对产权制度进行变革能够实现产权归属明晰，经济活动主体获得本该属于他的利益或免除本不归属他负担的成本，从而激励经济主体对资源进行优化配置，减少污染物的排放。也就是说，通过调整产权制度，可以促使经济主体调整资源配置，实现负外部性内部化，从而减少污染物的排放，提高环境效率。

总之，产权界定会影响资源的配置和利用。不同的产权制度下，资源的配置效率存在很大的差别。一般而言，在公共产权制度下，所有的成员都能够从资源配置中得到最大的收益，但是却不用为此付出任何代价。而以利益最大化为目标的个体必定会不加约束地大量利用资源，从而导致资源总量的急剧下降，以致最终完全枯竭。而如果产权制度具有排他性的话，产权主体能够按照自己的意愿在不受其他主体干预的情况下对自己的资产进行处理。当产权主体为了获得某一物品的产权，就必须将属于自己的产权与他人交易，从而最大程度实现自身的成本—利益内部化。由此可知，产权主体是最渴望在使用该产权的过程中获得最大的经济价值的。本书以农地私有制和农地国家所有制两种极端情形来进行分析。当农地产权主体和利用主体均为农户时即农地私有制的情形，农户拥有农地的交易、流转、抵押等方面的权利,即农户可以自由流转土地。此时的农地产权制度对土地资源配置的影响如图1-1所示。

在图1-1中,横轴为农地资源配置的数量,纵轴为资源配置的成本和收益。MC为农地私人所有情形下农户配置资源的边际成本曲线,表示随着配置的资源总量的增加,农户的成本是不断增加的,这表明MC曲线就是供给曲线;MR为边际收益曲线,意味着当配置资源的数量不断增加,农户的收益是逐渐下降的,由此可以看出本质上边际收益曲线就是资源的需求曲线。S点是MC曲线与MR曲线相交时的均衡点,表明资源配置达到最优的状态。N点是最优状态时农地的配置数量,M点为配置N数量的农地所需的成本和收益。

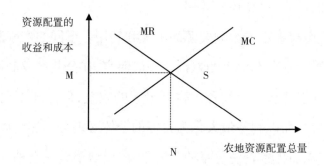

图1-1 农地私人所有情形下农地资源的配置情况

随着农地资源配置方式的改善,以及农业生产技术的改进,使得农地经营成本下降,农户资源配置的边际成本曲线会向右下方移动;而随着对资源需求的不断上升,农户配置资源的边际收益曲线会向右上方移动。

由图1-2可知,若农户配置资源的边际成本曲线向右下方移动,则农地资源总量上升到N_1,资源配置的成本下降至M_1,最优资

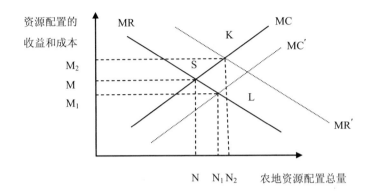

图1-2 变化后农地私人所有情形资源配置的状况

源配置的均衡点为L;若农户资源配置的边际收益曲线向右上方移动,则农地配置总量上升至N_2,配置的成本上升至M_2,最佳资源配置的均衡点为K。

根据上述分析可知,在农地产权完全由农户所有的情况下,配置的农地的总量是由MC曲线与MR曲线相交所形成的均衡点所决定的,农户是否进行资源配置由农户的成本收益曲线的移动所决定。即在土地私人所有的条件下,农户作为产权主体能够以利润最大化为导向去租赁、流转或抵押农地,进而提高农业的经营收益并加快推进农业规模化经营,促进农业生态环境的保护。

接下来分析另一种极端情形即土地完全为国家所有的情形。在该情形中,农地产权的主体是国家,农户是农地的经营主体。国家作为农地产权的主体,完全掌握农地流转、交易、抵押等权利的支配权,而农户获得的使用权和收益权只占很小比例。在这种情形下国家对土地可以进行任意处置,不需农户的同意。农地国家所有制对资源配置的分析可以用图1-3来表示。

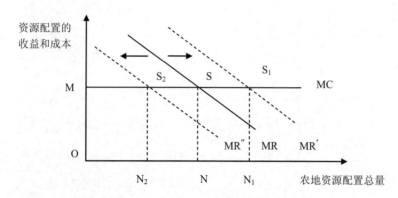

图 1-3　国家所有制下农地资源配置效率

如图 1-3 所示,横轴为农地资源配置总量,纵轴为资源配置的成本和收益。MC 为农地归国家所有情形下农户配置农地的边际成本曲线。由于农地完全归国家所有,使得国家对农地具有完全控制权,农地资源配置的成本和价格完全由国家制定的政策决定,因此其成本是固定的,即农地资源配置的边际成本曲线是一条水平直线。随着配置农地资源的技术和方法的不断进步,边际收益曲线会向上移动,而边际成本曲线保持水平状态,因此农地资源配置总量是上升的。而当配置农地资源的技术和方法退步时,边际收益曲线会向下移动,边际成本曲线为水平状态,因此农地资源配置的总量是下降的。由此可以看出,农地资源配置成本不会随着农地资源的增加而发生变化。

通过上述分析可知,在农地完全归国家所有的情形下,农地资源配置总量是由边际成本和边际收益曲线相交所形成的交点决定的,农户的资源配置行为完全由边际收益曲线移动来决定。原因在于农地国家所有制情形下农户不具有农地的租赁、抵押、转让等权利,农地资源的配置效率完全由国家实施的法律法规等决定。农户无法根据自身的利益需求来配置土地,从而导致其对农地资源的短期经营行为。此外,由于农地国家所有制下的农地政策不能满足农户对土地流转的需求,导致农地规模化经营无法实现。因此在农地细碎化经营的状况下,农户经营农地的比较收益低,不能激发农户对农地的投资与保护热情,进而使农业生态环境受到不利影响。

中国农地产权制度的调整和改革本质上是调整和改革农地资源的配置方式。有效的农地产权制度改革应该是对农地资源进行优化配置,包括对农地产权进行流转、交易、抵押等。而这些权利的行使会影响农地资源配置效率和农业生态环境。当农地产权的使用权、流转权或抵押权能导致土地可以自由转让时,能够促进农地资源的高效配置,扩大农地经营规模,激励农户对农地进行长期投资,有效地保护农业生态环境。而当农地产权的流转受到限制时,不同主体所拥有的农地无法自由流动,从而导致农地的集约经营利用无法实现,也就导致农地的配置效率下降,不利于农地规模化经营,容易产生农地细碎化所带来的农业生态环境问题。

第三节 农地产权结构影响农业环境 效率的机制与理论假设

一、农地产权结构影响农业环境效率的机制

农村由生产队体制朝着家庭联产承包责任制的转变,标志着我

国农村改革序幕的开启。在改革初期,我国农地制度改革的重点是在国家、集体和农户之间对农地产出的收益分配进行了界定,形成了"交足国家的,留够集体的,剩下的都是自己的"的契约结构,而改革之初对农地的占有、转让和处置权等,并没有进行明确的分割和界定,维持了农地产权制度的模糊性,这种产权制度的模糊性有利于减少改革的阻力和成本。但是,随着改革开放的深入和工业化、城镇化及农业现代化的新发展,对我国农地制度改革提出了新的要求。我国也在土地所有者和土地使用者之间不断进行产权的分割和重新配置,以形成合理的产权结构,使两者各得其权,各得其利。在40多年的改革历程中我国农地产权结构演变的总体趋势是:在不改变土地所有制的情况下,越来越多地赋予农民对承包地占用、收益、处置等权能,使农民拥有的土地产权完整性、确定性和稳定性不断增强,农村土地产权结构持续优化。

农地产权结构是一定时期内农地的使用权、收益权和处置权等各种权能的构成及组合配置情况。一个社会一定时期内初始界定的产权结构常常是不完善的,但在生产力发展的作用下,各个主体之间会通过产权交易的方式,推动产权结构进行动态优化。同样,产权结构的优化也会反过来激励农户,对农户的生产行为和资源利用方式产生决定性的影响,进而对农业增长和农业环境效率都产生影响。

笔者认为,农地产权结构促进农业环境效率改善的机制主要有以下两个:一是激励农户加大对农地的长期投资。农地长期投资有利于改善农地质量,提高土壤肥力,促进对营养物质的吸收,减少污染物的排放,从而提高农业环境效率。二是促进农地向适度规模经营集中。农地规模过小不利于农业环境效率的改善,并且在当前中国人多地少的国情约束下只有适度规模经营才是最具可行性的。而适度规模经营有利于农业环境效率的提高。

1. 促进农地长期投资的增加

农地长期投资主要是指对农地进行的投资周期较长、短期内收益不明显,但长期投资能够促进农地资源的可持续利用。它主要包括对农地施用农家肥或有机肥、农地土壤的改良和保护、先进的绿色生产技术的采用等。

首先,农地使用权排他性的增强可以促进农地长期投资的增加。大量的研究[如 Feder 等(1992)[1]、Li 等(1998)[2]、郜亮亮等(2013)[3]]发现农地使用权的排他性越强,农户对土地使用权的预期越好,农户就会加大对农地的长期投资。不论是农家肥以及有机肥的施用还是农地土壤保护技术的投资,数量都是随着农地使用权排他性的增强而增加的。

当前的农地产权制度将农户维护土地生产力的习俗切断,使得农户在耕作时更多地采用短期经营行为如大量使用化肥、农药等化学投入品。有研究发现在土地调整频繁的村集体的农户对农地的投

---

[1]　Feder G., Lau L. J., Lin J. Y., Luo X. "The Determinants of Farm Investment and Residential Construction in Post-reform in China", *Economic Development and Cultural Change*, 1992, 41(01), pp. 1-26.

[2]　Li G., Rozelle S., Brandt L. "Tenure, Land Rights, and Farmer Investment Incentives in China", *Agricultural Economics*, 1998, 19(01), pp. 63-71.

[3]　郜亮亮、冀县卿、黄季焜:《中国农户农地使用权预期对农地长期投资的影响分析》,《中国农村经济》2013 年第 11 期。

资明显要比农地调整不那么频繁的村集体的农户少①。也有文献发现,农户在自留地施用有机肥的概率和数量都要显著高于责任地,原因就在于自留地的收益权和使用权都是完全属于农户自己的,权利更为完整和稳定②。

其次,农地收益权排他性增强可以促进对农地长期投资的增加。农地收益权排他性增强意味着农户能够排除其他主体单独享有农地的收益,农地收益越高,农户获得的利益越多。因此农户有动力去对农地进行长期投资,促进农地长期投资的增加。

最后,农地处置权排他性的增强可以促进对农地长期投资的增加。农地处置权包括农地使用权的交易、流转权和抵押权等,但是由于中国的特殊国情,农地使用权的交易本书暂时不讨论。20 世纪 90年代中国农地流转市场逐渐扩大,农户在土地上的投资也发生了变化。为了更好地促进农地的流转和抵押权的实现,农户会加大对农地的长期投资。大量的研究表明,规范的、长期的农地流转合同有利于促进农户的长期投资增加[如俞海等(2003)③、郜亮亮和黄季焜(2011)④] 。

农户对农地长期投资的增加一方面可以促进农业产出的增加,

---

① 朱民、尉安宁、刘守英:《家庭责任制下的土地制度和土地投资》,《经济研究》1997第 10 期。

② 郜亮亮等:《中国农地流转市场的发展及其对农户投资的影响》,《经济学(季刊)》2011 年第 4 期。

③ 俞海等:《地权稳定性、土地流转与农地资源持续利用》,《经济研究》2003 年第9 期。

④ 郜亮亮、黄季焜:《不同类型流转农地与农户投资的关系分析》,《中国农村经济》2011 年第 4 期。

另一方面也会有利于农业生态环境的保护,从而促进农业环境效率的提高和农业的绿色可持续发展。研究表明,农地使用权、流转权以及收益权的排他性的增强促进了农地长期投资的增加并提高农地的土壤肥力,从而促进了农业的可持续发展①②。图 1-4 是农地产权结构通过农地长期投资影响农业环境效率的作用机制路径图。因此,农地产权结构对农地长期投资产生影响,农地长期投资又进而影响农业环境效率,这一作用机制路径是研究农地产权结构影响农业环境效率的重要内容之一。

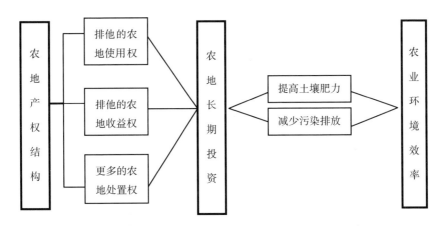

图 1-4　农地产权结构、农地长期投资对农业环境效率的作用机制图

2. 促进农地经营规模的适度集中

农地产权结构促进农业环境效率提高的最佳载体是农地经营规模。农地经营规模的适度集中能够促使农户采用绿色生产技术以及

---

① 黄季焜、冀县卿:《农地使用权确权与农户对农地的长期投资》,《管理世界》2012 年第 9 期。
② 马贤磊:《现阶段农地产权制度对农户土壤保护性投资影响的实证分析——以丘陵地区水稻生产为例》,《中国农村经济》2009 年第 10 期。

增加绿色生产的投资,降低农业生产成本,提高农业产出的同时减少污染排放,进而促进农业环境效率的提高。

(1)农地产权结构的完善能够促进农地经营规模的扩大

农地使用权排他性的增强能够为农地的流转和抵押奠定基础,从而有利于农地经营规模的扩大。农地收益权排他性的增强是农户扩大农业经营规模的主要动力。农户作为理性经济人,其经营农地的目的是实现经济利益最大化。因此农地收益权能够促进农地经营规模的扩大。但农地收益权排他性的增强也有可能导致农户不愿意将土地流转出来,从而导致农地经营规模无法扩大。因此农地收益权对农地经营规模的影响不确定。农地处置权中的流转权和抵押权都能够促使农户的农地经营规模扩大,从而实现农地经营从低效率的经营主体流向高效率的经营主体。

(2)农地经营规模的扩大有利于促进农业环境效率的提高

农地经营规模的扩大将从两个方面促进农业环境效率的提高。第一,农地经营规模的适度扩大能够增加农地的长期投资进而降低农业生产成本,促进农业产出增加,降低农业污染物排放,进而促进农业环境效率的提高。第二,农地经营规模的适度扩大有利于引进绿色生产技术,对农业生产过程中产生的污染物进行集中处理,从而提高农业环境效率。

(3)农地产权结构、农地经营规模影响农业环境效率的提高

农地产权结构影响农地经营规模进而对农业环境效率产生影响的机制主要表现在以下方面:农地使用权对农地经营规模具有促进作用,从而导致扩大的农地经营规模在农业绿色生产技术的引进、绿

色生产要素的投入以及经营能力水平方面具有优势,使得农业生产过程中污染物排放减少,农业产出增加,从而提高农业环境效率。农地收益权对农地经营规模的影响存在不确定性,可能促进农地经营规模扩大,也可能导致农地经营规模缩小。由于这一影响的不确定性,从而使得农地收益权通过农地经营规模对农业环境效率的影响也存在不确定性。农地处置权中的流转权、抵押权和继承权可以让更多的土地集中于具有农业生产优势的大户手中,他们更有资本和能力去提高生产技术和管理水平,优化土地利用方式,最终实现农业环境效率的提高[1][2]。如果农地经营规模过小,则会使得农户在农药、化肥等化学投入品的使用上不能实现规模最优,农户也没有去学会如何更好地改良土壤、合理施肥以提高地力的动力。

图 1-5 是农地产权结构通过农地经营规模影响农业环境效率的作用机制路径图。由此图可知,农地产权结构对农地经营规模产生影响,农地经营规模又进而影响农业环境效率,这一作用机制路径也是研究农地产权结构影响农业环境效率的重要内容之一。

二、农地产权结构影响农业环境效率的理论假设

为了分析我国农地产权结构对农业环境效率的影响,本书设计了如图 1-6 所示的理论分析框架,提出了以下几个理论假设。

理论假设 1: 赋予农户稳定排他的土地使用权对农业环境效的

---

① 陈杰、苏群:《土地流转、土地生产率与规模经营》,《农业技术经济》2017 年第 1 期。
② 尹云松:《论以农地使用权抵押为特征的农地金融制度》,《中国农村经济》1995 年第 6 期。

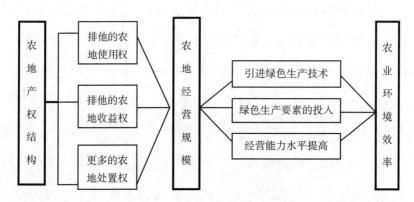

图 1-5 农地产权结构、农地经营规模对农业环境效率的作用机制图

率具有正向的促进作用。

在我国,土地产权的稳定排他性主要表现在农户承包期限上。如果农地的承包期限短,土地调整十分频繁,则农户对土地产权稳定性和安全性预期较低,从而会激励农户对农地进行掠夺性经营,大量使用化肥等化学投入品,谋求在短期内获得高产,而忽视对农业生产环境造成的损害。相反,如果赋予农户更长的承包期限,提高农户占有土地的稳定性和安全性,有利于农户从长远和可持续发展的角度对土地进行长期投资,改进农业生产技术,提高土地肥力,从而提高农业环境效率。

理论假设 2:赋予农户更多排他性的农地收益权对农业环境效率的影响是不确定的。

排他性农地收益权是指农户单独获得农地经营收益的程度。农村改革初期实施的"大包干",实质上就是调整农户与国家和集体之间对农地产出收益的占有关系,形成"交足国家的,留够集体的,剩下的都是自己的"农地收益权安排。20世纪90年代我国政府减少

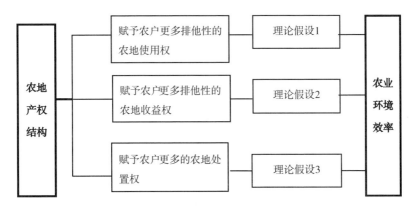

图 1-6　农地产权结构影响农业环境效率的途径

农民负担的政策和 2006 年全面取消农业税,都是增加农户排他性农地收益权的重要举措。农户独享农地收益权越多,将激发农户加大对农地的投入,增加对新的农业生产技术的引进,从而增加农业产出,但农地收益权排他性的增强短期内也会激励农户为了获得最大收益,加大对化肥等投入品的使用,从而会导致农业污染物即非期望产出的增加。当然,如果农户有土地产权的稳定预期,赋予农户更多农地收益权,农户为了获得长远的可持续的高产出,可能增加对绿肥等有机肥的投入,减少对化肥等化学投入品的使用,从而降低农业污染物的排放,减少农业非期望产出。因此,农地收益权排他性的增强对农业环境效率的作用是不确定的。

理论假设 3:赋予农户更多的农地处置权对农业环境效率有正向的影响。

农地处置权是指农户单独享有对农地进行处分的权利,如流转、抵押和继承等权利。赋予农户更多的农地处置权,经营效率较低的农户可以将农地流转给经营效率高的农户,从而提高农地经营的整体效率,增加产出总量。赋予农户农地抵押权,使农民可以将农地作为抵押物,到金融机构进行融资,从而扩大农业经营的长期投资,改善农业生产环境,增加农业产出。

第四节　本章小结

本章在参考现有文献的基础上,结合笔者对问题和理论的理解以及从事研究的经历,首先对农业环境效率和农地产权结构等主要概念进行了界定;其次从理论上分析了农地产权制度对农业环境效率的影响;最后分析了农地产权结构影响农业环境效率的机制并提出了理论假设。主要研究结论如下:

(1)农业环境效率是指在生产过程中在投入一定的条件下农业生产的期望产出与排放的非期望产出的比值。其核心要义就是要实现在农业投入一定的条件下农业产出的最大化和农业污染排放的最小化。提高农业环境效率最终目的是要实现农业绿色可持续发展。农地产权结构是农地的各项权利在不同主体之间的配置状况。

(2)农地产权制度是影响农业环境效率的根本性制度,是提高农业环境效率、实现农业可持续发展的重要途径。而农地产权制度作为影响农户生产行为的根本性制度,具有激励功能和资源配置功能,从而通过农地长期投资和农地经营规模对农业环境效率产生影响。

(3)农地产权结构作为农地产权制度的重要内容,对农业环境效率具有重要影响,并且主要是通过农地长期投资和农地经营规模影响农业环境效率。农地使用权、农地收益权和农地处置权对农业环境效率具有显著正向影响。农地产权结构对农业环境效率的影响有两个重要机制:一是农地产权结构通过影响农地长期投资影响农业环境效率;二是农地产权结构通过影响农地经营规模影响农业环境效率。

第二章　中国农地产权结构变迁与度量

　　农地产权制度和产权结构不是固定、僵化和一成不变的,随着技术和社会经济条件的变化,各种产权的分离组合关系都会改变。因此,一个社会的土地产权结构是动态的,是会随着技术和社会经济的发展而不断演进的①。

　　中国在计划经济体制下,农村主要实行土地集体所有制,农地所有权和使用权、经营权以及收益权都归集体,也不存在交易权。在改革初期,政府主要通过实行家庭承包制,下放部分收益权给农户,来激发农民的生产积极性②。后来,政府进一步下放了部分土地的处置权、转让权、收益权,农户逐渐成为农村土地的使用者和实际占有者,成了农业生产经营的主体。近年来,我国政府更是通过延长承包期限,放宽土地流转限制,将农村土地产权权利束中越来越多的权利分割给了农户。改革开放以来,中国农村在不改变土地所有制的情

---

　　① 李宁、何兴邦、王舒娟:《地权结构细分视角下中国农地产权制度变迁与变革:一个分析框架的构建》,《中国农村观察》2017 年第 2 期。

　　② 李全伦:《我国农村土地产权关系变迁:基于两权分离理论的解释》,《宏观经济研究》2009 年第 9 期。

况下,正是通过不断完善农村土地产权结构,使农民拥有的土地产权完整性和完全性不断增强,扩大了农户自主经营的权利,调动了广大农民的生产积极性。

人们在过去作出的决定会影响他们现在可能作出的选择①。因而对改革开放后中国农地产权结构演进的路径和历程进行深入系统的梳理能够让我们以更为深刻的历史角度去看清和理解中国农地产权结构变迁的脉络,揭示中国农地产权结构演化的规律,更好地促进后续的改革。

第一节　改革开放前中国农地产权结构的演进历程

从 1949 年新中国成立到 1977 年中国的农地产权制度经历了土地改革、农业合作化和人民公社化三个阶段②。在这期间农地产权制度由农民所有变为集体所有,最后形成的是"三级所有,队为基础"的管理体制,所有权和经营权以及收益权都归集体,不存在交易权。

首先是土地改革时期。1950—1953 年期间为农村土地改革时期,在这一时期实行的是农民土地所有制,这也意味着农地的使用权

---

①　North D. C. *Understanding the Process of Economic Change*, Princeton, Princeton University Press, 2005: pp. 105–120.

②　冀县卿、钱忠好:《中国农业增长的源泉:基于农地产权结构视角的分析》,《管理世界》2010 年第 11 期。

和收益权是全部归农民所有的。1950年出台的《土地改革法》标志着第一次土地改革的开启。该法明确提出了要废除封建地主土地所有制,让耕者有其田,每一个农民都有自己的土地。这意味着,农民真正获得了土地的所有权以及在这基础之上的农地使用权、收益权和处置权。这次的变革实现了劳动者与生产资料的结合,对当时中国农村经济的恢复和发展产生了较大的促进作用。

其次是农业合作化时期。1953—1962年为农业合作化时期,在这期间出现了互助组、初级合作社和高级合作社三个不同的阶段。而农村土地制度则由单个农民私有变成社会主义劳动群众的集体所有。在完成第一次土地改革之后,考虑到国家经济发展的需要,同时结合当时农户个体经营的状况,国家提出"组织"农民发展互助合作,以更好地带领农民走向富裕的道路。在互助组期间农户只需将土地归为集体所有,准许有一定的自留地。而在初级合作社期间农户所有的大型农具等生产资料以及沟渠井塘等水利基础设施也都转变为农业合作社集体所有。此外,农地经营的报酬收益也被取消。到了高级合作社期间,连自留地和零星的果树也要收归公有。至此农户的农地使用权、收益权和处置权也都被取消,合作社获得了农地的所有权、经营权、收益权和处置权。

最后是人民公社时期。人民公社时期是从1963年至1978年期间。在这期间也出现了三个不同的阶段,第一阶段是农地归属于人民公社所有;第二阶段是以生产大队为基础,农地归属于人民公社、生产大队和生产队三级所有;第三阶段与前一阶段相同之处在于农地仍归人民公社、生产大队和生产队三级所有,但是区别在于是以生产队为基础,同时生产队独立核算,自负盈亏,实现了直接组织生产和收益的分配工作,这标志着"三级所有,队为基础"的农地制度的建立。其本质特征就是:实现了对农民自主生产经营权的完全剥夺,同时剥夺的还有农民的农地占有权、农地使用权和农地收益权。农地的所有权、经营权、使用权和收益权统一收归集体。

第二节　改革开放后中国农地产权结构的演进历程

改革开放后,中国发布了一系列加快农地产权制度变革和促进农地规范管理的政策法规,对促进农地产权结构的演进和变迁具有重要的推动作用。本章将按照农地产权结构的归属不同,主要分为以下几个阶段。

一、农地承包制前期:1979—1992 年

以 1978 年党的十一届三中全会大力推进家庭联产承包责任制为开端至 1992 年期间为农地承包制前期。在这期间,农地产权结构的特点是农地所有权归农民集体所有,农地承包经营权归农民所有。家庭联产承包责任制从 1978 年底开始推行到 1984 年,各省份实行包干到户的生产责任制的生产队比例达到90%以上。

在农地使用权上,农户的权限不是十分完整,但是也在逐渐增加。首先农地使用权承包期限由最初的 2—3 年延长至 15 年。在

1979—1983 年期间,中国农村土地家庭承包期限只有 2—3 年,承包期限较短,农户的使用权不稳定。为了进一步提高农户生产积极性,提高农地使用权的稳定排他性,1984 年出台的题为《关于一九八四年农村工作的通知》的中央一号文件中强调指出农地承包期应该在 15 年以上。其次,在农地承包制初期土地调整频繁变为限制土地调整。同样在 1984 年的中央一号文件中明确规定人民群众有土地调整要求的要以"大稳定,小调整"作为基本原则,在与集体成员充分商讨之后才能由集体进行统一调整。这说明中央对农地的频繁调整开始重视起来,这在一定程度上保证了农地使用权的稳定排他性。

在农地收益权方面,农户获得的权限十分有限,但也在逐渐完善。家庭联产承包责任制所实行的"交足国家的,留够集体的,剩下的都是自己的"分配方式,在国家、集体和农户之间形成了三方的博弈关系。首先,农户按照市场规则交易农产品的可能性在提高。在国家实行的农产品收购政策限制下,农户在出售自己生产的农产品时价格较低。在这期间国家开始逐步取消统购统销政策,改革价格体制,农户在市场上出售农产品的价格开始上涨,土地收益逐渐增加。其次,对侵占农户土地收益的行为开始逐渐重视。家庭联产承包责任制的所遵守的基本原则是"交足国家的,留够集体的,剩下的都是自己的","交足国家的"这一点是明确规定的,而"留够集体的"则并没有明确界定清楚,这就为侵害农户农地收益权埋下了伏笔。1984 年出台的中央一号文件指出要坚决杜绝对农民所实行的各种不符合规范的摊派,切实减轻农民身上的各种额外负担。随后国务院在 1990 年又出台了《关于切实减轻农民负担的通知》,在 1991 年又出台《农民负担费用和劳务管理条例》,对集体提留和乡镇统筹的使用作出十分明确的规定,强调每个乡的人均集体提留和统筹费不能超过前一年农民人均纯收入的5%。

在农地处置权上,农地流转权的管制规则从严格限制转变为有条件鼓励流转。在1982年出台的题为《全国农村工作会议纪要》的中央一号文件中明确指出集体成员承包的农地禁止买卖、出租、转让,也不能抛荒,如有这些情况出现集体可以将承包的农地收回。但是如果集体成员没有能力经营和耕作农地,或者已经转向其他非农业务,则可以将承包地退回给集体。这表明国家对农地流转权是严格限制的。随着农业生产效率的提升和现代化进程的加快,农地流转现象逐渐出现。1984年的中央一号文件提出要支持土地逐渐向生产效率高的种田高手集中,这说明国家开始放开对土地流转权的约束和限制。尽管国家开始逐渐放开农地流转权,但是对农地的流转用途仍有严格限制。1988年《中华人民共和国宪法修正案》对宪法第十条第四款进行了修改,规定任何组织或者个人都不准侵占、交易或者以其他形式非法转让土地,但是如果依照法律的规定可以将土地的使用权进行转让。这项规定既明确了土地流转的合法性,同时仍将土地流转权限定在农业用途上。

二、农地承包制后期:1993年至今

1993年至今为农村土地承包制的后期。1993年党的十四届三中全会对中国经济体制改革的总体规划进行了全面部署,同时这也是改革的行动纲领。在这一时期,农地产权结构没有发生巨大变化,

只是在朝着农地产权强度不断提高的方向演进。

在使用权方面,这一时期农户获得了更为长期且有保障的权限。1993 年后国家出台相关政策延长了农户的土地承包期限,同时也限制土地调整,诸多政策的出台其目的就是要赋予农户更为长久和更有保障的农地使用权。第一,赋予更为长期的农地承包权。1993 年出台的《关于当前农业和农村经济发展的若干政策措施》中将农地承包期限由过去的 15 年延长至 30 年。在 1998 年颁布的《土地管理法》将农地承包经营的期限修改为 30 年。而在 2007 年《中华人民共和国物权法》明确规定农地承包经营权主体可以在 30 年的承包期满之后依据国家相关规定继续进行承包。2017 年党的十九大报告指出要"保持土地承包关系稳定并长久不变,第二轮土地承包到期后再延长 30 年"。第二,对农地使用权进行确权颁证。1995 年国家出台了《土地登记规则》,指出要对农地使用权等多项权利进行依法登记,并且这些权利受到法律保护,不容其他单位和个人侵犯。十八届三中全会召开后不久,国家出台了《关于引导农村土地经营权有序流转发展农业适度规模经营的意见》,这一文件中提出要对农村承包土地的使用权进行改革,并首次提到要对农地实行三权分置改革。即在农村土地集体所有制这一前提下,要实现所有权、承包权和经营权的三权分置。而在 2015 年又进一步出台《关于认真做好农村土地承包经营权确权登记颁证工作的意见》,在该文件中提出要争取在五年内实现对全国的农地承包经营权的登记工作。同样在2015 年同时还出台另一文件即《深化农村改革综合性实施方案》,正式确立了农村土地制度改革的方向:"落实集体所有权、稳定农户承包权,放活土地经营权,实行三权分置"。第三,对土地调整进行限制。1993年出台的《关于当前农业和农村经济发展的若干政策措施》规定,要在承包期内实行"增人不增地,减人不减地"的措施来避免承包地的频繁变动和防止农地经营规模的细碎化。随后《农村土地承包法》指出,在承包期内村集体不能对农户的承包地进行大的调整。

在农地收益权方面,农地的农地收益权不断扩张。首先,国家对农户的农地收益权的干预在不断减少。第一步就是1993年国家出台政策不再对粮食销售价格进行干预,要求逐渐放开全国大部分省份的粮食销售价格。第二步是在1994年又停止供给所有平价生产资料,与此同时提升粮食收购价格。第三步是在1995年取消了议价粮的指令性收购。最后是在2004年政府颁布了《关于进一步深化粮食流通体制改革的意见》这一文件,指出农户能够到市场上销售自己生产的农产品。其次,农民从事农业生产的负担不断减轻。政府为了减轻农户负担增加农民收益采取了诸多深化改革农村税费体制的措施。在2000年国家决定首先在安徽实行农村税费体制改革试点工作,之后试点的范围逐步增大,最终在2006年全国31个省(自治区、直辖市)全部免除农业税。最后,保护农户农地收益权的力度不断加大。20世纪90年代后期,农民从事农业生产的负担越来越重,为了减轻农户的负担,国家采取一系列措施大力保障农户的农地收益权不受其他主体干预。在1993年国家出台了《关于切实减轻农民负担的紧急通知》和《农业法》,二者都明确指出:农户可以拒绝任何机关单位对其所实行的摊派。不论摊派的形式是什么样的,也不论是什么级别的单位,农户都可以不交。农户除了依法纳税之外,只需上交上年农民人均纯收入 5% 以内的集体提留和乡统筹费用,其他任何形式的摊派农户都可以拒绝缴纳。

在农地处置权方面,农户获得更为自由的农地处置权。第一,农户获得更为自由的农地流转权。1993 年中央出台的《关于当前农业和农村经济发展的若干政策措施》明确指出,农地使用权的依法有偿转让必须坚持几个前提条件:一是要坚持土地集体所有制;二是不能改变土地用途;三是必须经过发包方同意。1995 年农业部出台的《关于稳定和完善土地承包关系的意见》中提到要实现农地使用权的依法转包、互换、转让和入股等也要满足以上三个前提条件,即坚持土地集体所有制、不能改变农地的用途、必须经过发包方同意。由此可以看出,农户虽然获得了一定的农地流转权,但对流转方式和流转双方的权利义务都没有明确规定,而且农地的流转仍然受到诸多限制。到 2002 年《土地承包法》颁布,该法律明确提出进行农地使用权流转的主体必须是承包方,并且其有权利决定是否流转农地使用权以及以何种方式进行流转。流转方式包括转包、出租、转让和互换等多种方式。并且该法律还对农地流转双方当事人的权利和义务进行了明确的规定,对于农地流转过程中产生的各种费用和成本由转入方和转出方双方商讨决定。随后《物权法》又对农地流转的有关事项进行了明确说明,包括流转的方式、流转的期限以及流转后农地的用途均有详细的规定。其中流转的方式主要是转包、转让和互换等。流转的土地只能用于农业生产,不能用于其他用途。流转的期限应当低于剩余的农地承包期。第二,农户开始获得一定的农地继承权。农业部出台的《关于稳定和完善土地承包关系的意见》这一文件明确指出子女可以继承农户的土地使用权。第三,农地抵押权开始逐渐被赋予。农地抵押权在农地处置权的演进过程是比较滞后的。在党的十八届三中全会上农地抵押权才被正式提上议事日程,使其获得了与农地流转权相同的位置。

表 2-1　1978 年以来中国农地产权结构的演进

农地产权	重要时间节点	重要政策	结构特征
农地使用权	1978—1984	全国范围内推行家庭联产承包责任制,承包期为 3—5 年	农户获得一定的使用权,但是使用权排他性不强
	1985—1993	承包期延长到 15 年	农户的农地使用权排他性变强
	1994—2003	承包期延长到 30 年	农户的农地使用权排他性更强
	2004—2012	确立长久不变的承包关系并实行使用权确权和颁证工作	农户的农地使用权排他性和安全性都更强
	2013 年至今	第二轮土地承包到期后再延长 30 年	农户的农地使用权排他性和安全性进一步加强
农地收益权	1978—1984	实行了"交足国家的,留够集体的,剩下的都是自己的"分配方式	农户获得一定的收益权
	1985—1993	逐步取消统购统销政策,改革价格体制	农户从农产品价格方面获得一定的收益权
	1994—2003	禁止其他单位向农民摊派不合理的费用	减轻农民提留摊派负担,强化农户的农地收益权
	2004—2012	免除农业税	减轻农民生产负担,农地收益权进一步加强
	2013 年至今	支持农地承包权与农地经营权分离,同时要实现农地经营权更加灵活化	

续表

农地产权	重要时间节点	重要政策	结构特征
农地处置权	1978—1984	对农地处置权(包括农地交易、抵押等)实行严格禁止	农户基本没有获得的农地处置权
	1985—1993	一定程度上准许农地流转	农户获得农地处置权十分有限
	1994—2003	允许一定程度的农地流转但是限制土地用途,且获得一定程度的农地继承权	农户逐渐获得一定的农地处置权
	2004—2012	鼓励农地流转,并相继出台农地流转规则的相关细节	农户的农地处置权强度开始提高
	2013 年至今	开始推行农地抵押权的改革	农户获得更多的农地处置权

资料来源:笔者通过查阅相关文件并参考相关文献整理而成。

第三节　农地产权结构的度量

产权结构可分为静态结构和动态结构。产权的静态结构是指一定时点上或特定时期内的产权结构。这个时点或时期的产权结构,决定着当时的资源配置、收益分配的基本格局。但是,中国农地产权是动态变化的。自改革开放以来,中国就不断调整农户、村集体和国家之间的产权关系,不断完善农村土地产权结构。中国农地产权结构演变的总体趋势是:在不改变土地集体所有制的前提下,不断赋予农户越来越多的使用权、收益权、处置权等,使农民拥有的土地产权完整性和完全性不断增强。本书在借鉴前人研究的基础上,从农地使用权、收益权、处置权三个维度,对改革开放以来农户获得的各种产权程度进行了度量。

从现有文献来看(如表 2-2 所示),诸多学者尝试了对农地产权结构的度量,他们或是通过案例分析(如郭忠兴等,2014)[①],或是采用虚拟变量[如陈志刚和曲福田(2003)[②]、张振环(2013)[③]],也有采用反历史事实计量方法(如黄少安等,2005)[④],还有学者通过建立农地产权结构的度量指标体系[如叶剑平和田晨光(2012)[⑤]、罗必良(2013)[⑥]、姚洋(1998)[⑦]]。这些方法在一定程度上反映了农地产权结构,但是也存在一些缺陷。比如采用虚拟变量只能将农地产权结构作为一种整体,无法打开其内核,而农地产权结构指标体系在建立时需要强有力的理论逻辑支撑,否则就容易出现在指标选取和赋值方面的主观性。而黄少安使用的反历史事实计量方法,只能大体地分析制度的优劣,不具有准确性。李宁等(2017)在这些方面都作了一定的改进,他们以农地产权结构的内容实质为基础,以产权排他性为理论构建了"内容实质—主体干预—排他边界"这种逻辑框架,来

---

①　郭忠兴、汪险生、曲福田:《产权管制下的农地抵押贷款机制设计研究——基于制度环境与治理结构的二层次分析》,《管理世界》2014 年第 9 期。

②　陈志刚、曲福田:《农地产权制度变迁的绩效分析——对转型期中国农地制度多样化创新的解释》,《中国农村观察》2003 年第 1 期。

③　张振环、张光宏:《农地产权制度对耕地生态环境的影响》,《中南财经政法大学学报》2013 年第 4 期。

④　黄少安、孙圣民、宫明波:《中国土地产权制度对中国农业经济增长的影响》,《中国社会科学》2005 年第 3 期。

⑤　叶剑平、田晨光:《转型深化期中国农村土地产权结构考察与思考——基于 2005 年和 2011 年中国 17 省调查的实证分析》,《财经科学》2012 年第 9 期。

⑥　罗必良:《产权强度、土地流转与农民权益保护》,经济科学出版社 2013 年版,第152 页。

⑦　姚洋:《农地制度与农业绩效的实证研究》,《中国农村观察》1998 年第 6 期。

辨识产权主体在没有其他干涉的状况下权利行使的程度和空间①。其中产权主体主要是指农户,而其他主体的干预主要来自国家和集体。也就是说,农户在不受国家和集体干预的条件下自由行使农地使用权、收益权和处置权的程度就是农户所获得的实际权利。同其他方法进行比较,可以发现该方法有较为深刻的逻辑理论框架,同时能够通过长时期面板数据的度量,准确刻画改革开放至今中国农地产权结构的演进,因此本章主要是参考李宁等(2017)的方法来对农地产权结构进行度量的②。

现代产权理论指出,完整的产权需要包括排他的使用权、自由的处置权和独享的收益权③④。而从绝大部分国内的文献来看,在衡量农地产权结构时也是更多的是将农地使用权、农地收益权和处置权包含在内。下面将按照李宁等(2017)所构建的"内容实质—主体干预—排他边界"这种逻辑框架对1983—2020年中国28个省份的农地产权结构(包含农地使用权、农地收益权和农地处置权)进行度量⑤。

---

① 李宁等:《农地产权结构、生产要素效率与农业绩效》,《管理世界》2017年第3期。

② 李宁等:《农地产权结构、生产要素效率与农业绩效》,《管理世界》2017年第3期。

③ 科斯等:《财产权利与制度变迁——产权学派与新制度学派译文集》,刘守英等译,上海人民出版社1994年版,第78页。

④ Demsetz H. "Toward a theory of property rights Ⅱ: the competition between private and collective ownership", *Journal of Legal Studies*, 2002, 31(02), pp.653-672.

⑤ 本书参考李宁等(2017)的做法,考虑到不同地区的政策文本没有统一标准并且缺乏权威性,同时地方政策与国家政策是高度一致的,因此以全国层面的法律文本来代理各省份的指标度量。

表 2-2　农地产权结构度量相关文献及方法

作者	年份	名称	期刊(或出版社)	农地产权结构	度量方法
陈志刚和曲福田	2003	农地产权制度的演变与耕地绩效	财经研究	土地使用权、土地收益权、土地交易权	农地使用权是采用剩余的土地使用权年限；转让权是采用虚拟变量；收益权用单位耕地所交的农业税
叶剑平和田晨光	2012	转型深化期中国农村土地产权结构考察与思考	财经科学	农地使用权、农地转让权、农地收益权、地权稳定性	基于 2011 年 17 省调查数据并利用因子分析法所构建的农地产权结构指标体系
罗必良	2013	产权强度、土地流转与农民权益保护	经济科学出版社	农地产权的排他能力、交易能力和处置能力	利用调查问卷中的相关问题的分值来构建产权强度指标体系
黄少安等	2005	中国土地产权制度对农业经济增长的影响	中国社会科学	农地产权制度	用反历史事实计量方法将农地产权制度的演变分为几个不同的历史阶段
姚洋	1998	农地制度与农业绩效的实证研究	中国农村观察	地权稳定性、农地交易权和使用权	利用一系列反映产权问题的调查问卷的答案来表征这些制度安排
张振环	2013	农地产权制度对耕地生态环境的影响	中南财经政法大学学报	农地使用权	虚拟变量赋值
李宁等	2017	农地产权结构、生产要素效率与农业绩效	管理世界	农地使用权、农地收益权和农地处置权	构建了一个"内容实质—主体干预—排他边界"的理论逻辑分析框架，并以此度量农地产权结构

资料来源：笔者查阅相关资料整理而来。

一、农地使用权的度量

农地使用权是指行使使用农地的这项权利的主体自由决定是否种植农作物、种植何种农作物以及种多大面积的农作物等方面农业生产决策的权利空间[①]。也就是要测度农户作为农地使用权的权利主体在不受国家和集体干预的条件下自由决定在农地上进行农业生产的计划的程度。因此农地使用权的测度主要包括两个方面：

第一，国家这一主体在农户生产决策方面的干预程度。国家对农户生产决策的干预主要表现在国家实施的一系列政策对农户的粮食等大宗作物的播种面积上的干涉，比如在 20 世纪 50 年代所实施的统购统销政策以及粮食"定产、定购、定销"的"三定"政策等。这些政策使得农户不得不按照国家的收购政策和生产计划来选择种植农作物的品种和种植面积。虽然粮食的统购政策早在 1985 年就已经被国家正式取消，但实际上真正全面放开粮食的收购市场是在 2004 年出台《关于进一步深化粮食流通体制改革的意见》之后。由此可见，在 2004 年之前国家通过粮食定购政策对农户的生产决策具有强有力的干预能力。因此李宁等（2017）采用粮食定购量与粮食总产量之比来代表国家对农民生产决策的干涉程度[②]。考虑到其合理性，本章也是参考这一做法。

第二，集体这一主体对农户生产决策的干预程度。现有相关研

---

① 郭忠兴、罗志文：《农地产权演进：完整化、完全化与个人化》，《中国人口·资源与环境》2012 年第 10 期。

② 李宁等：《农地产权结构、生产要素效率与农业绩效》，《管理世界》2017 年第 3 期。

究[如周其仁(2002)[①]、Deiniger 和 Jin(2006)[②]、Kung Bai(2011)[③]、丰雷等(2013)[④]]认为地权稳定性对农户生产决策会产生重要影响，而集体对农户的农地使用权的干预主要是通过影响地权稳定性来实现的。农地使用权稳定性的重要指标就是农地承包期，因此本章参考李宁等(2017)的做法，选取农地承包期表示集体干涉农民生产决策的指标[⑤]。也有部分学者采用农地承包期的剩余年限数来代表地权稳定性[⑥]，该方法能够反映地权稳定性，但是存在一个缺陷，就是无法比较不同承包时间段的地权稳定性。因此李宁等(2017)参考国家对农地承包期的政策文件规定，选取农地承包期并根据其差异，采用等差数列的形式对其进行赋值，以保证其客观性和准确性。本章也参考他们的方法，具体做法是：完全私有赋值为 1，将农地承包期为 0 年、1—5 年(1978—1983 年期间)、15 年(1984—1992 年期间)和 30 年(1993 年至今)4 个期限，分别赋值 0、0.25、0.5 和 0.75[⑦]。李宁

---

①　周其仁：《产权与制度变迁：中国改革的经验研究》，社会科学文献出版社 2002 年版，第 59 页。

②　Deininger K., Jin S. "Tenure security and land-related Investment：Evidence from Ethiopia", *European Economic Review*, 2006, 50(05), pp. 1245–1447.

③　Kung J. K., Bai Y. "Induced Institutional Change or Transaction Costs? The Economic Logic of Land Reallocations in Chinese Agriculture", 2011, 47(10), pp. 1510–1528.

④　丰雷、蒋妍、叶剑平：《诱致性制度变迁还是强制性制度变迁？中国农村土地调整的制度演进及地区差异研究》，《经济研究》2013 年第 6 期。

⑤　李宁等：《农地产权结构、生产要素效率与农业绩效》，《管理世界》2017 年第 3 期。

⑥　陈志刚、曲福田：《农地产权制度变迁的绩效分析——对转型期中国农地制度多样化创新的解释》，《中国农村观察》2003 年第 1 期。

⑦　李宁(2016)认为采取等差数列的形式对农地承包期进行赋值是考虑到承包期的变化具有十分明显的等差数列特征，而国外也有一些学者如 LLSV 和 DLLSV 采用等差数列形式对制度文本进行赋值。同时本书在此基础上对数值敏感性进行了考察，在后文的实证检验中发现模型的最终估计结果对等差数列的赋值选择在方向和显著性水平上并没有太大变化，因此本书认为这一度量方法具有稳健性。

（2016）认为农地承包期限的长短变化具有十分显著的等差特征[①]，并且 LLSV（1996；1999）和 DLLSV（2008）的研究也是假设权利的作用强度具有等差特征。

由于以上两个指标都是影响农户农地使用权排他性的两个不同方面，并且二者对农地使用权的影响相互独立，因此本章以两个指标加权相加来表示农地使用权，用公式表示为：

$$use = w_1 \times (1 - GP/GO) + w_2 \times CP \qquad (3.1)$$

其中，use 为农地使用权，GP 为粮食强制定购量，GO 为粮食总产量，CP 为承包期指标值，w_1 和 w_2 分别为两个指标的权重，权重数值是利用熵权法进行求解，从而得出农户使用权的排他程度。之所以采用熵权法是因为它可以客观地测算出指标变异的程度，以尽可能地降低主观赋值所带来的随意性。

二、农地收益权的度量

如果农户进行农业生产活动所产生的边际劳动回报等于其边际产出，那么可以认为农户在农地收益权上实现了独享和排他[②]。由此可以推出农地收益权则为农户排除国家和集体的干预能获得在农地上进行农业生产所得的收益的程度。因此农地收益权的界定也可从国家和集体干预农户独享收益的行为两方面来考虑。

首先，国家层面对农户收益权的干预主要体现在两个方面：一是

---

① 李宁：《农地产权变迁中的结构细分特征研究》，南京农业大学 2016 年博士学位论文，第 43 页。

② 李宁等：《农地产权结构、生产要素效率与农业绩效》，《管理世界》2017 年第 3 期。

收取农业税,二是对农产品价格进行干预。毫无疑问,国家通过征收农业税在一定程度上干预了农户获得在农地进行生产所带来收益的权利。当然改革开放以后,国家一直在探索农业税的改革,直到2006年国家全面取消了农业税的征收,极大地减轻了农民的负担,使得农户的农地收益权扩张。而国家对农产品价格的干预主要是体现在国家对农产品价格实行剪刀差,但是斯久拉(Sicular,1988)认为农户生产的积极性对农产品价格的变化不敏感[1],因此国家层面主要是考虑国家以农业税的形式干预了农户对农地产出收益的独享[2]。因此本章参考李宁等(2017)的方法,利用国家收取的农业税与当年农业产值之比这个指标来表示国家对农户农地收益权的干涉程度[3]。

其次,集体层面对农户农地收益权的干预主要是体现在集体收取的"三提五统"。实行家庭联产承包责任制的一个分配原则就是"交足国家的,留够集体的,剩下的都是自己的",在上缴给国家的部分是明确的,然而留够集体的部分则不是十分明晰,因而成为一些集体干预农户收益的借口。随着国家开始重视这个问题,集体提留和乡统筹的负担开始逐渐减少,到21世纪之后基本取消。因此本章参考李宁等(2017)的方法,以集体收取的提留数额占当年农业产值的比重作为衡量集体干预农户行为的程度[4]。比重越大,说明农户独

---

[1]　Sicular T. "Plan and market in China's agricultural commerce", *Journal of Political Economy*, 1988, 2(02), pp. 283−307.

[2]　李宁等:《农地产权结构、生产要素效率与农业绩效》,《管理世界》2017年第3期。

[3]　李宁等:《农地产权结构、生产要素效率与农业绩效》,《管理世界》2017年第3期。

[4]　李宁等:《农地产权结构、生产要素效率与农业绩效》,《管理世界》2017年第3期。

享收益的排他性程度越弱。实行家庭联产承包责任制对农地收益分配方式也有影响,但由于本书的样本选取在1983—2020年期间,而家庭联产承包责任制的改革在1984年以后基本完成,因此本书没有将包干到户的生产队比例纳入进来,在集体层面只考察了集体提留占当年农业产值的比重。

同农地使用权的表达方式相似,本章以两个指标加权相加来表示农地收益权,用公式表示为:

$$ben = w_1 \times (1 - AT/AO) + W_2 \times (1 - RC/AO) \qquad (3.2)$$

其中,ben 为农地收益权,AT 为农业税,AO 为农业产值,RC 为集体提留。考虑到这两个指标是影响农户生产决策的两个不同方面,因此本书以两个一级指标相加的形式来衡量农户收益权的排他程度。w_1 和 w_2 分别是两个一级指标的权重,权重数值采用熵权法进行求解,从而得出农户收益权的排他程度。

三、农地处置权的度量

农地处置权是指产权主体能在多大程度上排除非权利主体对自由处置农地权利的干预,即农户排除国家和集体的干预能够自由地对农地进行交易、抵押、继承和流转的权利。高圣平(2014)也认为农地的处置权可以分为抵押、流转、继承和交易,但是由于当前体制下中国对农地的交易权是明文禁止的,因此本章只考察农地的流转权、抵押权和继承权所组成的农地处置权[①]。加入继承权的主要目

---

① 高圣平:《新型农业经营体系下农地产权结构的法律逻辑》,《法学研究》2014年第4期。

的是为了更全面地考察农地处置权,它并不会与农地处置权的内容相抵触①②。

第一,在农地流转权方面,本书根据国家政策法规对农地流转权的规定来考察。在 1988 年之前国家对农地流转是明文禁止的,而在 1988 年出台的宪法修正案和修订的《土地管理法》虽然对集体土地使用权流转的合法性予以承认,但直到 1995 年出台的《关于稳定和完善土地承包关系的意见》才明确指出农户可以将自己的承包地以转包、转让、互换和入股的方式进行流转。并且这种流转也是有条件的,即必须坚持集体土地所有制和土地的原有用途且要经村集体的同意。2003 年颁布的《农村土地承包法》对这一要求开始逐渐放松,即农户对农地的流转不需要经过村集体的同意,只要向其报备即可。因此,本书参考李宁等(2017)的做法,将政府是否准许农地流转和是否受到集体约束来衡量农地流转权,把流转权划分为 1978—1994 年(法律法规对农地流转权没有明确指示)、1995—2002 年(法律法规虽然对农地流转权有指示,但集体对农地流转有约束)和 2003 年至今(法律法规对农地流转权有明确指示且不再受集体干预)三个时间段,并采用等差形式对相应各区段分别赋值为 0、0.5 和 1③。

第二,在农地继承权方面国家也是有诸多的法律法规。在 1985 年之前国家未有明确的法律法规对农地继承权作出相关规定,直到

---

① 陈小君:《我国〈土地管理法〉修订:历史、原则与制度——以该法第四次修订中的土地权利制度为重点》,《政治与法律》2012 年第 5 期。

② 李宁:《农地产权变迁中的结构细分特征研究》,南京农业大学 2016 年博士学位论文,第 47 页。

③ 李宁等:《农地产权结构、生产要素效率与农业绩效》,《管理世界》2017 年第 3 期。

1985 年颁布的《继承法》中规定了个人可以继承承包地的收益。但是这种继承也是有条件的,在同年发布的《关于〈继承法〉的立法说明》以及 2003 年出台的《农村土地承包法》就对农地继承的条件作了规定:继承人必须是本集体成员,同时不能消户即如果该成员另立家室则没有继承的资格。因此本章参考李宁等(2017)的做法,以国家法律法规对农户继承农地收益的规定来衡量农地继承权,将继承权的赋值区分为 1978—1984 年(法律法规对农地继承权没有涉及)和 1985 年至今(法律法规虽然对农地继承权有指示,但对如何继承是有约束的),同样采用等差形式对两个时间段进行赋值为 0 和 0.5。

第三,关于农地抵押权相关法律也有明确规定。国家对农地抵押权的规定是十分谨慎的,在 2003 年出台的《农村土地承包法》明确规定家庭联产承包地不能进行抵押。2013 年底召开的党的十八届三中全会将家庭承包的农地抵押权提上议程,之后各地区开始展开对农地抵押权实践进行探索。因此,本书以能否抵押和抵押是否有限制权对农地的抵押权进行度量,将抵押权的赋值区间分为 1978—2013 年和 2014 年至今,对两个时间段分别赋值为 0 和 0.5[①]。

考虑到农地的流转权、抵押权和继承权共同构成农地处置权的实质内容,因此本书农地处置权的度量公式如下所示:

$$dis = w_1 \times RC + w_2 \times RS + w_3 \times RM \tag{3.3}$$

---

① 在这里,本章与李宁等(2017)的赋值有所区别,原因在于 2013 年以后对农地抵押权也是在试点探索的过程中,并没有正式全面铺开,并且对农地抵押权的实施仍有大量的工作需要摸索,不宜赋值为 1,因此,本章对 2014 年之后赋值为 0.5。

其中, *dis* 为农地处置权,*RC* 为农地流转权,*RS* 为农地继承权,*RM* 为农地抵押权,w_1、w_2 和 w_3 仍然是采用熵权法来进行求解,最后计算得出农户的处置权排他性程度。此外本书的实证还对赋值的敏感性进行了稳健性考察。

表 2-3 为参考上述逻辑和指标,对农地产权结构进行具体量化的思路:

表 2-3　农地产权结构度量表

农地产权结构	内容实质	主体干预		排他边界
		指标测度		
农地使用权	使用权的排他	国家干预	粮食征购量/粮食总产量	$w_1 \times$(1-粮食强制定购量/粮食总产量)+$w_2 \times$承包期指标值
		集体干预	承包期限分为 1—5 年、15 年、30 年	
农地收益权	收益权的排他	国家干预	农业税/农业产值	$w_1 \times$(1-农业税/农业产值)+$w_2 \times$(1-集体提留/农业产值)
		集体干预	集体提留/农业产值	
农地处置权	处置权的排他	流转权干预	对流转权分为:禁止流转;有条件流转;无限制流转	$w_1 \times$流转权+$w_2 \times$继承权+$w_3 \times$抵押权
		继承权干预	将继承权分为:禁止继承;限制条件下允许继承;无限制条件继承	
		抵押权干预	将抵押权分为:不得抵押;有条件抵押;无条件抵押	

资料来源:笔者整理而得。

四、测度结果分析

按照上述理论和测度方法,本书对 1983—2020 年全国及 28 个省份的农地产权结构演变进行了度量(由于西藏的数据缺失较为严重,因此本书的省际面板数据均不包含西藏。同时,本书将 1998 年后重庆的数据并入四川,1988 年后海南的数据并入广东)。本章对农地产权结构的度量的原始数据主要来自于《新中国六十年统计资料汇编》《中国农业年鉴》《中国农村统计年鉴》《新中国农业税历程》《新中国六十年农业统计资料》以及历年《(各地区)统计年鉴》。

图 2-1 为 1983—2020 年全国农地产权结构测度结果的示意图。从图 2-1 中可以发现,农地使用权、农地收益权和农地处置权的排他程度是在不断提高的,并且不同权利排他程度的提升在时间和程度上存在差异。具体来看,农地处置权的排他性程度在这三种权利中是最低的,并且农地处置权在 1996 年之前排他性程度低得令人难以想象,基本可以忽略农地处置权的存在。直到 2004 年以后农地处置权的排他性程度开始有所上升,达到了 0.5,这说明农地处置权的排他性还可以进一步拓展和提升,尤其是农地抵押权和流转权的界定还有较大的空间可以去不断完善。同时,农地收益权的排他性程度是最高的,基本在 0.9 到 1 之间,这表明农户排除其他主体获得农地收益的强度很高。农地使用权的排他性处于二者之间,1993 年以后接近 0.8,并且近年来有突破 0.8 的趋势,这表明农地使用权的排他性程度在逐步增强,但仍然存在进一步提升的空间。将这一结果与李宁(2016)测度的结果进行对比,发现本书测度的结果与李宁(2016)的结果十分接近,从而进一步证明了本书测度的准确性[1]。

---

[1] 李宁:《农地产权变迁中的结构细分特征研究》,南京农业大学 2016 年博士学位论文,第 59 页。

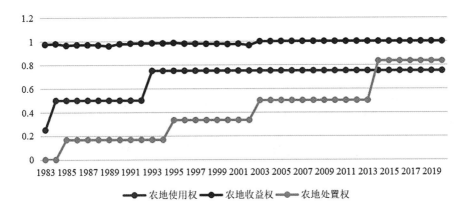

图 2-1 1983—2020 年农地产权结构测度结果

资料来源:笔者计算得来。

第四节 本章小结

本章首先梳理了新中国成立以来至今农地产权结构演进的历程,并对其演变特征进行分析。在此基础上利用"内容实质—主体干预—排他边界"这一理论框架对 1983—2020 年中国农地产权结构进行测度,为后文的实证分析奠定基础。

第三章　农业环境效率的时空
演变与收敛性分析

随着经济社会的快速发展,生态环境污染问题日益严重,环境效率成为衡量绿色可持续发展的重要指标。学者们利用这一指标从宏观和微观视角对国家、产业和企业的环境效率展开了研究。农业环境效率是对农业生产过程中所产生的环境污染问题进行评估,将农业生产所带来的污染物排放量纳入生产函数中来,全面考察在相同投入的条件下,生产决策单元离生产前沿即最大产量和最小污染排放量的距离[1]。它既考虑农业生产活动所创造的经济价值,同时也关注农业生产过程对环境造成的影响,其核心思想就是通过最少的资源消耗,生产出最多的产品,同时对环境的负面影响最小[2]。改革开放以来中国农业发展成就瞩目,但同时由于其粗放的经营方式也

---

[1]　庞家幸:《中国农业生态效率研究》,兰州大学 2016 年博士学位论文。

[2]　王宝义、张卫国:《中国农业生态效率的省际差异和影响因素——基于 1996—2015 年 31 个省份的面板数据分析》,《中国农村经济》2018 年第 1 期。

带来了严重的生态环境污染问题。根据第二次全国污染源普查数据[①],我国农业总氮、总磷和化学需氧量的排放量分别占各自排放总量的46.52%、67.22%和49.77%。在中国经济要求实现发展方式转变的关键节点,中国农业如何实现产出增长的同时污染排放最低,环境破坏最小这一目标成为农业绿色转型的一大难题。提高农业环境效率是解决这一难题的重要途径。而准确度量农业环境效率是全面提高农业环境效率的第一步,也是分析农业环境效率影响因素的前提条件,有利于理论界的进一步研究和政府相关部门制定更为精准的政策。

本章考察1983—2020年28个省份[②]的农业投入产出面板数据,参考帕斯托尔和洛弗尔(Pastor和Lovell,2005)提出的全局(Global)基准思想,从全国及省级层面测算农业环境效率,从时间和空间角度分析了农业环境效率的演变模式,并利用收敛性理论从省际层面探析1983—2020年间中国农业环境效率的地区变化趋势和特征,以考察中国各地区的农业环境效率差距是否会随时间的推移而缩小,环境效率低的省份是否比环境效率高的省份有更快的增长速度[③]。

[①]　中华人民共和国生态环境部等:《第二次全国污染源普查公报》,2020年6月16日,见 https://www.mee.gov.cn/home/ztbd/rdzl/wrypc/zlxz/202006/t20200616_784745.html。

[②]　由于西藏的数据缺失较为严重,因此本书的样本均不包含西藏。同时本书参考李谷成(2014)和杜江等(2016)的方法,为保持口径一致,将1998年后重庆的数据并入四川,1988年后海南的数据并入广东。

[③]　Pastor J. T., Lovell C. A. K. "A global Malmquist productivity index", *Economics Letters*, 2005, 88(02), pp. 266–271.

第一节　模型、方法与数据

一、基于 GLOBAL-DEA 的农业环境效率

目前评价农业环境效率的方法中最为主流的是随机前沿(SFA)和数据包络分析(DEA)两种方法[1]。本节将采用 DEA 方法对中国各省份的农业环境效率进行度量,原因在于 DEA 方法不需要设定生产函数形式,能够较好地模拟生产过程[2][3][4]。每个省的农业生产可以视为相互独立彼此不受干扰的生产决策单元 DMU_j($j = 1, 2, \cdots, N$),并将所有的生产决策单元置于相同的生产技术结构之下,利用 DEA 方法来构建中国农业生产的最佳前沿面。它表示在相同投入下产出最大,环境污染物排放量最小的生产技术前沿。依据生产前沿面可以评判每个生产决策单元的农业生产的环境绩效。若该生产决策单元落在生产前沿面上则被视为"最佳实践者",落在生产前沿面的内部的生产决策单元则视为环境技术上存在非效率。将各个生

---

① Reinhard S., Lovell C. A. K., Thijssen G. J. "Analysis of environmental efficiency variation", *American Journal of Agricultural Economics*, 2002, 84(04), pp. 1054-1065.

② Kuosmanen T., Kortelainen M. "Measuring eco-efficiency of production with data envelopment analysis", *Journal of Industrial Ecology*, 2005, 9(04), pp. 59-72.

③ Clark M., Tilman D. "Comparative analysis of environmental impacts of agricultural production system, agricultural input efficiency, and food choice", *Environmental Research Letters*, 2017, 12(06), pp. 1-11.

④ 杨骞、王弘儒、武荣伟:《中国农业用水效率的分布格局与空间交互影响:1998—2013 年》,《数量经济技术经济研究》2017 年第 2 期。

产决策单元的实际生产点与生产前沿面进行比较,考察其与生产前沿面的距离,则为环境效率。

在若干个时期 $T=1,\cdots,t$,每个决策单元 $J(J=1,\cdots,j)$ 投入 M 种生产要素 $X_j=(x_{1j},x_{2j},\cdots,x_{Mj})T$,产生 S 种期望产出 $Y_j=(y_{1j},y_{2j},\cdots,y_{sj})T$,同时也会排放出 K 种非期望产出 $B_j=(b_{1j},b_{2j},\cdots,b_{Kj})T$,可以用 (x,y,b) 来代表某个生产决策单元的农业生产过程。每一期的生产决策单元数量保持一致。在不变规模报酬和要素投入强可处置条件下,$T=\{(x,y,b)|$ 投入要素 x 能生产出期望产出 y 和非期望产出 $b\}$ 代表一切可能产生的生产行为共同组合出来的生产技术可能集合,$P(x)$ 为投入生产资料为 X 的可能形成的产出的集合[①②]。

若 $(y,b)\in P(x)$,且 $0\leqslant\gamma\leqslant 1$,可以得到 $(\gamma y,\gamma b)\in P(x)$,表示在给定的投入下,非期望产出的减少会导致期望产出的减少,二者满足联合弱可处置性。这说明污染物的减少必须要求期望产出也要减少。如果应用到农业生产中,则表示要减少农业污染物的排放则会导致农作物等期望产出的减少。

若 $(y,b)\in P(x)$,且 $b=0,y=0$,表示期望产出与非期望产出之间是息息相关的,二者之间具有零结合性。这一要求应用到农业中则表示要使不产生污染只有不进行生产,这种状况下的农业生产表明农业环境污染是不可避免的。

---

①　Fare R., Grosskopf S., Lovell C., Pasurka C. "Multilateral productivity comparisons when some outputs are undesirable: a nonparametric approach", *Review of Economics and Statistics*, 1989, 71(01), pp. 90–98.

②　Beltran-Esteve M., Gomez-Limon J. A., Picazo-Tadeo A. J., Reig-Martinez E. "A meta-frontier directional distance function approach to assessing eco-efficiency", *Journal of Productivity Analysis*, 2014, 41, pp. 69–83.

如果 $P(x') \in P(x)$，$(y,b) \in P(x)$，并且 $y' \le y$，则 $(y',b) \in P(x)$，表示在投入给定的条件下，在技术上可以做到期望产出的减少[①]。

如果满足上述条件，则生产可能性集合可以表示为：

$$P_w^T(x) = \{(y,b) \mid \sum_{j=1}^{n} z_j x_j \le x, \sum_{j=1}^{n} z_j y_j \ge y, \sum_{j=1}^{n} z_j b_j = b, z_j \ge 0\}$$

$$(3.1)$$

大部分文献对农业环境效率的测度是采用（3.1）式所表示的产出集，该产出集的一个特征就是污染物是弱可处置的。但是理论界对非期望产出的可处置性存在着诸多争议。一些文献认为非期望产出是具有联合弱可处置性的，原因在于污染物排放量的减少需要耗费一定的成本，如果生产单元想要污染物排放量下降，就需要按同样的比重降低期望产出[②③]。而要实现污染物排放量为零，则需要停止生产。另一些文献则认为污染物也存在强可处置特征，需要根据不同产业的特征来具体分析[④⑤]。本书是研究农业环境效率，那么农业

---

① Forsund F. R. "Good modeling of bad outputs: pollution and multiple-output production", *International Review of Environmental and Resource Economics*, 2003, 3(01), pp. 1-38.

② Fare R., Grosskopf S., Lovell C., Pasurka C. "Multilateral productivity comparisons when some outputs are undesirable: a nonparametric approach", *Review of Economics and Statistics*, 1989, 71(01), pp. 90-98.

③ Coelli T., Lauwer L., Huylenbroeck G. V. "Environmental efficiency measurement and the materials balance condition", *Journal of Productivity Analysis*, 2007, 28(1-2), pp. 3-12.

④ Seiford L. M., Zhu J. "A response to comments on modeling undesirable factors in efficiency evaluation", *European Journal of Operational Research*, 2005, 161(01), pp. 579-581.

⑤ Cuesta R. A., Lovell C. A., Zofio J. L. "Environmental efficiency measurement with translog distance functions: a parametric approach", *Ecological Economics*, 2009, 68(08), pp. 2232-2242.

污染物到底是弱可处置还是强可处置需要根据农业生产的特征来具体分析。第一,根据我国农业污染物排放的特点可以发现,农业生态环境的污染是可以在一定程度上避免的,在对农业生态环境进行治理的同时也可以促进产出的增长,由此可知农业污染物不符合联合弱可处置性以及零结合性的特征[①];第二,依据清除污染的代价来看,降低农业污染物排放的过程中可以产生一定的经济价值,从经济价值方面来看也并不完全符合联合弱可处置的特征[②]。金书秦等(2013)认为农户施用过量化肥所带来的污染物排放量的增加也会导致其生产成本上升,畜禽的粪便也可以作为农家肥加以利用,增产效果更好,对环境的污染也更少,而农作物的废弃物可以用来制作有机肥、饲料及发电等,因此农业环境污染治理并不一定导致生产成本的增加,与弱可处置的经济含义完全不同[③]。结合这两点来看,中国农业环境污染特征并不满足联合弱可处置性和零结合性,用(3.1)式不能表示中国的农业环境技术。

为此,若 $(y,b) \in P(x)$ 且 $b' \leqslant b$,可得到 $(y,b') \in P(x)$,则认为 $P(x)$ 满足非期望产出的强可处置性。它表示污染物排放量的减少不一定会导致期望产出的减少。这一点更符合中国农业生产的环境技术。当前期投入一定时,采用农家肥、秸秆返田等低成本的绿色施肥技术,降低化学投入品的施用,就可以做到增加农业产出的同时

①　张可、丰景春:《强可处置性视角下中国农业环境效率测度及其动态演进》,《中国人口·资源与环境》2016 年第 1 期。

②　张可、丰景春:《强可处置性视角下中国农业环境效率测度及其动态演进》,《中国人口·资源与环境》2016 年第 1 期。

③　金书秦、沈贵银:《中国农业面源污染的困境摆脱与绿色转型》,《改革》2013 年第 5 期。

减少农业污染物的排放。这被称为环境技术满足强可处置的特征。

农业环境技术满足强可处置特征的生产可能性集合可以表示为：

$$P_S^T(x) = \{(y,b) \mid \sum_{j=1}^{n} z_j x_j \leqslant x, \sum_{j=1}^{n} z_j y_j \geqslant y, \sum_{j=1}^{n} z_j b_j \geqslant b, z_j \geqslant 0\}$$

(3.2)

(3.2)式表示该生产技术满足不变规模报酬假设。如果在式(3.2)中增加 $\sum z = 1$ 这个条件,则表示该生产技术满足可变规模报酬。一般情况下,使用 DEA 技术测算环境效率是在规模报酬不变的假设下进行的,是基于产出导向的模型,其原因在于这一假定更符合农业的生产特征,农业经济学理论也认为农业是规模报酬不变的[1][2]。

通过在规模报酬不变的假设下利用方向性距离函数可以求解各个生产决策单元的环境效率。但是这种方法存在两个局限性。第一,该模型在有多个生产决策单元等于 1 的情况下无法对这些有效率的决策单元进行排序和精准的评价,而利用安德森和皮特森(Andersen 和 Petersen, 1993)超效率模型可以有效解决该问题[3]。第二,该模型是利用当期数据来构造生产前沿面,从而使得不同时期的最佳生产前沿存在差异,造成计算的效率值不能进行跨期比较。为此,帕斯托尔和洛弗尔(Pastor 和 Lovell, 2005)设计了基于全局基

---

[1] Schultz T. W. *Transforming Traditional Agriculture*, New Haven: Yale University Press, 1964.

[2] 速水佑次郎、弗农·拉坦:《农业发展的国际分析》,中国社会科学出版社 2000 年版,第 81 页。

[3] Andersen P., Petersen N. C. "A procedure for ranking efficient units in data envelopment analysis", *Management Science*, 1993,39(10), pp. 1261–1264.

准技术(GBT)来构造前沿面,用样本期内的投入产出数据来构造一个相同的生产前沿,从而解决了效率值不能进行跨期比较的问题[1]。因此本章将超效率和全局参比的前沿面构建方法与式(3.2)结合起来,构建一个新的 DEA 模型。

首先,基于全局参比的方法,用样本期的所有数据来构建一个共同的生产前沿面,如(3.3)式所示,其中 P^{global} 表示基于全局基准的生产技术,$P^T(t=1,2,\cdots,T)$ 为不同时期的生产技术。同样在规模报酬不变的假设下,通过基于产出导向和全局参比技术的超效率 DEA 模型可以对各个决策单元的环境效率进行测算,如(3.4)式所示。利用 Charnes-Cooper 转换方法(Charnes 和 Cooper,1962)可以对(3.4)式中的线性规划模型进行求解,从而得到一定时间内每个生产单元与环境前沿最佳生产单元的差距[2]。这个差距就是决策单元相对于环境前沿最佳生产单元,期望产出增长与非期望产出下降可能出现的最大倍数。环境效率越大,说明其与环境产出前沿距离越近,特别是大于或等于 1 时,表示其投入产出和污染排放相对其他决策单元更有效率,在相同投入的条件下农业生产产出更多,污染排放更少。而环境效率越低,则表示其与环境产出前沿的距离越远,相对其他生产决策单元,在相同生产要素投入条件下产出更少,污染排放量更大。

$$P^{global} = (P_S^1 Y P_S^2 Y \cdots P_S^T Y) \tag{3.3}$$

① Pastor J. T., Lovell C. A. K. "A global Malmquist productivity index", *Economics Letters*, 2005,88(02), pp. 266-271.

② Charnes A., Cooper W. "Programming with linear fractional functional", *Naval Research Logistic Quarterly*, 1962, 9(03), pp. 181-186.

$$\min\theta = \frac{1 + \dfrac{1}{m}\sum_{i=1}^{m} S_i^- / x_{ij}}{1 - \dfrac{1}{K+S}\left(\sum_{r=1}^{K} S_i^- / y_{rk} + \sum_{t=q}^{S} S_t^{b^-} / y_{ik}^b\right)}$$

$$s.t. \sum_{j=1,j\neq k}^{n} x_{ij}\lambda - S_i^- \leqslant x_{ij}$$

$$\sum_{j=1,j\neq k}^{n} y_{ij}^b \lambda_j - S_i^{b-} \leqslant y_{rk} \tag{3.4}$$

$$1 - \frac{1}{S+K}\left(\sum_{r=1}^{S} S_r^- / y_{rk} + \sum_{t=1}^{K} S_t^{b-} / y_{ik}^b > 0\right)$$

$$\lambda, S^-, S^+ \geqslant 0$$

式(3.4)中 θ 为测度的农业环境效率,其中 x_{ij} 为决策单元投入的生产要素, y_{rk} 为决策单元生产的期望产出, y_{ik}^b 为决策单元排放出非期望产出; $i=1,2,3,\cdots,m$; $t=1,2,3,\cdots,q_2$; $k=1,2,3,\cdots,n$; S_i^- 为投入的生产要素的松弛变量、 s_r^+ 为生产的期望产出的松弛变量, s_t^{b-} 排放的非期望产出的松弛变量; λ_j 为约束条件。

二、收敛性分析方法

收敛性是指在封闭经济条件下有效的经济范围内的不同经济单位(如国家、省份或家庭),其最初的静态指标(如劳动生产率或人均GDP 等)同它的增长速度呈现出反向关系,即随着时间的推移落后的经济体具有比先进经济体更快的增长速度从而使得两类经济单位的静态指标的差异会逐渐减小甚至消失[①]。收敛的机制主要包括 σ

---

① 刘强:《中国经济增长的收敛性分析》,《经济研究》2001 年第 6 期。

收敛与 β 收敛,其中 σ 收敛描述的是不同的经济单元间的静态指标的差距是否具有随时间变化而不断缩小的趋势;而 β 收敛则是指对于某个静态指标其初期水平落后的经济单位具有比初期水平先进的经济体还要高的增长率。β 收敛又可以分为绝对 β 收敛和条件 β 收敛[1]。其中 σ 收敛和绝对 β 收敛可以归为绝对收敛这一类别中,而条件 β 收敛就是条件收敛。

1. 绝对收敛方法

σ 收敛和绝对 β 收敛这两类收敛都属于绝对收敛这一分析方法大类中。其中对收敛最为直观和清晰的表达就是 σ 收敛。它是指随着时间的变化一定区域内经济单元的静态指标增长的差距具有逐渐缩小的趋势特征。绝对 β 收敛则是指一定区域范围内某经济单元的静态指标的增长速度与初期该指标的增长表现出反向关系,落后地区在朝着发达地区不断赶超,最终达到一种稳定状态。目前大部分学者是利用标准差和变异系数两个统计指标来检验 σ 收敛[2][3]。

其中标准差 S 和变异系数 CV 的计算公式分别为:

$$S = \sqrt{1/n \sum_{i=1}^{n} (x_{it} - \overline{x_t})^2} \quad\quad\quad (3.5)$$

$$CV = S / \overline{x_t} \quad\quad\quad (3.6)$$

S 是总数为 n 个省份的农业环境效率的标准差,x_{it} 是第 t 年第 i

---

① 李谷成:《转型期中国农业生产率研究》,华中农业大学 2008 年博士学位论文。

② Rezitis N. A. "Agricultural productivity and convergence: Europe and the United States",2010,42(08), pp. 1029–1044.

③ 刘兴凯、张诚:《中国服务业全要素生产率增长及其收敛分析》,《数量经济技术经济研究》2010 年第 3 期。

个省的农业环境效率值，$\overline{x_t}$ 为第 t 年 n 个样本的农业环境效率的平均值。标准差表示的是各省份间农业环境效率与平均值的距离程度，如果农业环境效率值与平均值之间具有较大差异的省份越多，则标准差越大。若存在第 $(t+T)$ 年符合 $\sigma_{t+T} < \sigma_t$ 的条件，那么表明这 n 个省的农业环境效率存在 T 阶段的 σ 收敛；但是如果存在第 t 年以后的任何第 S 年里符合 $\sigma_{t+S} < \sigma_t$，则称这 n 个省存在一致 σ 收敛。

变异系数说明了农业环境效率的绝对差异程度，其值越大表明样本省（区、市）农业环境效率的绝对差异越大。运用变异系数是验证 σ 收敛的常用方法。

通过查找相关文献，本章采用伯纳德和琼斯（Bernard 和 Jones，1996）[①]、滕泽伟等（2017）[②]的方法来分析 1983—2020 年中国 28 个省份的农业环境效率的绝对 β 收敛特征。分析模型如式（3.7）所示：

$$(\ln ee_{i,t+T} - \ln ee_{i,t})/T = \alpha + \beta \ln ee_{i,t} + \varepsilon_{it} \qquad (3.7)$$

T 是样本的时间长度，$\ln ee_{it}$ 为第 i 省的农业环境效率，$\ln(ee_{i,t+T} - ee_{i,t})/T$ 为第 i 个省份在 T 时间段内农业环境效率的年平均增长率。若 β<0 且是显著的，则表示农业环境效率具有绝对 β 收敛，否则就不具有绝对 β 收敛。

2. 条件收敛方法

除了初始期静态指标的水平对收敛会有影响之外，还有一些其

---

① Bernard A. B., Jones C. I."Comparing Apples to Oranges: Productivity Convergence and Measurement Across Industries and Countries",1996,86(05), pp. 1216-1238.

② 滕泽伟、胡宗彪、蒋西艳:《中国服务业碳生产率变动的差异及收敛性研究》,《数量经济技术经济研究》2017 年第 3 期。

他的变量也会对收敛产生影响,如果将这些变量也加入模型中作为控制变量来考虑,则这种收敛被称作条件 β 收敛。条件 β 收敛的分析模型如式(3.8)所示:

$$(\ln ee_{i,t+T} - \ln ee_{i,t})/T = \alpha + \beta \ln ee_{i,t} + \sum_{j=1}^{n} \gamma_j x_{i,t}^j + \mu_{i,t} \qquad (3.8)$$

其中, $\beta = -(1 - e_{\lambda T})/T$, λ 为收敛速度, $(\ln ee_{i,t+T} - \ln ee_{i,t+T})/T$ 表示第 i 个省份在 T 时间段内农业环境效率的年均增长率, ee_{it} 为第 i 个省份的农业环境效率值, γ_j 表示控制变量 x_j 的系数, μ_{it} 是误差项。若 $\ln ee_{it}$ 的系数 $\beta < 0$,说明农业环境效率具有条件 β 收敛的特征。

三、样本数据与描述性统计

宏观的大农业包括农林牧渔四大类,而以种植业为主的小农业占宏观大农业的比重达到 50% 以上,因此本书将小农业作为研究对象,深入探讨小农业的环境效率。在样本选择方面,由于西藏的数据缺失比较严重,因此本书的样本不包含西藏,同时对海南和重庆的数据处理,本书参考李谷成(2014)[①]和杜江等(2016)[②]的方法,将 1988 年后海南的数据并入广东,1998 年后重庆的数据并入四川。考虑到数据的可获得性,本书的样本期为 1983—2020 年。因此本书中所使用的数据是中国 28 个行政区在 1983—2020 年所形成的平衡面板数

[①] 李谷成:《中国农业的绿色生产率革命:1978—2008 年》,《经济学(季刊)》2014 年第 2 期。

[②] 杜江、王锐、王新华:《环境全要素生产率与农业增长:基于 DEA-GML 指数与面板 Tobit 模型的两阶段分析》,《中国农村经济》2016 年第 3 期。

据。选取变量的数据来源于历年《中国统计年鉴》《中国农村统计年鉴》《新中国 60 年统计资料汇编》《新中国 50 年统计资料汇编》和历年《(各省份)统计年鉴》。

1. 投入变量

根据数据的可得性,同时参考已有研究的做法[如李谷成(2014)[①]、杜江等(2016)[②]],本章中农业投入主要包括劳动力、土地、机械、化肥和灌溉等。劳动力投入根据现有文献[如黄少安等(2005)[③]、杜江等(2016)[④]]以第一产业从业人数乘以农业产值占农林牧渔总产值的比重表示;土地投入以农作物总播种面积表示,使用这一指标主要是考虑到中国农业复种、休耕或抛荒的情况都比较常见,它比耕地面积更能反映土地的实际利用情况,此外这一指标刚好与期望产出中粮食作物和经济作物产值的衡量对象一致。李谷成(2014)[⑤]、杜江等(2016)[⑥]都是使用这一指标作为土地投入;机械投入以农林牧渔业机械总动力乘以农业总产值占农林牧渔业总产值的比重来表示,它不包括用于乡镇、村组办工业和非农运输等其他非农

---

① 李谷成:《中国农业的绿色生产率革命:1978—2008 年》,《经济学(季刊)》2014 年第 2 期。

② 杜江、王锐、王新华:《环境全要素生产率与农业增长:基于 DEA-GML 指数与面板 Tobit 模型的两阶段分析》,《中国农村经济》2016 年第 3 期。

③ 黄少安、孙圣民、宫明波:《中国土地产权制度对中国农业经济增长的影响》,《中国社会科学》2005 年第 3 期。

④ 杜江、王锐、王新华:《环境全要素生产率与农业增长:基于 DEA-GML 指数与面板 Tobit 模型的两阶段分析》,《中国农村经济》2016 年第 3 期。

⑤ 李谷成:《中国农业的绿色生产率革命:1978—2008 年》,《经济学(季刊)》2014 年第 2 期。

⑥ 杜江、王锐、王新华:《环境全要素生产率与农业增长:基于 DEA-GML 指数与面板 Tobit 模型的两阶段分析》,《中国农村经济》2016 年第 3 期。

用途的机械[①];化肥投入以一个年度内农业生产过程中施用的化肥的折纯量表示;农业灌溉变量以农业有效灌溉面积表示,主要包括灌溉工程或设备已经配备、可以正常灌溉的水田和水浇地的面积。

2. 产出变量

产出变量包括期望产出和非期望产出。在本书中,期望产出以1980 年不变价的农业总产值表示;非期望产出是指农业生产中的各种面源污染物。本章参考陈敏鹏等(2006)的"单元调查评估法"以及第一次全国污染源普查(农业普查)公布的系列手册,确定农田化肥施用、农田固体废弃物两个农业污染产污单元(见表3-1)[②]。选取的非期望产出变量包括总化学需氧量(COD)、总磷(TP)、总氮(TN)等污染物。在种植业中,这些污染物主要有两个来源,第一是化肥产生的 TN、TP 污染量。本章根据《肥料流失系数手册》和"单元调查评估法"核算。第二是农田固体废弃物,主要是农作物(稻谷、小麦、玉米、薯类、豆类和油料)种植产生的秸秆,如果没有合理处理也会产生 TP、TN 和 COD。这一来源的产污系数通过查阅相关文献得到[梁流涛(2009)[③]、陈敏鹏等(2006)[④]]。本章参考张可和

---

① 杜江、王锐、王新华:《环境全要素生产率与农业增长:基于 DEA-GML 指数与面板 Tobit 模型的两阶段分析》,《中国农村经济》2016 年第 3 期。

② 陈敏鹏、陈吉宁、赖斯芸:《中国农业和农村污染的清单分析与空间特征识别》,《中国环境科学》2006 年第 6 期。

③ 梁流涛:《农村生态环境时空特征及其演变规律研究》,南京农业大学 2009 年博士学位论文。

④ 陈敏鹏、陈吉宁、赖斯芸:《中国农业和农村污染的清单分析与空间特征识别》,《中国环境科学》2006 年第 6 期。

丰景春(2016)[①]的做法,将农业污染物排放总量的计算公式设定为式(3.9)所示:

$$E = \sum_i SU_i \times \rho_i \times LC_i \qquad (3.9)$$

其中 E 表示农业污染物排放总量,SU_i 表示 i 个污染单元的污染物形成的基数,本章中主要为化肥折纯量和农作物固体废弃物,ρ_i 为 i 个污染单元产污强度系数;LC_i 表示第 i 个污染单元污染物排放系数。

农业污染产污单元清单列表和变量的描述性统计分别见表3-1、表3-2。

表3-1 农业污染产污单元清单列表

污染因素	类别	单元	调查指标	单位	排放清单
化肥	地表径流流失 地下淋溶流失	氮肥、磷肥、复合肥	施用量	万吨	TN、TP
农业固体废弃物	粮食作物 经济作物	稻谷、小麦 玉米、大豆 薯类、油料	总产量	万吨	COD、TN、TP

资料来源:笔者整理所得。

表3-2 有关变量的含义及描述性统计分析

变量	变量描述	单位	观测数	均值	标准差	最小值	最大值
input1	农作物播种面积	万公顷	1064	537.0437	341.6474	17.37	1442.5
input2	灌溉面积	万公顷	1064	185.6718	134.9484	15.44	553.1

[①] 张可、丰景春:《强可处置性视角下中国农业环境效率测度及其动态演进》,《中国人口·资源与环境》2016年第1期。

续表

变量	变量描述	单位	观测数	均值	标准差	最小值	最大值
input3	农业机械总动力	万千瓦	1064	1088.714	1199.191	42	7065.825
input4	化肥折纯量	万吨	1064	138.7726	119.9093	3	716.1
input5	农业劳动力	万人	1064	638.4659	516.4456	19.346	2852.463
good-output	农业总产值	万元	1064	1398017	1250535	46276.92	7502495
bad-output	污染物排放量	吨	1064	311933.5	277053.6	9265.943	1607826

资料来源:笔者根据 Stata15.0 计算结果整理得出。

第二节　农业环境效率的时空特点

一、农业环境效率的时间演变

首先,依据上文所设定的 Global-DEA 模型,对 1983—2020 年中国 28 个省份的农业环境效率进行测算。图 3-1 为 1983—2020 年期间中国农业环境效率的趋势图。从图中可以看出在这一时期中国农业环境效率可以分为三个阶段。第一阶段为 1983—1989 年期间,中国农业环境效率处于一个平缓下降的阶段。从 1983 年至 1989 年中国农业环境效率从 0.6798 下降到 0.6070,年均降幅为 1.61%。第二个阶段为 1990—1995 年,这一阶段中国农业环境效率处于一个平稳的状态,没有恶化但是也没有太大提升。从图 3-1 中可以看到,中国农业环境效率从 1990 年至 1995 年一直徘徊在 0.6100 左右。第三个阶段为 1996—2020 年,中国农业环境效率在小幅波动中缓慢上升,从 1996 年的 0.6232 上升至 2020 年的 0.8976,增加了 0.2744,年均增长 1.47%。

从整体来看,中国农业环境效率缓慢下降之后经历一个短暂的停滞期,再缓慢上升,整体提升幅度较小,从 1983 年的 0.6798 增长到 2020 年的 0.8976,均值为 0.6587,总共增长了 0.2178,年均增长 0.73%。这表明全国层面农业环境效率偏低,在保证投入不变的前提下,中国农业环境效率仍存在 34.13% 的较大提升空间。

从东、中、西部三大区域来看①,三大区域的农业环境效率的变动趋势基本与全国保持一致。但是三大区域的增长幅度存在差异,其中东部地区农业环境效率增长幅度最大(1.03%),其次是西部地区(0.36%)和中部地区(0.02%)。在 1983—2002 年间,三大地区的农业环境效率十分接近,平均值分别为 0.6465、0.6039 和 0.6267。2002 年之后三大地区均呈上扬趋势,但是上扬的幅度不同。由于东部地区增速最快,与其他两个地区拉开的差距较大。2003—2020 年期间三大地区的农业环境效率均值中最大的是东部地区(0.8145),其次是西部地区(0.6708),最后是中部地区(0.6186)。

从第一阶段来看,中国农业环境效率缓慢下降,其原因可能与农民负担较重有关。农户为了获得更多的农地收益满足国家税收和集体提留的要求,会加大对化肥等的使用,导致农业污染物排放量增加。

---

① 根据统计局对东中西部地区的划分,东部地区包括北京、上海、天津、浙江、江苏、山东、福建、广东、河北、辽宁;中部地区包括湖南、湖北、江西、安徽、河南、吉林、黑龙江、山西;西部地区包括贵州、青海、宁夏、新疆、陕西、四川、甘肃、云南、广西、内蒙古。后文所作的划分与此相同。

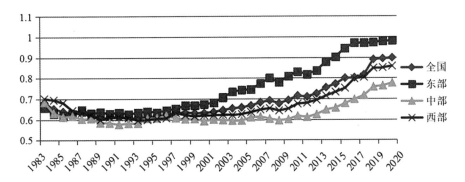

图 3-1　1983—2020 年中国及东中西部地区农业环境效率趋势图

资料来源:笔者整理而得。

第二阶段农业环境效率处于较低的停滞状态,说明这一时期农户仍然在施用较多的化肥,导致农业环境效率没有得到提升。

第三阶段,随着农业污染物排放的增加,农业生态环境破坏极为严重,农产品的安全质量问题日益突出,这些问题开始成为人们关注的焦点。国家在近年开始实施化肥零增量计划,农业环境效率开始不断上升。

二、农业环境效率的空间特征

表 3-3 为 1983—2020 年中国各省份农业环境效率值及排名情况。而从省际层面来看,1983—2020 年各省份的农业环境效率均存在不同程度增长。其中,北京、广东、陕西、福建、上海等省份农业环境效率增幅较大,平均增长率超过 1.1%;河北和安徽等省份的农业环境效率增幅最小,平均增长率不足 0.1%;而贵州、黑龙江、青海、山西、江西、内蒙古、宁夏和新疆等省份的农业环境效率

均呈现出下降趋势,其中内蒙古的下降幅度最大,年均下降幅度超
过1%。

表3-3 1983—2020年中国各省份农业环境效率值及排名情况

省份	变化率	均值	排名	省份	变化率	均值	排名
天津	0.83%	0.8429	1	湖北	0.53%	0.6324	15
四川	0.85%	0.7926	2	贵州	-0.80%	0.6296	16
上海	1.12%	0.7765	3	甘肃	0.85%	0.6248	17
广东	1.58%	0.7616	4	云南	0.43%	0.6222	18
北京	1.60%	0.7540	5	江西	-0.16%	0.6137	19
福建	1.37%	0.7483	6	湖南	0.14%	0.6080	20
浙江	0.96%	0.6963	7	内蒙古	-1.78%	0.6070	21
新疆	-0.20%	0.6810	8	河南	0.48%	0.6017	22
陕西	1.49%	0.6712	9	河北	0.15%	0.6010	23
广西	1.08%	0.6661	10	吉林	0.17%	0.5999	24
黑龙江	-0.85%	0.6598	11	山西	-0.37%	0.5904	25
江苏	1.08%	0.6556	12	宁夏	-0.01%	0.5849	26
辽宁	1.21%	0.6553	13	安徽	0.07%	0.5714	27
山东	0.97%	0.6339	14	青海	-0.04%	0.5611	28

资料来源:笔者整理所得。

由此可以看出农业环境效率增长率最高的省份大多位于东部地
区,中西部地区的省份农业环境效率下降幅度较大。按照1983—
2020年农业环境效率均值的排名结果,天津的农业环境效率均值最
高(为0.8429),这主要在于天津的松弛调整量为0且径向调整量很
小,但是相较于最优前沿,天津的农业环境效率仍存在15.71%的提

升空间;排名第2、第3位的分别是四川(均值为0.7926)和上海(均值为0.7765),这两个省份的情况与天津相似,松弛调整与径向调整值均较小;青海(0.5611)、安徽(0.5714)的农业环境效率均值最低,均低于0.58。因此从农业环境效率均值来看,均值较高的省份大多也是位于东部地区,中西部地区农业环境效率均值普遍较低。从三大区域来看,农业环境效率均值最高的是东部地区,其次是西部地区。

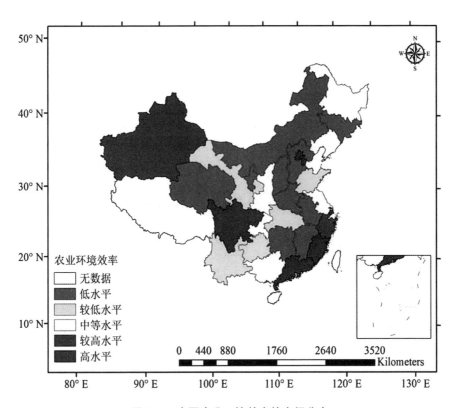

图3-2　中国农业环境效率的空间分布

资料来源:笔者利用 ArcGIS 软件绘制而得。

此外,本章还利用自然断点法将1983—2020年中国28个省份的农业环境效率的均值进行聚类,并基于ArcGIS软件对农业环境效率值进行空间可视化处理。图3-2从空间上清晰地描绘了1983—2020年中国28个省份的农业环境效率均值的分布格局。由图3-2可知,中国农业环境效率在空间上具有十分明显的差异,在较小的区域范围内表现出集聚特征,而从总体来看并没有十分显著的集聚特征。农业环境效率值高的省份有天津、四川、上海、广东、北京和福建,除了北京与天津、广东与福建在空间上相邻之外,其他省份在空间上并没有直接相邻,而是表现出分散分布的特点。农业环境效率较高的省份也是各自独立。在农业环境效率处于中等水平的省份中,各省份均不相邻,而农业环境效率处于较低水平和低水平的只有江西和湖南相邻,河南与河北相邻,其他省份各自独立。

第三节　农业环境效率的收敛性分析

由上文分析可知,中国各省份的农业环境效率变动具有显著的差异,但是上述分析只是一种静态分析,存在一定局限。因此需要利用收敛性分析方法以便更加全面动态地剖析中国各省份农业环境效率地区差异的变化轨迹和趋势。经济增长收敛性理论不论是在探究中国经济及其地区发展差距方面还是农业发展及其地区差距方面均已得到广泛运用,而农业环境效率作为绿色农业发展的重要考核指标,有必要利用经济增长收敛性理论对我国农业环境效率是否存在收敛性进行检验。为此,在下文中将分别对全国以及东部、中部和西部的农业环境效率进行 σ 收敛、绝对 β 收敛和条件 β 收敛的检验。

一、农业环境效率的 σ 收敛检验

农业环境效率 σ 收敛是指以标准差或变异系数度量的不同省(区、市)之间的农业环境效率的差距随着时间的推移逐渐减小,反之则不是。本章以标准差和变异系数两种方法来检验中国各省份农业环境效率的差距变动趋势,对各省份农业环境效率的收敛性状况进行深入分析。由上文所列的标准差以及变异系数的计算公式,本章对 1983—2020 年中国 28 个省份的农业环境效率的标准差和变异系数进行测算。

图 3-3 显示了全国及东、中、西部地区农业环境效率的标准差的变化趋势。从图 3-3 中可以看出,中国农业环境效率标准差经历了一个先下降后上升的过程。1983—1995 年期间农业环境效率的标准差在小幅波动中不断下降,这说明在这一期间农业环境效率的差异随时间的推移呈现出显著的缩小趋势。但是 1995 年以后即 1996—2020 年间农业环境效率的标准差处于不断上升的状态,这说明农业环境效率具有逐渐发散的趋势特征。由此可见,中国农业环境效率在 1983—1995 年期间存在 σ 收敛,而在 1996 年以后出现了 σ 发散。

同时我们将全国的样本分为东部、中部和西部三大区域,对三大区域内部农业环境效率的标准差和变异系数进行了测算。结果表明,东部、中部和西部地区农业环境效率的标准差演变趋势差异较大。东部地区经历了上升—下降—再上升—平缓小幅下降的过程，不存在 σ 收敛的特征。中部地区则是经历了巨幅下降—上升—下降—再上升，近年来呈现出 σ 发散的趋势。西部地区的农业环境效率标准差在 1983—1989 年期间大幅下降，从 1990 年以后开始在波动中大幅上升，呈现出 σ 发散的趋势。因此，从标准差来看，东部、中部和西部的农业环境效率均不存在 σ 收敛。全国农业环境效率地区差异的发展趋势与东部地区比较接近。

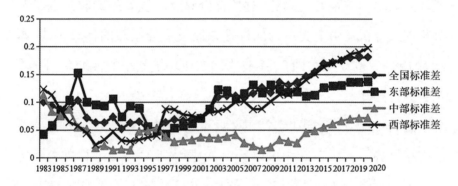

图 3-3　1983—2020 年中国及东、中、西部地区农业环境效率标准差趋势图

资料来源：笔者整理而得。

图 3-4 为 1983—2020 年全国及东、中、西部地区农业环境效率的变异系数趋势图。从图中可以看出，不论是全国还是三大地区，农业环境效率的变异系数和标准差的趋势基本相同，从另一个角度验证了本章利用标准差对农业环境效率进行 σ 收敛检验的结果。

二、农业环境效率的绝对 β 收敛检验

相对于 σ 收敛检验方法而言，绝对 β 收敛检验量化程度较高，更能分析经济单元相关指标的收敛特征。它是指除初始资本存量水

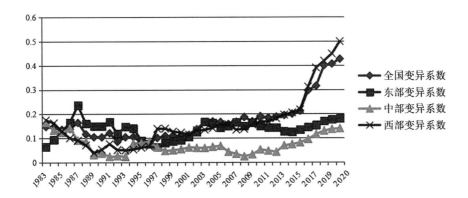

图 3-4　1983—2020 年中国及东、中、西部地区农业环境效率变异系数趋势图
资料来源：笔者整理而得。

平存在差异外其他条件都一致的情况下一定区域范围内的各经济单元在长期来看经济收敛会实现相同的均衡，也就是说，各经济单元在稳定状态时不仅静态指标相同（如人均 GDP 或劳动生产率），并且技术进步速度和生产组织技术也是相同的，甚至连规章制度也会趋于一致。绝对 β 收敛说明在一定时期内各经济单元会有一个一致的稳定状态，以致最后全部的经济单元的静态指标都会达到一个相同的水平。本章考察了农业环境效率的绝对 β 收敛情况，根据收敛检验的检验原理，参考滕泽伟等（2017）的办法，本章把绝对收敛的回归模型设定为式（3.10）所示：

$$y_{i,t} = \alpha + \beta\ln(ee_{i,t-1}) + \varepsilon_{i,t} \tag{3.10}$$

其中，y_{it} 为第 i 个生产决策单元在从第 $t-1$ 期到 t 期的农业环境效率的增长率，ee_{it-1} 表示各省份第 $t-1$ 期的农业环境效率，ε_{it} 表示随机误差项。绝对 β 收敛速度是指低水平经济单元向高水平经济单元追赶的速度，一般是用百分数来表示。

运用(3.10)式对各地区农业环境效率进行绝对 β 收敛检验,由于本章的数据为长面板数据,可能存在组间自相关、组间异方差和组内自相关,因此需要用校正标准误的 OLS 即 LSDV 方法或全面的 FGLS 方法,本章采用两种方法同时检验,以确保结果的稳健性。回归结果见表3-4。

表3-4　农业环境效率的绝对 β 收敛检验

	全国		东		中		西	
β 收敛	0.009* (1.94)	0.008 (0.54)	0.04*** (4.19)	0.014 (0.79)	−0.11*** (−3.64)	−0.149*** (−2.90)	−0.0580*** (−2.99)	−0.0101 (−0.45)
λ 收敛	−0.009	−0.008	−0.039	−0.0141	0.11	0.1613	0.0598	−0.0102
模型	FGLS	LSDV	FGLS	LSDV	FGLS	LSDV	FGLS	LSDV

注:*、**、***分别表示在10%、5%和1%的水平上显著;括号内为稳健标准误。

从表3-4中可以看出,FGLS 模型和 LSDV 模型两种方法检验的结果基本一致,在此以 FGLS 方法为例来进行分析。从全国层面来看,初期农业环境效率的系数为0.009,说明 β>0,且在10%的水平上显著。这表示农业环境效率的增长率同基期农业环境效率呈正比,农业环境效率不存在绝对 β 收敛,而是呈现出 β 发散,发散速度为0.9%。

在将全国样本分为东、中和西部地区之后,结果表明:东部地区基期农业环境效率的回归系数 β 也是大于0,并且在1%的统计水平上显著,说明东部地区农业环境效率存在 β 发散,发散速度为3.9%;中部地区基期农业环境效率的回归系数 β<0,并且在1%的水平上显著,说明中部地区农业环境效率的增长率与初始农业环境效

率呈反比,农业环境效率存在绝对 β 收敛,收敛速度为 11%;西部地区基期农业环境效率的回归系数 β<0,并在 1% 的水平上显著,这表示西部地区农业环境效率也存在绝对 β 收敛,收敛速度为 5.98%。中部和西部地区农业环境效率存在绝对 β 收敛表明农业环境效率低的省份的增长速度整体上大于农业环境效率高的省份,农业环境效率低的省份其农业环境效率水平会逐渐赶上农业环境效率高的省份的农业环境效率水平,最终达到趋同。而从绝对 β 收敛速度来看,中部地区的绝对 β 收敛速度大于西部地区的绝对 β 收敛速度。全国和东部地区的农业环境效率存在一定的绝对 β 发散说明农业环境效率低的省份增长速度整体上低于农业环境效率高的省份,效率低的省份其农业环境效率水平与效率高的省份的农业环境效率水平差距在扩大,呈现发散的特征。从 β 发散的速度来看,东部地区的发散速度大于全国整体水平。

三、农业环境效率的条件 β 收敛检验

在进行农业环境效率的绝对 β 收敛分析时,只把农业环境效率的基期水平考虑进来,当作唯一直接影响农业环境效率收敛的变量。实际上影响其收敛的因素除了农业环境效率的初始水平之外还有其他因素,如果将其他因素作为控制变量纳入模型中来,那么它就是条件 β 收敛。因此本章进一步把影响农业环境效率收敛性的其他一些因素作为控制变量加入绝对 β 收敛模型中就可以得到条件 β 收敛模型。考虑到本章采用的数据是长面板(N 小 T 大),本章采用 LSDV 和 FGLS 两种方法来检验。

借鉴现有文献的研究,把影响农业环境效率的控制变量加入 (3.10)式中,便可以得到农业环境效率条件 β 收敛模型,如式 (3.11)所示:

$$y_{it} = \alpha_0 + \beta\ln(ee_{it-1}) + \alpha_1\ln fin_{it} + \alpha_2\ln hc_{it} + \alpha_3\ln stru_{it} + \alpha_4\ln atc_{it} + \varepsilon_{it} \tag{3.11}$$

其中,y_{it} 为 i 省份第 $t-1$ 期到 t 期农业环境效率的增长率,ee_{it-1} 为 i 省份第 $t-1$ 期的农业环境效率,fin_{it} 为 i 省份第 t 期的财政支农比重,$stru_{it}$ 为 i 省份第 t 期的农业种植结构,用粮食播种面积占农作物播种面积的比重,hc_{it} 为 i 省份第 t 期的农村人力资本水平,用各省份的农村劳动力的平均受教育年限表示,atc_{it} 为农业贸易条件,用农产品收购价格与农业生产资料价格之比表示;ε_{it} 表示随机误差项。此外本模型中的变量设定均用自然对数来表示以消除异方差。条件β 收敛速度是指在控制了其他因素之后农业环境效率低的省份追赶农业环境效率高的省份的速度,一般以百分数表示,收敛速度 λ 参考 Mankiw 等(1992)的做法[①],计算公式如式(3.12)所示:

$$\beta = -(1 - e^{-\lambda T})/T \tag{3.12}$$

表 3-5 为农业环境效率条件 β 收敛检验结果,其中模型(1)与模型(2)分别表示 LSDV 和 FGLS 估计方法下农业环境效率条件 β 收敛的检验结果。而模型(3)(5)和(7)是利用 LSDV 方法估计东、中、西部地区农业环境效率条件 β 收敛的检验结果,模型(4)(6)和(8)是利用全面的 FGLS 方法估计东、中、西部地区农业环境效率条

---

① Mankiw W. "A contribution to the empirics of economic growth", *Quarterly Journal of Economics*, 1990,107(02), pp. 407-437.

件 β 收敛的估计结果。

表 3-5　农业环境效率条件 β 收敛模型估计结果

类型	全国		东部		中部		西部	
	LSDV (1)	FGLS (2)	LSDV (3)	FGLS (4)	LSDV (5)	FGLS (6)	LSDV (7)	FGLS (8)
lnee	-0.115 *** (-4.35)	-0.120 *** (-15.49)	-0.192 *** (-4.69)	-0.193 *** (-7.51)	-0.196 *** (-3.55)	-0.177 *** (-5.68)	-0.059 ** (-2.05)	-0.056 *** (-2.86)
lnfin	0.0128 (0.97)	0.0110 *** (5.46)	0.0193 (1.09)	0.0140 (1.37)	0.00741 (0.50)	-0.0123 (-1.53)	0.00889 (0.50)	-0.0014 (-0.13)
lnstru	-0.0601 * (-1.95)	-0.0497 *** (-8.84)	-0.0857 * (-1.85)	-0.067 *** (-3.13)	-0.0619 (-1.32)	-0.0575 ** (-2.22)	0.00946 (0.27)	0.0137 (0.56)
lnhc	0.00431 (0.05)	-0.00883 (-0.94)	0.196 (1.61)	0.120 * (1.91)	-0.0548 (-0.52)	-0.188 *** (-3.38)	-0.0703 (-0.88)	-0.0563 (-1.41)
lnatc	-0.0720 ** (-2.16)	-0.0716 *** (-12.81)	-0.0251 (-0.36)	-0.0566 * (-1.76)	-0.0555 ** (-1.99)	-0.066 *** (-3.79)	-0.111 ** (-2.51)	-0.0816 *** (-3.1)
year	0.00167 * (1.71)	0.00196 *** (12.41)	0.000997 (0.61)	0.0019 ** (2.14)	0.0022 ** (2.03)	0.0037 *** (6.68)	0.003 *** (2.75)	0.0026 *** (4.19)
cons	-3.425 * (-1.88)	-3.979 *** (-12.94)	-2.459 (-0.81)	-4.086 ** (-2.44)	-4.489 ** (-2.20)	-7.207 *** (-6.98)	-5.847 *** (-2.86)	-5.015 *** (-4.32)
λ	0.122	0.128	0.213	0.214	0.218	0.195	0.060	0.057
N	1064	1064	380	380	304	304	380	380

注：* 、** 、*** 分别表示在 10%、5% 和 1% 的水平上显著；括号内为稳健标准误。

从回归结果可以看出,在模型(1)和(2)中,基期农业环境效率的回归系数 β<0,且均在 1% 的水平上显著,这说明对于全国农业环境效率而言,在研究样本 1983—2020 年区间内,中国农业环境效率存在条件 β 收敛,各省份的农业环境效率具有自己不同的稳态水平,同时会朝着自己的稳态水平收敛。

农业结构和相对价格均显著为负,表明粮食播种面积比重扩大对农业环境效率增长有显著负向影响,农产品生产者价格指数相对于农业生产资料价格上升对农业环境效率增长的影响也是显著为负。财政支农比重和农村人力资本对农业环境效率增长均没有显著影响。财政支农比重不显著的原因可能在于当期财政支农结构仍然不够优化,主要还是用于农业产量的提高,并没有用于环境质量的改善。农村人力资本的影响不显著则可能是因为农村人力资本水平较低,大部分的优质劳动力从农村向城市转移从事非农劳动,从而导致农业劳动力人力资本水平降低。

而从东、中、西部的模型的估计结果来看,这三个地区的基期农业环境效率的回归系数 β 均小于 0,且在统计意义上十分显著,说明在研究样本 1983—2020 年区间内,三大地区农业环境效率均存在条件 β 收敛,三大地区内部农业环境效率存在各自的稳态水平,并向该稳态水平收敛。从收敛速度来看,东部、中部、全国和西部的收敛速度依次减弱。

从以上分析结果来看,全国层面在 1983 年至 2020 年期间农业环境效率虽然不存在绝对收敛现象,即全国范围各省份的农业环境效率差距是一直存在的,并且有扩大的迹象。但是可喜的是全国层面的农业环境效率还是具有条件收敛的特征。这表示全国层面的农业环境效率即使不具有绝对收敛的特征,但是各个省份的农业环境效率还是一直在朝着各省份自己不同的稳态水平收敛,而因为不同省份的稳态水平也是不一致的,所以各省份的农业环境效率的差距才会一直存在,没有能够出现绝对收敛。然而条件收敛的存在为进一步促成绝对收敛留下了政策空间,如通过改善农业产业结构、完善农产品价格市场体制、加强农村人力资本投资等政策,促进各省份的稳态值趋于一致,从而最终出现绝对收敛,这也是有可能的。就地区层面而言,东部地区各省份的农业环境效率差距虽然也是有扩大的迹象,但也是在朝着自身的稳态水平收敛。中部和西部地区各省份的农业环境效率差距不仅有缩小的迹象,而且也在朝着自身的稳态水平收敛。

第四节　本章小结

随着经济的快速发展以及人们对食品需求的增加,农业产出增长的同时农业面源污染的严重程度也与日俱增。实行农业绿色生产、提高农业环境效率成为推动当前农业绿色转型的重要突破口。本章在一个较为完整的框架内,利用全局参比的超效率 DEA 模型对1983—2020 年期间中国农业环境效率进行了测算,避免了农业环境效率值存在的跨期不具有可比性和相对有效单元效率值不具有可比性的问题,并从时间和空间角度分析了中国农业环境效率的演变趋势。同时利用收敛性方法对 1983—2020 年中国 28 个省份的农业环境效率的地区差异的演变趋势进行分析。通过对检验结果的分析,本章得到以下几个结论:

(1)在 1983—2020 年期间,中国农业环境效率呈现出先下降后上升的趋势,年均增长 0.73%,总体来看增长幅度较小。全国层面的农业环境效率的平均值只有 0.6587,从这一结果来看,农业环境效率的水平是比较低的。而从另一个角度来看,也可以说明在农业生产投入不变的条件下,中国的农业环境效率还有 34.13% 的提升空间。

(2)从中国农业环境效率的空间分布来看,在 28 个省份中天津、四川和上海的均值最高;均值最低的分别是青海、安徽和宁夏。三大地区中农业环境效率均值排名依次为东部、西部和中部。

(3)根据中国农业环境效率地区变动的收敛性检验结果,发现中国农业环境效率的地区差异不存在随时间的变化而逐步缩小的特征,说明不具有 σ 收敛的趋势,且各省份的农业环境效率没有达到一个相同的稳定水平的趋势,农业环境效率落后地区的增长速度慢于先进地区,不具有绝对 β 收敛特征。尽管不具有绝对 β 收敛特征,但是具有条件 β 收敛的特征,这说明各地区农业环境效率存在各自的稳态水平,并且向该稳态水平收敛。此外,本章还对东、中、西部地区的农业环境效率进行了收敛性检验,发现中部和西部地区不存在 σ 收敛,但是存在绝对 β 收敛和条件 β 收敛,东部地区则存在条件 β 收敛,不存在 σ 收敛和绝对 β 收敛。从条件 β 收敛的速度来看,东部、中部、全国和西部的收敛速度依次减弱。

第四章 农地产权结构对农业环境效率影响的实证分析

农业环境效率是衡量农业绿色发展的重要指标。它既考虑农业生产活动所创造的经济价值,同时也关注农业生产过程对环境造成的影响,其核心思想就是通过最少的资源消耗,生产出最多的产品,但对环境的负面影响最小。改革开放以来中国农业发展成就瞩目,但同时由于其粗放的经营方式也带来了严重的生态环境污染问题。在中国经济要求实现发展方式转变的关键节点,中国农业如何实现产出增长的同时污染排放最低,环境破坏最小这一目标成为农业绿色转型的一大难题。提高农业环境效率是解决这一难题的重要途径。

第三章通过构建 Global 超效率 DEA 模型对 1983—2020 年中国农业环境效率进行了测度,并基于时间和空间的角度分析了中国农业环境效率提升的时空演变规律和收敛性问题。在此基础上后文将对农业环境效率的影响因素展开分析。现有文献对农业环境效率的影响因素的研究主要分为两类,一类是进行综合分析,即对农业环境效率的各种影响因素进行分析来研究对农业环境效率有显著影响的变量。另一类是选择一至两个核心解释变量来分析其对农业环境效率的影响及其机制。本书也将延续第二种思路，重点研究农地产权结构对农业环境效率的影响及其作用机制。本书的第一章从理论上详细地分析了农地产权结构如何影响农业环境效率，因此第四章将主要从实证角度论证农地产权结构对农业环境效率的影响。

第一节　研究基础

改革开放初期，中国在保留原来的农地所有制的状况下，对农地产权结构进行补充和完善，赋予农户更多的农地自主经营的权利，这对调动农民的生产积极性起到了重要的促进作用[①]。这次农村土地制度的变革成为改革开放后中国农业持续增长的制度之源。当时的研究聚焦在家庭联产承包责任制对农业生产的激励效应上，认为中国农村实施以家庭联产承包责任制为主要特色的农村土地制度改革，实质上是将土地所有权和承包经营权分设，所有权归集体，承包经营权归农户，从而形成"交足国家的，留够集体的，剩下的都是自己的"这种激励合约，对广大农户产生了巨大鼓舞，极大地调动了大家的生产积极性，带来中国农业生产史无前例的加速增长。在

---

① 张曙光、程炼：《复杂产权论和有效产权论——中国地权变迁的一个分析框架》，《经济学（季刊）》2012 年第 4 期。

1978—1984 年间，中国农业增长速度由原来的 2.9% 提高到了 7.7%，而家庭承包制改革对农业产出增长的贡献约占 46.89%[①]。

在 20 世纪 90 年代以前，中国学者对农村土地制度的研究，大多数是按照所有制理论范式开展的。他们把中国从人民公社制度转变到家庭联产承包责任制看作是农村土地制度的一次重要变迁，对农业发展产生了显著的促进作用。但学者们认为，家庭联产承包责任制推广实施这种制度变迁对农业产出的增长是一次性的，其对农业增长的效果自 1984 年以后基本释放完毕，农业生产也出现了徘徊的局面[②]。由此，以村为基础的集体土地所有制作为改革的终极目标开始受到质疑，从而引发中国农村土地制度改革未来方向的一场大讨论，学术界也出现了土地私有化、国有化和完善农村土地集体所有制三种观点的持续争论。

自 20 世纪 90 年代以来，随着产权经济学在中国的普及，学者们突破农村土地所有权与使用权"两权分离"的分析框架，开始从产权经济学的新视角，揭开农村土地制度这只"黑箱"，实证研究土地产权结构演进与农业增长绩效之间的关系。由现代产权经济学分析范式可知，产权本质上是多个权利组成的权利束，它包括处置权、收益权、转让权等。在实际的生活中，产权一般是被分成多种权利，归属于不同的产权主体，很少可以看到产权完全归属某个产权主体。因此，单纯沿着财产主体的绝对所有（如绝对公有或绝对私有），抽象

---

① Lin J.Y. "Rural reforms and agricultural growth in China", *American Economic Review*, 1992, 82(01), pp. 34-51.

② 林毅夫：《制度技术与中国农业发展》，上海人民出版社 1994 年版，第 120 页。

地讨论土地所有制很难使中国农村土地制度改革走出困境。学者们不再把农地制度看作是一个整体和单一的变量,直接分析其对农业绩效的影响,也不把农地制度的改革当成是一次性的制度变迁,而是开始关注产权权利束分割和重组之后形成的土地产权结构的持续优化和演进,具体分析农地的使用权、收益权和转让权及其构成结构对农业绩效的影响。例如刘守英(1993)从制度经济学角度分析了中国当前农地产权制度的结构,包括使用权、收益权和转让权等,并讨论了这些权利的完整性对农民的生产方式和行为可能造成的影响[1];姚洋(1998)利用江西和浙江两省的调研数据从实证角度分析了农地产权结构不完整对农业生产绩效的影响,主要是通过影响要素配置效率和农户对农地的投资,进而影响农地产出绩效[2];陈志刚和曲福田(2003)将农地产权分割为使用权、转让权和收益权,并从理论上分析了这三个权利对耕地产出率的影响机制,进而利用虚拟变量的方法对这三个权利进行了度量,最后从实证上分析了1979—1998年间农地产权结构演变对耕地产出率的影响[3];冀县卿和钱忠好(2010)从定量的角度考察了中国农地产权内部结构的变化对中国农业增长的影响,他们发现,随着中国农地产权结构不断强化农民土地产权,农民在农业生产经营中的积极性不断提高,促进了农业产出的增长[4]。

---

① 刘守英:《中国农地制度的合约结构与产权残缺》,《中国农村经济》1993年第2期。
② 姚洋:《农地制度与农业绩效的实证研究》,《中国农村观察》1998年第6期。
③ 陈志刚、曲福田:《农地产权制度变迁的绩效分析——对转型期中国农地制度多样化创新的解释》,《中国农村观察》2003年第1期。
④ 冀县卿、钱忠好:《中国农业增长的源泉:基于农地产权结构视角的分析》,《管理世界》2010年第11期。

但是,现有研究仍存在不足之处。学者的研究大多只分析了农地产权结构对农业期望产出增长带来的影响,例如农村土地产权制度变迁所产生的投资效应[①]、资源禀赋效应、边际产出拉平效应、社会保障效应[②]和资源配置效应等,而忽略了其对农业非期望产出的影响。换言之,这些研究关注的主要是农地产权制度变革对农业经济效率的影响,而忽视其对农业环境效率带来的影响,因此无法全面地考察和评估农村土地产权制度与结构变迁对农业发展绩效所产生的影响。农业生产除了带来产出的增长之外,还会产生污染物的排放,它们分别被称为期望产出和非期望产出。绿色农业发展的目标就是要尽量去增加期望产出,减少非期望产出。中国农业转型发展,必须把提高中国农业环境效率纳入迈向绿色农业发展的道路这一目标体系中。本章致力于分析中国农地产权结构对农业环境效率的影响,可以弥补现有研究的不足。

因此本章在现有研究的基础上,结合第一章的理论分析,利用1983—2020年全国28个省份的面板数据,考察农地产权结构对农业环境效率的影响。本章结构安排如下:第一节为计量模型的设定并对变量的选取和数据的来源进行说明;第二节为农地产权结构对农业环境效率影响的实证结果分析;第三节是对本章内容所做出的归纳和进一步梳理,并形成一些分析性的结论。

---

①　Yao Y. "The development of the land lease market in rural China", *Land Economics*, 2000,76(2), pp. 252-266.

②　Dong X. Y. "Two tier land system and sustained economic growth in post-1978 rural China", *World Development*, 1996,24(05), pp. 918-928.

第二节　计量模型、变量说明及估计方法

一、模型设计

为检验农地产权结构对农业环境效率的影响,本章构建了农地产权对农业环境效率的计量模型,用以分析农地产权是如何对农业环境效率产生影响的。计量模型的基本表达式如下:

$$\ln ee_{it} = \alpha + \beta_1 use_{it} + \beta_2 ben_{it} + \beta_3 dis_{it} + u_i + \varepsilon_{it} \tag{4.1}$$

ee 是农业环境效率,也是因变量。考虑到农业环境效率的波动较大,因而有必要对农业环境效率采用对数形式;use、ben 和 dis 分别代表排除其他主体的干预之后农户所获得的农地使用权、收益权和处置权。u_i 代表不随时间变化的个体效应标准差;ε_{it} 为随时间变化的干扰项标准差;$i = 1, 2, \cdots, 28$ 代表中国 28 个省(区、市);t 代表年份。

对影响农业环境效率的重要变量的遗漏会导致回归结果存在严重的内生性偏误,使得回归结果无法真实反映解释变量与被解释变量之间的关系。因此在式(4.1)的基础上引入相关的控制变量以减轻其内生性偏误,更加客观准确地检验农地产权结构对农业环境效率的影响。

相关研究表明,农业结构是影响我国农业环境效率的重要因素[1][2]。

---

① 杜江、王锐、王新华:《环境全要素生产率与农业增长:基于 DEA-GML 指数与面板 Tobit 模型的两阶段分析》,《中国农村经济》2016 年第 3 期。

② 李谷成:《中国农业的绿色生产率革命:1978—2008 年》,《经济学(季刊)》2014 年第 2 期。

由于粮食作物对化肥需求量较大,如果农业结构中粮食比重越高,则农业环境效率越低。由于收入水平的提高,人们的消费结构和消费习惯发生了转变,肉蛋奶以及蔬菜水果需求增加而口粮需求下降,消费结构的变化必然导致农业生产结构的转型升级,因此农业结构的升级优化,对农业环境效率具有促进作用。由于农业结构升级优化则意味着粮食比重降低。如果以粮食比重表示农业结构的话,那么体现在本章中表现为农业结构对农业环境效率具有负向影响。

除了农业结构之外还有财政支农比重也是影响农业环境效率的重要因素[1]。国家对农业的财政支持力度在一定程度上有利于农业基础设施和农业先进的绿色生产技术的引进从而促进农业环境效率的提高,因此预期财政支农比重对农业环境效率具有正向促进作用。

此外,农业生产资料价格与农产品生产者价格对农业环境效率也有重要影响[2]。农业生产资料价格和农产品生产者价格会改变农户的生产决策和生产行为方式,对农业产出和农业污染排放产生影响,进而对农业环境效率产生影响。农产品生产者价格与农业生产资料价格之比可以称为农业贸易条件。农业贸易条件的改善可能会导致农户更多地追逐短期利益,增加对化肥等投入品的使用,从而导致污染物排放增加,因此从理论预测来看,农业贸易条件改善对农业环境效率有负向影响。

除这些变量之外,还有城镇化水平、经济发展水平以及收入不平

---

[1]　叶初升、惠利:《农业财政支出对中国农业绿色生产率的影响》,《武汉大学学报(哲学社会科学版)》2016年第3期。

[2]　李谷成:《中国农业的绿色生产率革命:1978—2008年》,《经济学(季刊)》2014年第2期。

等程度等都是影响农业环境效率的重要因素①,需要将其纳入模型中作为控制变量。

城镇化会对农业生产资源产生挤压效应,从而对农业生态环境造成破坏②。首先,城镇化水平提高意味着农业劳动力减少。城镇化水平越高,农村劳动力从农业向非农产业转移的比重越大。随着城镇化水平的不断提高,农业劳动力会越来越短缺③。农业劳动力的减少会影响农户的投入行为和生产方式,例如农户会采用劳动节约型技术,这些技术可能会导致水土资源数量和质量的下降,进而对农业生态环境产生影响。其次,城镇化水平提高可能会挤占农地资源,从而导致农户对农地实行掠夺式经营,加大对农业生态环境的破坏。随着农业劳动力向城镇非农产业转移,城镇的土地需求空间必然会不断扩大,而城镇在向周边的郊区和农村的扩散过程中不可避免会侵占耕地④。随着农业耕地面积的减少和粮食需求的增加,农户为了提高产量,会加大对农药化肥的使用,对土地实行掠夺式经营,从而导致农业生态环境破坏严重。一般来说,城镇化水平越高,农业环境效率越低,二者呈负向关系。

从理论上讲,经济发展水平越高,农业环境效率越高,因此预期

---

① 李谷成:《中国农业的绿色生产率革命:1978—2008 年》,《经济学(季刊)》2014 年第 2 期。

② 赵丽平、王雅鹏、何可:《我国粮食生产的环境技术效率测度》,《华南农业大学学报(社会科学版)》2016 年第 3 期。

③ 马林静、欧阳金琼、王雅鹏:《农村劳动力资源变迁对粮食生产效率影响研究》,《中国人口·资源与环境》2014 年第 9 期。

④ 刘成军:《试论城镇化的关键要素:人口、土地和产业所引发的城镇生态环境问题》,《理论月刊》2017 年第 1 期。

经济发展水平与农业环境效率呈正向关系。收入不平等程度特别是城乡收入不平等程度会促进农户提高农地经营收入以缩小差距，从而导致农户增加对化肥等化学中间投入品的使用，使得农业污染物排放增加，农业环境效率下降。

此外，农业劳动力的人力资本水平对农户生产行为方式有重要影响。人力资本可以通过对技术的发明和技术的采纳两个方面对农业环境效率产生影响。首先，农村人力资本水平有利于农业绿色生产技术和生产方式的发明和创造。在中国农业发展的历史过程中，许多生产技术和方式都是在实践中摸索出来的，并且有利于生态环境的保护。人力资本水平高的劳动力更能探索出有利于保护农业生态环境的技术。其次，人力资本水平高的劳动力更容易采纳绿色先进生产技术，同时在采用绿色先进生产技术的效果方面相对人力资本水平低的劳动力更好。此外，以农村教育形成的人力资本可以有效地"黏合"农业绿色生产技术选择与物质资本之间的动态匹配，进而有利于农业生态环境质量的提高[1]。因此农业人力资本水平也会影响农业环境效率。一般来说农业人力资本水平与农业环境效率具有正向关系。

由此可以得到本章的扩展模型：

$$\ln ee_{it} = \alpha + \beta_1 use_{it} + \beta_2 ben_{it} + \beta_3 dis_{it} + \sum_j \varphi_j x_{j,it} + u_i + \varepsilon_{it}$$

$$(4.2)$$

---

[1]　姚增福、唐华俊、刘欣：《要素积累、人力资本与农业环境效率间门槛效应研究——低碳约束下面板门槛模型检验》，《重庆大学学报（社会科学版）》2017年第4期。

其中 $j=1,2,\cdots,7$ 代表 7 个控制变量。

上述模型均未考虑到上一期农业环境效率对当期农业环境效率的影响的前提下来检验农地产权结构对农业环境效率的影响。但事实上,农业环境效率的变化通常是存在一定的路径依赖,即上一期的农业环境效率对当期农业环境效率会产生重要影响,因此农业环境效率的改善是一个缓慢连续的动态变化过程。因此,农业环境效率可能会存在滞后效应,引入农业环境效率的滞后项则可以表示滞后效应对农业环境效率的影响。鉴于此,本章又进一步构建农业环境效率动态面板计量模型:

$$\ln ee_{it} = \alpha + \lambda \ln ee_{it-1} + \beta_1 use_{it} + \beta_2 ben_{it} + \beta_3 dis_{it} + \sum_j \varphi_j x_{j,it} +$$
$$u_i + \varepsilon_{it} \tag{4.3}$$

二、变量说明

1. 被解释变量

农业环境效率:为第三章测度的结果。在第三章中通过构建 Global-DEA 超效率模型和非径向的方向性距离函数,利用 1983—2020 年中国 28 个省份的面板数据测算了环境效率。其中投入要素主要有农业劳动力、土地、化肥、灌溉面积和机械。产出包括期望产出和非期望产出,其中期望产出是以 1980 年价格计算的农业总产值,非期望产出为化肥和农作物固体废弃物所排放出的 TP、TN 和 COD。农业环境效率用 ee 表示。

2. 核心解释变量

农地产权结构:为本书第二章度量的结果。在第二章中利用

"内容实质—主体干预—排他边界"这一逻辑框架对 1983—2020 年农地使用权、农地收益权和农地处置权所组成的农地产权结构进行了度量。其中农地使用权用 use 表示,农地收益权用 ben 表示,而农地处置权用 dis 表示。

3. 控制变量

①农业生产结构(x_1)。农业生产结构为粮食播种面积与农作物播种面积之比。②财政支农比重(x_2)。财政支农的力度对农业环境效率有重要影响。考虑到数据的可得性,参考现有文献,本章用各地财政支出中农业相关支出所占比重来表示财政支农力度。③经济发展水平(x_3)。经济发展水平是用人均 GDP 表示。此外,本章中人均 GDP 是以 1980 年的不变价来表示。④城镇化率(x_4)。大部分文献对城镇化水平的度量是用城市户籍人口与总人口之比,但是随着外出务工的农业劳动力数量的增加,这一比例会大大低估我国的城镇化水平。因此本章采用各地区城镇常住人口与总人口之比,这个比例更能反映改革开放以来我国城镇化水平的状况。⑤收入不平等程度(x_5);考虑到本章的研究对象主要是农业,因此本章参考杜江等(2016)[①]的做法,用城镇居民人均可支配收入与农村居民人均纯收入之比来表示收入不平等程度。⑥农业贸易条件(x_6)。本章参考李谷成(2014)[②]和杜江等(2016)[③]的做法,用农产品生产价格

---

①　杜江、王锐、王新华:《环境全要素生产率与农业增长:基于 DEA-GML 指数与面板 Tobit 模型的两阶段分析》,《中国农村经济》2016 年第 3 期。

②　李谷成:《中国农业的绿色生产率革命:1978—2008 年》,《经济学(季刊)》2014 年第 2 期。

③　杜江、王锐、王新华:《环境全要素生产率与农业增长:基于 DEA-GML 指数与面板 Tobit 模型的两阶段分析》,《中国农村经济》2016 年第 3 期。

指数和农业生产资料价格指数之比来表示农业贸易条件,即农业对工业品贸易条件计算,原因在于农业投入要素的价格与农产品的市场价格对农户的生产积极性有重要影响,从而影响农户的生产决策。⑦农村人力资本水平(x_7)。人力资本测度一般有教育年限法、在校学生比例法、教育经费法和教育回报率为基础的扩展型人力资本法等,各类方法都存在一定的优缺点。本章参考陈仲常和马红旗(2011)的做法,采用教育年限法,即人均受教育程度来衡量人力资本①。农村人力资本的测算表达式为 $hc_{it} = \sum_{i=1}^{K} \alpha_{it} n_{it}$。其中 hc 表示各地区农村人力资本,n_i 表示农村劳动力的受教育年限,其中大专及以上以 15 年计,高中为 12 年,中专为 13 年,初中为 9 年,小学为 6 年,文盲或半文盲考虑其务农经历为 2 年。α_i 为各类教育程度的农村劳动力的比重。通过表达式本章可以计算出样本期各省份农村人力资本总量。

其他控制变量还包括个体虚拟变量、时间虚拟变量和农业环境效率滞后项。

各变量的描述性统计见表 4-1。

表 4-1　变量的描述性统计

变量	变量描述	观测数	均值	标准差	最小值	最大值
ee	农业环境效率	1064	0.6686	0.1147	0.5059	1.1330
use	农地使用权	1064	0.6686	0.1359	0.25	1

---

① 陈仲常、马红旗:《人力资本的离散度、追赶效应与经济增长的关系——基于人力资本分布结构的异质性》,《数量经济技术经济研究》2011 年第 6 期。

续表

变量	变量描述	观测数	均值	标准差	最小值	最大值
ben	农地收益权	1064	0.9817	0.0407	0.0206	0.8333
dis	农地处置权	1064	0.3485	0.1984	0	0.8333
x_1	农业结构	1064	0.7046	0.1126	0.3282	0.957
x_2	财政支农比重	1064	0.0885	0.0317	0.0213	0.1805
x_3	经济发展水平	1064	4194.497	5021.303	290.1602	35843.45
x_4	城镇化率	1064	0.4215	0.1783	0.0902	0.896
x_5	收入不平等程度	1064	2.6091	0.7017	1.0452	5.198
x_6	农业贸易条件	1064	1.0055	0.0904	0.8209	2.1
x_7	农村人力资本	1064	7.4951	1.2909	3.0211	11.87362

资料来源:笔者根据 Stata15.0 计算结果整理得出。

表 4-1 为相关变量的描述性统计。从表 4-1 中可以发现，1983—2020 年间,农业环境效率的均值是 0.6686,最小值是 0.5059,最大值为 1.1330。农村人力资本的平均值为 7.4951 年,最小值为 3.0211 年,最大值为 11.87362 年,财政支农比重的均值为 0.0885,最小值为 0.0213,最大值为 0.1805。人均 GDP 的均值为 4194.5 元,最大值为 35843.5 元,最小值为 290.16 元。这说明各变量均存在显著的差异。

三、样本及数据来源

本章的样本总量共有 1064 个,覆盖了本包含 28 个省(区、市)。由于西藏数据缺失严重,因此本书样本中不包含西藏。为保持口径一致,将 1988 年后海南的数据并入广东,1998 年后重庆的数据并入四川,时间跨度为 1983—2020 年,共 38 年。由此可见本章处理的面板数据的结构为 T 大 N 小。

各地区农业税来自《新中国农业税历程》,集体提留数据来自历年《中国农业年鉴》,其他数据如不做特别说明均来自历年《中国统计年鉴》《中国农村统计年鉴》《改革开放三十年农业统计资料汇编》《新中国五十年统计资料汇编》《新中国六十年统计资料汇编》《中国农业统计资料》以及《(各地区)统计年鉴》。缺失的数据通过插值法予以补齐。本章中价值型变量数据均以 1980 年为基期进行平减以消除价格因素干扰。

四、参数估计方法

相较于短面板而言,长面板的时间跨度更长,从而包含的信息多,因此可以放松扰动项 ε_{it} 独立同分布的假设,但是 ε_{it} 可能会存在异方差与自相关[①]。处理这些问题的方法主要有两类:第一类是使用加入个体虚拟变量的 OLS(即 LSDV)来估计;第二类是先设定异方差或自相关的表达式,采用可行的广义最小二乘估计方法(FGLS)对系数进行全面的估计。其中 LSDV 法是针对扰动项 ε_{it} 存在的组间异方差或组间同期相关问题时的有效方法,而 FGLS 是仅针对扰动项 ε_{it} 存在组内自相关问题,并没有考虑组间异方差或组间同期相关。因此当扰动项 ε_{it} 同时存在上述三个问题时,则应该采用全面的FGLS。但最终用何种方法来估计需要根据组间同期相关、组内异方

---

① 陈强:《高级计量经济学及 Stata 应用》,高等教育出版社 2014 年版,第 141 页。

差和组内自相关的检验结果来确定。考虑到影响农业环境效率不只是农地产权结构和控制变量,以往的农业环境效率的基础状况也会对当前农业环境效率产生影响,即农业环境效率的变动趋势也应考虑进来,因此本章将农业环境效率的滞后项纳入原模型中,这样原模型由静态面板变为动态面板。如果被解释变量的滞后一阶系数接近1,那么应该要使用"偏差校正的 LSDV 法"(LSDVC)。动态面板的偏差在数量级上与 $T-1$ 相当,因此当 T 趋于无穷大时,动态面板的偏差趋向于 0。因此,对于长面板,可考虑使用 LSDVC 法。模特卡罗模拟结果表明,对于 N 小 T 大的长面板数据,无论在偏差大小还是均方误差方面,LSDVC 法都明显优于差分 GMM 或系统 GMM。同时,本书主要是研究农地产权结构对农业环境效率的影响,由于农业环境效率对农地产权结构的反向影响相对较弱,因此本书对由于双向因果关系所造成的内生性问题暂不考虑。

第三节　实证结果分析

一、长面板数据检验

由于长面板的模型中的扰动项 ε_{it} 可能会有异方差和自相关等问题,在对模型进行估计之后需要对这些问题检验[1]。本章采用瓦

---

① Brunno U. S. F. "Approximating the bias of the LSDV estimatior for dynamic unbalanced panel data model", *Economic Letter*, 2005, 87(03), pp. 361-366.

尔德(Wald)检验来考察组间异方差和组内自相关问题,利用弗里德曼(Friedman)、福瑞斯(Frees)和皮萨兰(Pesaran)的方法考察组间同期相关问题。为了确保检验结果的稳健,本章考虑了不放入控制变量和放入控制变量两种情况——分别为模型(1)和模型(2)——来进行检验。检验结果如表4-2所示。从表4-2中可以看出,模型(1)中不放入控制变量时,组间异方差的检验的 P 值为零,显著性水平为1%,拒绝原假设,扰动项中存在组间异方差。模型(2)为放入控制变量,得到的结果与模型(1)是一致的。组内自相关检验中,模型(1)的 P 值也为0,显著性水平也是1%,同理,要拒绝原假设,扰动项中存在组内自相关。模型(2)的结果与模型(1)的结果也是一致的。组间自相关的检验结果与前面两个检验结果基本一致。由这些检验的结果可以发现,加入控制变量或不加入控制变量对模型检验结果并无太大影响,不论是组间异方差、组内自相关还是组间自相关检验均在1%水平上拒绝原假设,因此,可以视为扰动项中存在组间异方差、组内自相关及组间自相关问题,必须采用全面的 FGLS 对模型结果进行估计。

表4-2 相关检验结果

检验内容	检验方法	检验值	模型 1	模型 2
组间异方差	Wald 检验	卡方值	4755.22	3274.88
		P 值	0.0000	0.0000
组内自相关	Wald 检验	卡方值	46.813	40.282
		P 值	0.0000	0.0000

续表

检验内容	检验方法	检验值	模型1	模型2
组间自相关	Pesaran 检验	卡方值	15.037	10.891
		P 值	0.0000	0.0000
	Friedman 检验	卡方值	155.785	121.693
		P 值	0.0000	0.0000
	Frees 检验	卡方值	7.58	4.445
		P 值	0.0000	0.0000

资料来源：笔者根据 Stata15.0 的结果整理而来。

二、实证检验结果

表4-3 显示了农地产权结构影响农业环境效率的实证结果。从模型的估计结果来看，未加入控制变量和加入控制变量的 FGLS 模型相比，总体估计结果中核心变量存在一些差异。同样，比较未加入和加入控制变量的 LSDV 模型和 LSDVC 模型可以发现遗漏控制变量会导致模型估计结果存在一定差异。这说明加入控制变量对总体估计结果会产生较大的影响，因此必须考虑控制变量的影响。此外，进一步将 FGLS 模型与 LSDV 模型结果进行对比，发现核心变量的结果也具有一定差异，其原因应该是 LSDV 模型中对个体效应进行了控制，这说明个体固定效应对模型的估计结果中有比较明显的影响，因此我们需要将个体固定效应考虑进来。同时为了进一步考虑农业环境效率趋势的作用，将农业环境效率的滞后项纳入 LSDVC 模型中。将加入控制变量的 LSDV 模型和 LSDVC 模型进行比较可以发现，二者在核心变量的显著性和符号上的差异不是十

分显著,但是 LSDVC 模型的滞后项系数为 0.987,说明农业环境效率的发展趋势对农业环境效率具有重要影响。根据上述情况可知,当存在固定效应和路径依赖时,LSDVC(2)比其他模型的估计结果更为可靠。与此同时,本书参考李宁(2016)的做法,对农地处分权排他性的赋值敏感性进行了检验,按照"0、0.3、1"和"0、0.7、1"两种方式检验了农地处分权对农业环境效率的影响,估计结果与"0、0.5、1"这种赋权方式基本一致,说明赋权方式的差别对本书估计结果的稳健性没有造成显著影响[①]。这一点与李宁(2016)的结论也是相同的。

从上文的分析可知,LSDVC(2)比其他模型的估计结果更为可靠,因此本章将以 LSDVC(2)的结果为主来进行分析。从 LSDVC(2)中的结果来看,农地使用权排他性的增强对农业环境效率有正向的促进作用,农地使用权排他性提高一个单位,农业环境效率上升7.07%。这一结果与本书提出的理解假设是一致的,表明农地使用权的实证结果证实了理论假设 1。改革开放以来中国农地使用权越来越向农户集中,农地使用权期限由过去的 2—3 年先后延长至 15 年和 30 年,使用权期限的延长能够促使农户对农地的长期投资,进而提高农业环境效率。同时,国家对粮食的强制征购也在逐渐放开,到 2004 年之后国家就开始全面放开粮食的收购市场,农户开始能够自主决定作物种植的种类和面积。因此要提高农业环境效率需要进一步延长农地使用权期限,原因在于环境效率提高需要较长周期的

---

① 限于篇幅,本书未详细列示该结果。

农地投资,有利于促使农户进行农地长期投资,提高农业环境效率。同时要更大力度放开粮食的收购市场,给予农户更多的自由来自主决定农业生产,从而才能提高农户保护农地、改善农业环境效率的积极性。

农地收益权排他性的增强对农业环境效率也具有显著的正向促进作用。农地收益权排他性提高 1 个单位,农业环境效率上升3.15%。在理论假设 2 中本书认为农地收益权对农业环境效率的影响不确定,但是通过实证研究发现农地收益权对农业环境效率具有显著的正向影响。改革开放后中国将农地经营的收益权逐步归还于农户,先后减少和取消农业税和村集体的"三提五统"费用,减轻农户的负担,农户经营土地的收益不断增加。农户收益的增加有利于农户对土地进行投资,这种投资包括长期投资和短期投资。长期投资能够促进农地的长期肥力的提高,促进产出增长的同时,也能降低农业污染物的排放,提高农业环境效率。而短期投资对短期内农业产出有促进作用,但是对农地的长期肥力有不利影响,导致土壤板结,肥力下降,长此以往会使产出下降,同时会增加农业污染物的排放量,对农业环境效率有负向影响。因此农地收益权排他性的增强对农业环境效率的作用决定于这两种方向相反的影响的大小。从本章的结果来看,农地收益权排他性的增强对农地长期投资的影响大于其短期投资,从而使得农地收益权排他性的增强对农业环境效率具有显著的正向影响。

表 4-3 农地产权结构对农业环境效率的实证结果

变量	FGLS(1)	FGLS(2)	LSDV(1)	LSDV(2)	LSDVC(1)	LSDVC(2)
use	-0.1302^{***} (-4.86)	-0.103^{***} (-4.62)	0.353^{***} (5.08)	0.0947^{*} (1.69)	0.0698^{**} (2.34)	0.0707^{**} (2.12)
ben	0.0135^{**} (2.10)	0.0223^{***} (3.39)	0.418^{***} (3.36)	0.105^{*} (1.81)	0.0319 (0.56)	0.0315^{*} (1.67)
dis	0.0621^{**} (2.27)	0.0375^{*} (1.68)	0.161^{*} (1.92)	0.0457 (0.75)	0.0844^{***} (3.73)	0.0824^{***} (3.58)
x_1		-0.270^{***} (-21.95)		-0.468^{***} (-9.27)		-0.00226^{***} (-2.01)
x_2		0.189^{***} (10.55)		0.721^{***} (4.61)		0.0204^{***} (5.16)
x_3		0.0000184^{***} (44.30)		0.000018^{***} (23.11)		0.00000147^{*} (1.89)
x_4		-0.0142^{**} (-2.24)		-0.0535^{*} (-1.68)		-0.00542^{**} (-1.73)
x_5		-0.0219^{***} (-14.90)		-0.0273^{***} (-3.41)		-0.007 (-0.06)
x_6		-0.0159^{***} (-4.30)		0.0162 (0.49)		-0.00467^{***} (-15.18)
x_7		0.0339^{***} (18.08)		0.0842^{***} (7.55)		0.00819^{***} (15.56)
year	0.00278^{**} (2.00)	-0.00323^{***} (-3.65)	0.00463^{**} (2.35)	-0.00366^{**} (-2.06)	-0.000750 (-1.27)	-0.000818 (-0.77)
id	未控制	未控制	已控制	已控制	已控制	已控制
l.lnee	未控制	未控制	未控制	未控制	0.995^{***} (40.35)	0.987^{***} (26.00)
常数项	-5.897^{**} (-2.13)	6.144^{***} (3.49)	-10.05^{***} (-2.59)	7.169^{**} (2.05)		
观测值	1064	1064	1064	1064	1036	1036

注:*、**、***分别表示在10%、5%和1%的水平上显著;括号内为稳健标准误。

农地处置权对农业环境效率的提高有显著促进作用,农地处置权排他性增强1个单位,会导致农业环境效率提高8.24%,这说明更充分的农地处置权能够促进农业环境效率的提高。这一结果也基本证实了本书提出的理论假设3,即农地处置权排他性的增强对农业环境效率具有显著的正向影响。农地处置权包括流转权、抵押权和继承权,农户的流转权、抵押权和继承权的排他性越高,农业环境效率也就越高。原因在于:农户可以自由流转土地,将土地作为抵押品到金融机构进行贷款,会使农户更加重视对土地的维护,提高土地质量,从而提高农业环境效率。

由此可以看出农地产权结构对农业环境效率具有显著影响。其中农地使用权对农业环境效率具有显著的正向影响,农地收益权对农业环境效率有显著的正向促进作用,农地处置权对农业环境效率有显著的正向影响。

从控制变量来看,财政支农比重对农业环境效率的影响显著为正,财政支农比重提高1个单位,农业环境效率提高2.04%。改革开放以来,不论是国家财政还是地方财政,均加大了对农业的支持力度,在农业先进生产技术和机械的发明推广方面给予财政支持,此外还加大力度对农业基础设施进行建设和维护,对农业生态环境保护进行大量的投资,这些支持对农业环境效率的提高具有显著的促进作用。

农业结构对农业环境效率具有显著负向影响,粮食播种面积占比越高,农业环境效率越低。粮食播种面积占比提高1个单位,农业环境效率降低0.226%。原因在于粮食播种面积比重的增加,会加大对化肥等化学投入品的需求,从而导致农业环境效率下降。然而随着人们消费水平的不断提高,消费结构在不断变化,口粮的需求开始下降,进而促使农业生产结构也开始转化,粮食比重开始不断下降,从而促使农业环境效率改善。

城镇化水平对农业环境效率具有显著的负向影响,城镇化水平提高 1 个单位,农业环境效率降低 0.542%。改革开放以来,城镇化和工业化进程不断加快,大量的农业劳动力向非农产业转移,导致农业劳动力数量和质量不断下降。此外,城镇化水平的不断提高,必然导致城市用地不断扩张从而使得大量的农地被侵占。因此农业劳动力和农业用地的不断减少使得农户对劳动节约型技术和土地节约型技术的需求不断上升,这些技术在很大程度上会对农业生态环境造成一定的破坏,如化肥等化学投入品的大量使用。

经济发展水平对农业环境效率具有显著的正向影响,并且经济发展水平提高 1 个单位,农业环境效率提高 0.00015%。说明随着经济发展水平的提高,农业环境效率也会不断上升。其原因在于经济发展水平的提高会对农业绿色生产技术的进步和应用产生促进作用,从而减轻对生态环境的破坏,提高农业环境效率。

农业贸易条件对农业环境效率有显著的负向影响,农业贸易条件提高 1 个单位,农业环境效率降低 0.467%。其原因在于,相对价格是农产品价格与农业生产资料价格之比,这表示农产品的市场价格相对于农业生产资料的价格越高,农户短期经营行为越严重,会加大对污染型投入品如化肥等的使用,这会导致农业生产短期产量提高,但长期而言农业生态环境破坏严重,产出也会下降,从而使得农业环境效率下降。这一结果与理论预期保持一致。

农村人力资本对农业环境效率具有显著的正向影响。农村人力资本的提升不仅有利于提高自身的生产效率,而且能够更好地采用和改良农业生产技术,特别是农业绿色生产技术。改革开放以来,特别是农村九年义务制教育实行以后,农村劳动力素质不断提高,农村人力资本水平大幅提升,从而使得农业劳动力在从事农业生产过程中更多地注重农业的长期经营效率,提高农业绿色生产技术的采用率和实施效果,有利于农业环境效率的提高。在发达国家,农业劳动力的受教育程度与环境效率也是呈正向关系的[1]。

城乡不平等程度对农业环境效率具有负向影响,但是结果不显著。

三、稳健性检验

在上文的分析中,农地产权结构对农业环境效率的回归分析主要是利用不变规模报酬条件下的农业环境效率来进行回归的。接下来将利用可变规模报酬条件下测算的农业环境效率来对农地产权结构影响农业环境效率的结果进行稳健性检验。稳健性检验结果见表4-4。

从表4-4中的结果可以看出,不论是在全面的 FGLS 模型和 LSDV 模型中,还是 LSDVC 模型中,农地产权结构对农业环境效率的影响的结果与表4-3是基本一致的。在全面的 FGLS 模型中,农

---

① Reinhard S., Lovell C. A. K., Thijssen G. J. "Analysis of environmental efficiency variation", *American Journal of Agricultural Economics*, 2002, 84(04), pp. 1054-1065.

地使用权与农业环境效率呈显著负向关系,农地收益权和农地处置权与农业环境效率呈现显著的正向关系,这与表4-3是一致的。而在控制了上一期农业环境效率的影响之后,利用LSDVC模型来进行检验时,我们发现农地使用权排他性、农地收益权和农地处置权排他性的增强对农业环境效率具有显著的正向影响,说明农地使用权、农地收益权和农地处置权排他性的增强有利于促进农业环境效率的提高。这与表4-3是一致的,也符合理论假设的预期。从其他各控制变量的结果来看,其显著性与表4-3也是基本一致的。财政支农比重、经济发展水平和农村人力资本对农业环境效率具有正向影响,而农业贸易条件、城镇化率、收入不平等程度和农业结构对农业环境效率具有负向影响。

表4-4　稳健性检验结果

变量	FGLS(1)	FGLS(2)	LSDV(1)	LSDV(2)	LSDVC(1)	LSDVC(2)
use	-0.255*** (-17.25)	-0.118*** (-7.54)	0.354*** (4.35)	0.132* (1.88)	0.0142*** (9.25)	0.0357** (1.99)
ben	0.0652*** (8.36)	0.0343*** (2.69)	0.424*** (3.40)	0.138** (1.98)	0.0923*** (8.29)	0.0509* (1.78)
dis	0.0371* (1.88)	0.137*** (8.88)	0.169* (1.72)	0.158** (2.09)	0.169*** (4.90)	0.166*** (5.60)
x_1		-0.265*** (-14.92)		-0.290*** (-4.53)		-0.0266* (-1.76)
x_2		0.355*** (10.18)		0.515** (2.30)		0.0463 (0.40)
x_3		0.0000182*** (20.62)		0.0000178*** (14.32)		0.0000037** (2.54)
x_4		-0.0238*** (-3.12)		-0.00234 (-0.08)		-0.0162** (-2.54)

变量	FGLS（1）	FGLS（2）	LSDV（1）	LSDV（2）	LSDVC（1）	LSDVC（2）
x_5		−0. 0448 *** （−14. 96）		−0. 0442 *** （−3. 66）		−0. 00174 （−0. 23）
x_6		−0. 0598 ***		0. 0328		−0. 0464 *
		（−9. 30）		（0. 78）		（−1. 85）
x_7		0. 0508 ***		0. 113 ***		0. 0226 **
		（17. 55）		（6. 23）		（2. 26）
year	0. 00587 *** （10. 20）	−0. 00744 *** （−11. 22）	0. 00475 ** （2. 07）	−0. 0127 *** （−5. 02）	−0. 00119 （−1. 45）	−0. 00449 *** （−3. 08）
id	未控制	未控制	已控制	已控制	已控制	已控制
l.lnee	未控制	未控制	未控制	未控制	0. 843 *** （14. 81）	0. 795 *** （22. 20）
常数项	−12. 04 *** （−10. 53）	14. 41 *** （11. 05）	−10. 05 *** （−2. 59）	7. 169 ** （2. 05）		
观测值	1064	1064	1064	1064	1036	1036

注：* 、** 、*** 分别表示在 10% 、5%和 1%的水平上显著；括号内为稳健标准误。

第四节　本章小结

改革开放以来,我国在不改变土地所有权性质的情况下,农地产权结构经历了持续的调整和优化,国家赋予农户越来越多的土地使用、收益、处置等权能,使农民拥有的土地产权完整性、确定性和稳定性不断增强。本章利用 1983—2020 年中国 28 个省份的面板数据,实证检验了农地产权结构对农业环境效率的影响。主要结论如下:

（1）农地使用权排他性增强对农业环境效率具有显著的正向效

应。农地使用权排他性的提高,能够激励农户对农地的经营行为,加大对农地的长期投资,增加农业产出的同时减少农业污染物的排放,对农业环境效率的提高具有明显的促进作用。

(2)农地收益权排他性的增强对农业环境效率的影响显著为正。农地的收益权排他性的增强一方面可以激励农户增加农地长期投资,提高农业产出,但另一方面也会促使农户追求短期产出收益而加大对化肥、农药的使用,从而使得农业污染物排放有所增加。但是由于农地收益权对长期投资的促进作用大于其对短期投资的促进作用,从而使得农地收益权对农业环境效率具有显著的正向影响。

(3)农地处置权排他性的增强对农业环境效率具有显著促进作用。赋予农户更充分的处置权,使农户能够通过土地流转、抵押等方式,更有效地配置土地资源,促进农业环境效率的提高。各级政府应坚定不移地贯彻国家当前实施的农村土地三权分置改革,落实集体所有权,稳定农户承包权,放活土地经营权,重点稳定农户对土地的使用权即承包权,赋予农户更充分的处置权即土地经营权,进一步完善和优化农地产权结构,激励农户长期投资,促进农业环境效率提高。

(4)控制变量的回归结果显示:农业结构对农业环境效率具有显著影响,粮食播种面积占比下降对农业环境效率提高具有促进作用。财政支农比重上升对农业环境效率具有显著正向影响,说明政府加大对农业的支持力度有利于农业环境效率的改善。经济发展水平对农业环境效率具有显著促进作用,但是系数非常小,说明经济发展水平虽然对农业环境效率能产生促进作用,但是作用不是很大。

农村人力资本水平对农业环境效率具有显著促进作用,说明农村劳动力素质的提高能够提高农业环境效率。此外,农业贸易条件的改善会导致农户追逐短期利益,使得农户加大对化学投入品的使用,从而导致农业环境效率下降。城镇化率的提高对农业环境效率具有显著负向影响,而城乡不平等程度对农业环境效率的影响不显著。

第五章 农地产权结构、农地长期投资与农业环境效率

在上文中我们通过理论和实证研究发现农地产权结构对农业环境效率有显著影响。那么农地产权结构是如何对农业环境效率产生影响的呢？农地产权结构是影响农户生产行为方式的重要制度变量，而农户生产行为方式必然对农业环境效率产生影响。农地长期投资是农户生产行为方式的重要内容。因此,本章首先从理论上分析农地产权结构对农地长期投资的影响以及农地产权结构通过农地长期的投资对农业环境效率的间接影响,然后采用中介效应方法展开研究,结果表明农地产权结构对农业环境效率的影响表现出多维性,既有直接"农地产权结构—农业环境效率"效应,也有通过农地长期投资所体现出的显著中介效应。

农地产权制度作为农业经济制度中最为核心的制度,对农户的生产行为和资源利用方式能够产生决定性影响,进而对农业环境效率产生影响。现有相关研究主要是从以下两个方面来展开的:第一,农地产权对农业增长绩效的影响;第二,农地产权对农业生态环境的影响。

首先,农地产权对农业增长绩效的影响。农地产权制度的变革是中国农业增长的重要来源,许多学者对这一问题展开了深入研究。研究的结论基本一致,即农地产权制度的变革对中国农业增长产生了重要的促进作用[如 Lin(1992)①、黄少安等(2005)]②。但是这些研究大多是把农地产权制度作为一个单一的整体来进行分析的,而随着农地产权制度改革的推进,农地产权内部结构不断丰富,因此部分学者从农地产权结构的视角出发,研究了农地产权制度内部结构安排对农业产出绩效的影响[如冀县卿和钱忠好(2009)③、(2010)④、李宁等(2017)⑤]。

其次,农地产权对农业生态环境的影响。随着农业生态环境的恶化,农地产权对农业生态环境的作用开始逐渐引起人们的关注。但是,目前这方面的研究主要是从定性层面来分析的。他们认为农地产权制度的安排会影响农户的生产行为方式,而这些生产行为方式正是现有农业生态环境问题日益严重的主要原因[如林卿(1996)⑥、王跃生(1998)⑦]。农地产权主体虚化、农村土地固定的均分性、农地使用权的非排他性和产权结构的单一性等导致了农户

---

① Lin JY. "Rural reforms and agricultural growth in China", *American Economic Review*, 1992,82(01), pp.34-51.

② 黄少安、孙圣民、宫明波:《中国土地产权制度对中国农业经济增长的影响》,《中国社会科学》2005 年第 3 期。

③ 冀县卿、钱忠好:《中国农业增长的源泉:基于农地产权结构视角的分析》,《管理世界》2010 年第 11 期。

④ 冀县卿、钱忠好:《农地产权结构变迁与中国农业增长:一个经济解释》,《管理世界》2009 年第 1 期。

⑤ 李宁等:《农地产权结构、生产要素效率与农业绩效》,《管理世界》2017 年第 3 期。

⑥ 林卿:《试论农地产权制度与生态环境》,《中国土地科学》1996 年第 2 期。

⑦ 王跃生:《制度因素与中国农业的环境生态问题》,《经济学家》1998 年第 2 期。

土地经营的短视行为从而使得生态环境问题日益严重。合理的农地产权制度能够促进产权主体对土地生产力的保护和培养。它的作用不仅表现为其对经济增长的促进,而且表现为它对人们自觉保护和努力改善生态环境的激励导向上。

这些研究为本书分析农地产权结构与农业环境效率之间的关系提供了丰富的理论基础,但是现有研究仍存在几点不足之处:第一,学者们或是单独研究农地产权对农业产出绩效的影响,或是研究农地产权对农业生态环境的影响,很少有文献将二者结合起来;第二,学者们对农地产权与农业产出绩效的研究大多是将农地产权作为一个单一的整体,很少从农地产权的内部结构的视角来分析;第三,现有研究对农地产权制度对农业生产绩效的影响研究较多,但是对农地产权制度影响农业生产绩效的机制研究较少。为此,本书将从以下几个方面进行补充:首先,本书考察了农地产权与农业环境效率的关系,既考虑了经济绩效也考虑了环境绩效。其次,本书从农地产权内部结构的视角,考察了农地产权结构演进对农业环境效率的影响。最后,本书从理论和实证上分析了农地产权结构对农地长期投资以及农地产权结构通过农地长期投资对农业环境效率的影响。

第一节　农地产权结构、农地长期投资对农业环境效率的影响机理

土地作为农业生产和农业生态环境中最重要的要素之一,维系

着其他资源的存在和形成。而农地产权制度是对农地的所有权、使用权、收益权和处置权等一束权利的安排,这些权利的安排就构成了农地产权结构,因此农地产权结构是农地产权制度的重要内容。农地产权结构能够影响农户对农地的长期投资,而农户对农地的长期投资又会对农业生产和农业生态环境造成影响,从而对农业环境效率产生影响。

一、农地产权结构对农地长期投资的影响

家庭联产承包责任制的推行对 1978—1984 年期间中国农业快速增长起到了关键作用,但由于制度改革红利的逐渐释放,农业增长在 20 世纪 80 年代后期开始放缓。要进一步释放中国农业的增长潜力需要依靠农业投资的增加[1]。因此许多学者开始关注农户投资的影响因素。农地产权制度作为农业经济制度中最核心的制度,对农户的投资行为具有决定性作用[2]。农地产权产生投资激励效应和资源配置效应[3]。农地产权主要是通过地权稳定性、农地的抵押权和土地交易权三种途径对农户投资产生激励[4][5]。

---

① 林毅夫:《制度技术与中国农业发展》,上海人民出版社 1994 年版,第 98 页。

② Jin S., Deininger K. "Land rental markets in the process of rural structural transformation: productivity and equity impacts from China", *Journal of Comparative Economics*, 2009, 37 (04), pp. 629-646.

③ 马贤磊:《农地产权安全性对农业绩效影响:投资激励效应和资源配置效应——来自丘陵地区三个村庄的初步证据》,《南京农业大学学报(社会科学版)》2010 年第 4 期。

④ Besley T. "Property rights and investment incentives: theory and evidence from Ghana", *Journal of Political Economics*, 1993, 103(05), pp. 903-937.

⑤ Fenske J. "Land tenure and investment incentives: evidence from west African", *Journal of Development Economics*, 2011, 95(02), pp. 137-156.

　　首先,稳定排他的农地使用权能够促使农户加大对土地的长期投资。发展经济学关注的一个重要问题就是农地使用权与农业投资的关系问题①②③,大量研究认为稳定排他的农地使用权对激励农户在提高土壤肥力等方面的长期投资具有显著的促进作用[如 Feder 等(1987)④、Besley(1993)⑤、Deininger 和 Jin(2006)⑥、Abdulai(2011)⑦]。费德(Feder,1992)通过研究发现农地产权的稳定排他性对农地长期投资回报率有正向影响⑧。李等(Li et al, 1998)利用河北省的调研数据进行理论和实证研究发现,农地的承包期越长,使用权越稳定,对农户的生产决策影响越大,主要体现在对农户施用农家肥的激励作用上⑨。郜亮亮等(2013)利用全国农户追踪数据考察

① 郜亮亮等:《中国农地流转市场的发展及其对农户投资的影响》,《经济学(季刊)》2011 年第 4 期。

② 许庆、章元:《土地调整、地权稳定性与农民长期投资激励》,《经济研究》2005 年第 10 期。

③ Gebremedhin B., Swinton S. M. "Investment in soil conservation in northern Ethiopia: the role of land tenure security and public program", *Agricultural Economics*, 2002, 29(01), pp. 69–84.

④ Feder G., Lau L. J., Lin J. Y., Luo X. "The Determinants of Farm Investment and Residential Construction in Post-reform in China", *Economic Development and Cultural Change*, 1992, 41(01), pp. 1–26.

⑤ Besley T. "Property rights and investment incentives: theory and evidence from Ghana", *Journal of Political Economics*, 1993,103(05), pp. 903–937.

⑥ Deininger K., Jin S. "Tenure security and land-related Investment: Evidence from Ethiopia", *European Economic Review*, 2006, 50(05), pp. 1245–1447.

⑦ Abdulai A., Owusu V., Goetz R. "Land tenure differences and investment in land improvement measures: Theoretical and empirical analyses", *Journal of Development Economics*, 2011,96(01), pp. 66–78.

⑧ Feder G., Lau L. J., Lin J. Y., Luo X. "The Determinants of Farm Investment and Residential Construction in Post-reform in China", *Economic Development and Cultural Change*, 1992, 41(01), pp. 1–26.

⑨ Li G., Rozelle S., Brandt L. "Tenure, Land Rights, and Farmer Investment Incentives in China", *Agricultural Economics*, 1998,19(01), pp. 63–71.

了农地使用权预期与农户在土地上的长期投资二者之间的关系①。结果表明,农地使用权预期由"不好"变为"好"会使其施用有机肥的概率提高 7 个百分点,用量则每公顷增加 1.18 吨。这些研究以农家肥或有机肥作为农地长期投资的代理变量,发现农地使用权的稳定排他性对农地长期投资有正向影响。而农地长期投资还包括农业生态保护项目和土壤保护技术方面的投资。饶芳萍等(2016)利用新疆农户调查数据考察了农地产权安全性对农户参与生态保护项目的影响②。他们发现承包地产权越安全,农户参与林果套种这一生态环保项目的积极性越高。阿卜杜拉伊等(Abdulai 等,2011)通过建立农地产权安排与农户在土壤改良和保护措施方面的投资之间的理论联系,并利用加纳的布朗阿哈福地区的地块层面的数据和多元概率模型检验了农地产权安排对农业生产率提高和土壤保护技术方面的投资的影响③。理论和实证均表明土地所有制的差异显著影响了农户在土壤改良和保护方面的投资决策,并且产权稳定性有利于提高农业生产率。农地确权通过地权安全性、地权可交易性和信贷可得性促进农户农业投资④。胡雯等(2020)研究发现产权稳定改善了农户配置农地要素的灵活性,转入农地的农户更倾向于长期化投资,

① 邹亮亮、冀县卿、黄季焜:《中国农户农地使用权预期对农地长期投资的影响分析》,《中国农村经济》2013 年第 11 期。

② 饶芳萍、马贤磊、石晓平:《土地产权安全性对生态友好型农业项目增收绩效的影响——以新疆林果套种项目为例》,《南京农业大学学报(社会科学版)》2016 年第 6 期。

③ Abdulai A., Owusu V., Goetz R. "Land tenure differences and investment in land improvement measures: Theoretical and empirical analyses", *Journal of Development Economics*, 2011, 96(01), pp. 66-78.

④ 林文声、秦明、王志刚:《农地确权颁证与农户农业投资行为》,《农业技术经济》2017 年第 12 期。

转出农地的农户短期化投入更显著①。曼卡蕾等(Macary 等,2010)利用越南北部山区的调查数据检验了越南通过为农户颁发的可交换、可抵押的土地使用权证书而实行的土地产权制度改革对农户在采用水土保持种植技术决策方面的影响②。研究结果表明,正式的土地使用权证书的颁布对农户采用水土保持种植技术有正向影响。洛沃(Lovo,2015)利用马拉维地块层面的大数据建立了线性概率模型,发现由于非正式短期产权合约和传统的性别偏好的继承惯例所导致的产权不稳定对农户在土壤保护投资方面有负向影响③。因此不论是以施用农家肥或有机肥还是农业生态保护技术和项目作为农地长期投资的代理变量,农地使用权的稳定排他性的提高均能促进农地长期投资的增加,而农地使用权的不稳定则会导致农地长期投资的减少(郑淋议等,2021)④。地块面积小会缺乏抵押价值,农地确权颁证对特定地块投资产生消极作用⑤⑥。

其次,除了农地使用权对农地长期投资会产生影响之外,农地处

---

① 胡雯、张锦华、陈昭玖:《农地产权、要素配置与农户投资激励:"短期化"抑或"长期化"》,《财经研究》2020年第2期。

② Saint-Macary C., Keil A., Zeller M., et al. "Land titling policy and soil conservation in the northern uplands of Vietnam", *Land Use Policy*, 2010,27(02), pp. 617-627.

③ Lovo S. "Tenure Insecurity and Investment in Soil Conservation. Evidence from Malawi", *World Development*, 2016,78, pp. 219-229.

④ 郑淋议等:《新一轮农地确权对耕地生态保护的影响——以化肥、农药施用为例》,《中国农村观察》2021年第6期。

⑤ Jacoby H. G., Li G., Rozelle S. "Hazards of Expropriation: Tenure Insecurity and Investment in Rural China", *American Economic Review*, 2002, 92(05), pp. 1420-1447.

⑥ Gerezihar K., Tilahun M. "Impacts of parcel-based second level landholding certificates on soil conservation investmentin Tigrai, Northern Ethiopia", *Journal of Land and Rural Studies*, 2014,2(02), pp. 249-260.

置权也会对农地长期投资产生影响。农地的处置权包括流转权、继承权和抵押权。在 20 世纪 90 年代后期,随着中国农地流转市场不断扩大,农地规模经营和农业生产要素配置得到极大改善的同时,农户在自家地和流转地的投资也出现了变化,从而使得土壤肥力也呈现出差异。俞海等(2003)通过建立土壤肥力变化的社会经济和政策影响因素模型,利用社会经济调查数据研究发现,在农户之间存在的未签订正式合同的农地流转会导致农地长期肥力的下降,但对其短期肥力没有影响①。郜亮亮等(2011)基于 2000 年和 2008 年农户追踪调查数据,实证检验了农地流转市场发展对农户投资的影响②。研究发现,进行土地转入的农户在自家承包地和转入地上的投资不论是投资概率还是投资总量都存在较大的差别。与在转入地施用有机肥的概率相比,农户在自家承包地施用有机肥的概率要高出20%。同时,与在转入的土地施用有机肥的总量相比,农户在自家承包地施用有机肥的总量也要更高。但是他们也发现,农户在自家承包地和转入地上施用有机肥的差别会随时间而缩小,其原因在于过去十多年中,由于《农村土地承包法》等相关法律法规的颁布,转入地在使用权上的稳定性也在逐渐提高。加快农地使用权的确权、登记和颁证,推动农地流转合同的签订,提高农地流转的规范性,这些政策有利于稳定农地使用权,进而对农户在农地上的长期投资具有正向的促进作用。郜亮亮和黄季焜(2011)利用 2000 年和 2008 年中

---

①　俞海等:《地权稳定性、土地流转与农地资源持续利用》,《经济研究》2003 年第 9 期。

②　郜亮亮等:《中国农地流转市场的发展及其对农户投资的影响》,《经济学(季刊)》2011 年第 4 期。

国 6 省农户调查书,检验了不同类型的转入农地对农户农地长期投资的影响①。理论分析认为,目前的转入农地分为从亲属转入和从非亲属转入两类,而这两类农地在使用权稳定性上存在差异,前者的稳定性显著高于后者,这意味着农户在前者的长期投资的收益可以完全收回,因此农户会在前者维持较高的长期投资水平,而在后者则不会进行较多的长期投资。实证结果表明,与从非亲属转入的农地相比,农户在从亲属转入的农地上施用的有机肥的概率和数量都要高得多。这再次突显了规范有序的农地流转进而形成稳定的农地使用权对农户长期投资的重要性。因此,规范的、期限更长的农地流转合同有利于促进农户在转入的农地上进行长期的投资。

最后,农地收益权排他性越高,表明农户能够从农地收益中获得的部分越多。农户获得收益越多将会激发农户更多地进行长期投资。

此外,除了农地产权结构对农地长期投资会产生影响之外,农户的收入状况以及农村劳动力受教育程度对农地长期投资也会产生作用[郜亮亮等(2013)②、饶芳萍等(2016)③]。农村居民收入水平越高,就会促使农户增加对农地的长期投资和短期投资。而农村劳动力受教育程度越高,即农村人力资本水平越高,农户越注重对农地的长期投资。

---

① 郜亮亮、黄季焜:《不同类型流转农地与农户投资的关系分析》,《中国农村经济》2011 年第 4 期。

② 郜亮亮、冀县卿、黄季焜:《中国农户农地使用权预期对农地长期投资的影响分析》,《中国农村经济》2013 年第 11 期。

③ 饶芳萍、马贤磊、石晓平:《土地产权安全性对生态友好型农业项目增收绩效的影响——以新疆林果套种项目为例》,《南京农业大学学报(社会科学版)》2016 年第 6 期。

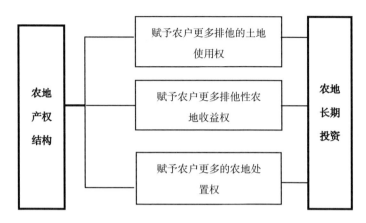

图 5-1　农地产权结构对农地长期投资的影响

农地产权结构对农地长期投资的具体作用机制如图 5-1 所示。本章的关注重点之一是农地产权结构对农地长期投资的影响,根据上述理论分析提出假设 1。

假设 1:农地产权结构对农地长期投资具有正向促进作用,具体来看,农地使用权、收益权和处置权排他性的增强对农地长期投资具有正向促进作用。

二、农地产权结构、农地长期投资与农业环境效率的传导机制

随着工业化和城镇化进程的加快,大量农业劳动力向非农产业转移,导致农业劳动力短缺,农业生产越来越多地使用劳动节约型技术,对农业生态环境造成严重破坏,农业环境效率不断下降。而农地产权制度改革的不断推进,在一定程度上保证了农户收益的稳定和安全,从而激发农户引进先进的绿色生产技术,保护农业生态环境,

163

提高农业长期产出绩效,能够直接提高农业环境效率。

农地产权结构不只是存在上文所述的直接影响,也会通过影响农地长期投资进而对农业环境效率的间接影响。农地产权结构中农地使用权、收益权和处置权均对农地长期投资产生影响,而农地长期投资又会通过影响农业产出和农业生态环境,进而影响农业环境效率。农户对农地进行投资必然会促进农业产出的增加。当农户加大对农地的长期投资会促进农业长期产出的增加。此外,农户对农地的长期投资也会有利于农业生态环境的改善和保护。黄季焜和冀县卿(2012)利用中国科学院农业政策研究中心的全国随机抽样农户调查数据,发现在2000—2008年期间土地确权对农地使用权的稳定排他性有正向促进作用,并且能够促使农民对土地进行长期投资,这有助于提高耕地的肥力和农业可持续发展[1]。马贤磊(2009)采用江西省的调查数据进行实证研究,结果发现稳定排他的农地产权可以促使农户自发地采用有利于土壤肥力提高的投资行为,这在较大程度上可以促进农地的可持续利用[2]。图5-2为农地产权结构、农地长期投资对农业环境效率的作用机制。在上述分析的基础上本章进一步提出假设2。

假设2:农地产权结构对农业环境效率具有直接影响的同时通过农地长期投资对农业环境效率产生间接影响。

---

[1] 黄季焜、冀县卿:《农地使用权确权与农户对农地的长期投资》,《管理世界》2012年第9期。

[2] 马贤磊:《现阶段农地产权制度对农户土壤保护性投资影响的实证分析——以丘陵地区水稻生产为例》,《中国农村经济》2009年第10期。

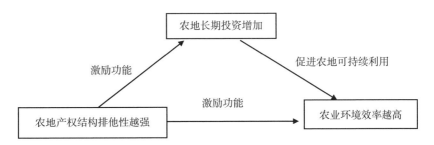

图 5-2　农地产权结构提高农业环境效率的传导机制

第二节　方法说明、模型设计与数据来源

一、中介效应方法

本章拟借助中介效应模型来进行检验农地产权结构对农业环境效率的中介影响。中介效应模型表明，若把解释变量 X 对被解释变量 Y 的影响能够拆分成 X 对 Y 的直接影响，还能拆分成通过中间变量 M 对 Y 的间接影响，则称 M 就是中介变量。中介变量是解释变量对被解释变量发生间接作用的中间媒介，它是一种内部机制[①]。由此可以看出，中介效应所表达的传导机制，正好与本章理论分析部分相一致，因此本章通过测试中介效应对理论分析部分进行检验。

---

① Baron R. M., Kenny D. A. "The moderator-mediator variable distinction in social psychological research: conceptual, strategic and statistical considerations", *Journal of Personality and Social Psychology*, 1986,51(06), pp. 1173-1182.

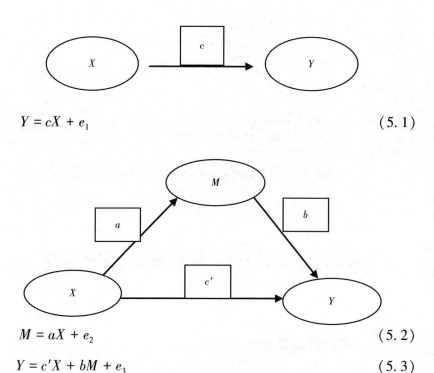

$$Y = cX + e_1 \tag{5.1}$$

$$M = aX + e_2 \tag{5.2}$$

$$Y = c'X + bM + e_3 \tag{5.3}$$

图 5-3　中介变量图

假设存在三个变量并且对三个变量都进行了中心化处理。对于中介变量与其他相关变量之间的关系,可以用图 5-3 的路径图和相应的方程(5.1)—(5.3)式来表示。

在(5.3)式中,如果解释变量 X 对被解释变量 Y 的直接影响不显著,那么 M 被称为"完全中介";如果解释变量 X 对被解释变量 Y 的直接影响显著,且存在中介效应,则称为"部分中介"。上图中,c 为 X 对 Y 的总效应,ab 是解释变量 X 通过中介变量 M 对被解释变量 Y 的中介效应,c' 是直接效应。如果存在中介效应,那么中介效应的大小为 ab。

有学者提出了一个非常实用的中介效应检验方法,它可以控制中介效应犯第一类错误的小概率和第二类错误的效率,还能同时检验部分中介效应和完全中介效应[①]。本章参照这一方法对农地产权结构、农地长期投资和农业环境效率的中介效应进行检验。图5-4为中介效应检验步骤。

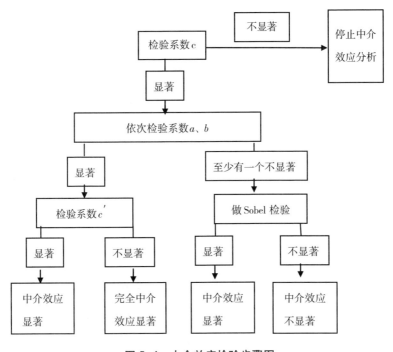

图5-4 中介效应检验步骤图

具体步骤如下:首先构造解释变量 X 对被解释变量 Y 的回归方程(5.1)式,检验 X 的系数 c 是否显著。如果 X 的系数 c 不显著,则表明解释变量 X 和被解释变量 Y 之间没有稳定关系,中介效

① 温忠麟等:《中介效应检验程序及其应用》,《心理学报》2004年第2期。

应也无从谈起;如果 X 的系数 c 显著,则进行第二步检验,即构建解释变量 X 对中介变量 M 的回归方程(5.2)式,以及解释变量 X 和中介变量 M 对被解释变量 Y 的回归方程(5.3)式,检验中介效应是否存在。如果方程(5.2)式和(5.3)式中的 X 的系数 a 和 c' 都显著,且方程(5.3)式中变量 M 的系数 b 显著,则为部分中介效应;若方程(5.2)中 X 的系数 a 显著,方程(5.3)中 M 的系数 b 显著但 X 的系数 c' 不显著,则称为完全中介效应。第三步为索贝尔检验(Sobel Test),通过构建统计量 $S_{ab} = \sqrt{\hat{a}^2 S_b^2 + \hat{b}^2 S_a^2}$ 可以求出统计量 $Z = \hat{a}\hat{b}/S_{ab}$, $Z \sim N(0,1)$。其中 $\hat{a}$ 和 $\hat{b}$ 为系数 a 和 b 的拟合值, S_a 和 S_b 为 $\hat{a}$ 和 $\hat{b}$ 的标准误。将统计量 Z 与临界值进行对比,若统计量 Z 大于临界值,那么中介效应是显著的。若统计量 Z 小于临界值,则中介效应不显著。

二、模型设定

1. 农地产权结构影响农地长期投资的模型

结合上文的理论分析,根据农地产权结构对农地长期投资影响机制和农地长期投资的影响因素,本章构建如式(5.4)所示的农地长期投资分析模型来检验假设1:

$$\ln invt_{it} = \alpha + a_1 use_{it} + a_2 ben_i t + a_3 dis_{it} + \beta_1 ruin_{it} + \beta_2 hc_{it} + u_i + \varepsilon_{it}$$

$$(5.4)$$

上式中,被解释变量 $invt$ 表示农地长期投资,在现有文献中,大部分研究用农家肥或有机肥的施用量或支出来表示农地长期投资,因为农家肥和有机肥都能提高农地的长期肥力,其肥力可以持续4—5 年[1][2],并且有机肥和农家肥大多是农户自己收集和在农地上投入的长期投资,在较大程度上反映了农户的生产行为方式,对农地产权制度的投资效应可以做出客观真实地评价[3]。因此本章以农家肥来代表农地长期投资,以强化本章所强调的农户对农地的"长期投资行为"。虽然类似于修渠、打井等农业投资行为具有长期性特征,但这些行为大多是在政府的主导之下开展的,因而带有公共支出的性质,不能反映农户的投资行为[4]。本章也是参考现有文献,用亩均农家肥费用表示。由于该变量也含有价格因素,本章利用农业生产资料价格指数对其进行平减得到以 1980 年为不变价的亩均农家肥费用。u_i 代表不随时间变化的个体效应标准差;ε_{it} 为随时间变化的干扰项标准差;$i = 1, 2, \cdots, 28$ 代表中国 28 个省(区、市);t 代表年份。

农地产权结构是本章关注的重点解释变量,农地产权结构包括农地使用权(use)、农地收益权(ben)和农地处置权(dis)。在第二章对农地使用权、农地收益权和农地处置权的度量有详细的介绍。

$ruin$ 表示农村居民收入水平。农村居民收入水平越高,就会促使农户增加对农地的长期投资和短期投资。该指标是用农村居民人

①　郜亮亮、冀县卿、黄季焜:《中国农户农地使用权预期对农地长期投资的影响分析》,《中国农村经济》2013 年第 11 期。

②　Jacoby H. G., Li G., Rozelle S. "Hazards of Expropriation: Tenure Insecurity and Investment in Rural China", *American Economic Review*, 2002, 92(05), pp. 1420-1447.

③　郜亮亮等:《中国农地流转市场的发展及其对农户投资的影响》,《经济学(季刊)》2011 年第 4 期。

④　赵阳:《对农地再分配制度的重新认识》,《中国农村观察》2004 年第 4 期。

均纯收入表示,并以农村居民消费价值指数进行平减为 1980 年的不变价格表示的农村居民人均纯收入。

hc 为农村人力资本。农村人力资本水平越高,农户对农地的长期投资会增加,对短期投资会减少。人力资本测度一般有教育年限法、在校学生比例法、教育经费法和教育回报率为基础的扩展型人力资本法等,各类方法都存在一定的优缺点。本章参考陈仲常和马红旗(2011)的做法,采用教育年限法,即人均受教育程度来衡量人力资本[①]。农村人力资本的测算表达式为 $hc_{it} = \sum_{i=1}^{K} \alpha_{it} n_{it}$。其中 hc 表示各地区农村人力资本,n_{it} 表示农村劳动力的受教育年限,其中大专及以上以 15 年计,高中为 12 年,中专为 13 年,初中为 9 年,小学为 6 年,文盲或半文盲考虑其务农经历为 2 年。α_{it} 为各类教育程度的农村劳动力的比重。通过表达式本章可以计算出样本期各省份农村人力资本总量。

2. 农地产权结构、农地长期投资与农业环境效率的中介效应模型

由于本章主要是研究农地产权结构通过农地长期投资对农业环境效率的中介效应,因此本章根据上述中介效应的检验方法来构建模型。参照余东华和孙婷(2017)的方法,本章利用 1983—2020 年中国 28 个省份的面板数据进行检验[②]。其检验方程的形式为:

[①] 陈仲常、马红旗:《人力资本的离散度、追赶效应与经济增长的关系——基于人力资本分布结构的异质性》,《数量经济技术经济研究》2011 年第 6 期。

[②] 余东华、孙婷:《环境规制、技能溢价与制造业国际竞争力》,《中国工业经济》2017 年第 5 期。

$$\ln ee_{it} = \alpha + c_1 use_{it} + c_2 ben_{it} + c_3 dis_{it} + \sum_j \varphi_j x_{j,it} + u_i + \varepsilon_{it} \quad (5.5)$$

$$\ln invt_{it} = \alpha + a_1 use_{it} + a_2 ben_{it} + a_3 dis_{it} + \beta_1 ruin_{it} + \beta_2 hc_{it} + u_i + \varepsilon_{it}$$

$$(5.6)$$

$$\ln ee_{it} = \alpha + c'_1 use_{it} + c'_2 ben_{it} + c'_3 dis_{it} + b_1 invt_{it} + \sum_j \varphi_j x_{j,it} +$$

$$u_i + \varepsilon_{it} \quad (5.7)$$

其中模型(5.5)为农地产权结构对农业环境效率的影响,模型(5.6)为农地产权结构对农地投资的影响,模型(5.7)为农地产权结构、农地长期投资对农业环境效率的影响。在中介效应模型中,X 为农地产权结构中的使用权、收益权和处置权,Y 为农业环境效率;中介变量 M 是农地长期投资,c_1、c_2、c_3 分别是使用权、收益权和处置权对农业环境效率的总效益,$a_1 \times b_1$、$a_2 \times b_1$、$a_3 \times b_1$ 分别是农地使用权、农地收益权和农地处置权通过中介变量农地长期投资传导的中介效应,c_1'、c_2' 和 c_3' 分别为农地使用权、收益权和处置权对农业环境效率的直接效应。

在模型(5.7)中,被解释变量为农业环境效率,用 ee 表示;解释变量为农地产权结构,包括农地使用权、收益权和处置权,分别用 use、ben 和 dis 表示;中介变量为农地投资,用 $invt$ 表示,在本章中农地长期投资用农家肥的亩均费用表示;其他影响农业环境效率的因素包括农业结构(x_1)、财政支农比重(x_2)、经济发展水平(x_3)、城镇化水平(x_4)、农业贸易条件(x_5)和农村人力资本(x_6),这些变量在本书第四章有详细说明,这里不再赘述。

表5-1为相关变量的描述性统计。从表 5-1 中可以发现,

1983—2018 年间,农业环境效率的均值是 0.6686,最小值是 0.5059,最大值为 1.1330。农村人力资本的平均值为 7.4951 年,最小值为 3.0211 年,最大值为 11.87362 年,财政支农比重的均值为 0.0885,最小值为 0.0213,最大值为 0.1805。人均 GDP 的均值为 4194.5 元,最大值为 35843.5 元,最小值为 290.16 元。农地长期投资的均值为 3.5710 元,最小值为 0.013 元,最大值为 12.5785 元。这说明各变量均存在显著的差异。

表 5-1　变量的描述性统计

变量	变量描述	观测数	均值	标准差	最小值	最大值
ee	农业环境效率	1064	0.6686	0.1147	0.5059	1.1330
use	农地使用权	1064	0.6686	0.1359	0.25	1
ben	农地收益权	1064	0.9817	0.0407	0.0206	0.8333
dis	农地处置权	1064	0.3485	0.1984	0	0.8333
$invt$	农地长期投资(元)	1064	3.5710	2.1870	0.0130	12.5785
$ruin$	农村人均纯收入	1064	3400.65	3714.48	213	23373.39
x_1	农业结构	1064	0.7046	0.1126	0.3282	0.957
x_2	财政支农比重	1064	0.0885	0.0317	0.0213	0.1805
x_3	经济发展水平	1064	4194.497	5021.303	290.1602	35843.45
x_4	城镇化率	1064	0.4215	0.1783	0.0902	0.896
x_5	收入不平等程度	1064	2.6091	0.7017	1.0452	5.1985
x_5	农业贸易条件	1064	1.0055	0.0904	0.8209	2.1
$x_6(\text{hc})$	农村人力资本	1064	7.4951	1.2909	3.0211	11.87362

资料来源:根据 Stata15.0 统计软件计算整理。

三、数据来源

本章的研究样本为 28 个省份 1983—2020 年共 38 年的数据,合计样本量为 1064。本章处理的面板数据结构为 T 大 N 小。本章新增的变量主要是农地长期投资和农村居民人均纯收入,这个变量的数据来源于《新中国 60 年统计资料汇编》《(各省份)统计年鉴》和《全国农产品成本收益资料汇编》。其他数据如不做特别说明均来自历年《中国统计年鉴》《中国农村统计年鉴》《改革开放三十年农业统计资料汇编》《新中国五十年统计资料汇编》《中国农业统计资料》以及《(各地区)统计年鉴》。缺失的数据通过插值法予以补齐。本章中价值型变量数据均以 1980 年为基期进行平减以消除价格因素干扰。

第三节　实证结果分析

一、长面板数据检验

由于本章使用的数据是 1983—2020 年中国 28 个省份的面板数据,该数据结构为 N 小 T 大的长面板。而长面板模型中的扰动项可能存在异方差和自相关等问题,在对模型进行估计之后需要对这些问题开展检验。本章利用沃尔德检验来考察是否存在组间异方差和组内自相关,利用 Friedman、Frees 和 Pesaran 提供的方法来检验是否存在组间同期相关。最终检验结果见表5-2。

表5-2　相关检验结果

检验内容	检验方法	检验值	模型1	模型2
组间异方差	Wald 检验	卡方值	4446.33	9623.55
		P 值	0.0000	0.0000
组内自相关	Wald 检验	卡方值	21.897	131.417
		P 值	0.0000	0.0000
组间自相关	Pesaran 检验	卡方值	15.037	10.891
		P 值	0.0000	0.0000
	Friedman 检验	卡方值	155.785	121.693
		P 值	0.0000	0.0000
	Frees 检验	卡方值	7.58	4.445
		P 值	0.0000	0.0000

资料来源：根据 Stata15.0 统计软件计算整理。

如表5-2所示，模型（1）为农地长期投资方程，模型（2）为农业环境效率方程。从表5-2中可以看出，不论是组间异方差、组内自相关，还是组间自相关，它们的检验结果均表明，检验结果均在1%水平上拒绝原假设。这说明扰动项中同时存在以上三个问题，因此本书最终选用全面 FGLS 对模型结果进行估计，同时利用 LSDV 进行稳健性检验。考虑到农业环境效率和农地长期投资不仅受到农地产权结构及其他控制变量的影响，而且会受到上期农业环境效率和农地长期投资变动趋势的影响，因此本章将农业环境效率和农地长期投资的滞后项纳入原模型中，这样原模型由静态面板变为动态面板。如果被解释变量的滞后一阶系数接近1，那么应该要使用偏差矫正

LSDVC 法。

二、模型估计结果分析

1. 农地产权结构对农地长期投资影响的回归分析

采用农地长期投资分析方程,即(5.4)式,分析农地产权结构对农地长期投资的影响,回归结果见表5-3。

表5-3　农地产权结构对农地长期投资的影响

	（**1**）	（**2**）	（**3**）
	FGLS	LSDV	LSDVC
use	−0.0313*	0.0304**	0.0392*
	（−1.72）	（2.34）	（1.93）
ben	0.0489	0.0848**	0.0242**
	（0.84）	（2.21）	（2.07）
dis	0.172***	0.271***	0.103**
	（2.80）	（4.38）	（2.18）
ruinc	−0.0000102**	−0.0000278**	−0.0000445***
	（−2.36）	（−2.48）	（−4.62）
hc	0.0560***	0.266***	0.110**
	（3.30）	（4.16）	（2.35）
year	−0.0414***	−0.0532***	−0.0137**
	（−14.50）	（−6.06）	（−2.35）
l.ln*invt*	未控制	未控制	0.845***
			（40.38）
常数项	83.30***	106.3***	
	（14.91）	（6.22）	

续表

	（1）	（2）	（3）
	未控制	已控制	已控制
id			
N	1064	1064	1036

注：* 、** 、*** 分别表示在10%、5%和1%的水平上显著；括号内为稳健标准误。

　　表5-3中，方程（1）是利用全面的FGLS法对农地产权结构与农地长期投资的回归，方程（2）是利用LSDV法对农地产权结构与农地长期投资的回归，方程（3）是用LSDVC法对农地产权结构与农地长期投资的影响。同样，将FGLS模型与LSDV模型结果进行对比，发现核心变量的结果具有一定差异，其原因应该是LSDV模型中对个体效应进行了控制，这说明个体固定效应对模型的估计结果中有比较明显的影响，因此我们需要将个体固定效应考虑进来。同时为了进一步考虑农地长期投资趋势的影响，需要将农地长期投资的滞后项纳入LSDVC模型中。将LSDV模型和LSDVC模型进行比较可以发现，二者在核心变量的方向和显著性上存在较为明显的差别，并且后者的滞后项的系数为0.845，这说明农地长期投资的前期基础对农地长期投资有重要影响。根据上述情况可知，当存在固定效应和路径依赖时，LSDVC模型比其他模型的估计结果更为可靠。

　　从表5-3中方程（3）的结果可以看出，农地使用权对农地长期投资有显著正向影响，回归系数为0.0392且在10%水平上显著，说明农地使用权排他性每提升一个单位，农地长期投资提升3.92%，这一结果与本书理论分析是一致的。农地使用权期限的延长能够提高农地使用权的稳定性，使农户排他地占有土地，从而使得农户愿意加大对农地的长期投资。农地收益权对农地长期投资有显著正向影响,回归系数为0.0242,并且在5%的水平上显著,说明农地收益权排他性每提升一个单位,农地长期投资提高2.42%。这一结果与预期结果也是一致的,其原因可能在于农地收益权排他性的增强会使农户更加注重对农地的投资,特别是农地的长期投资,这有利于其提高农地的中长期收益。农地处置权对农地长期投资有显著正向影响,回归系数为0.103,并且在5%的水平上显著,说明农地处置权排他性每提升一个单位,农地长期投资会增加10.3%,这一系数结果较大,说明农地处置权排他性的增强对农地长期投资有较大的影响。因此,通过对农地产权结构与农地长期投资的实证估计,结果证明了假设1。

从控制变量来看,农村人均纯收入对农地长期投资有显著负向影响,这与预期结果不太一致。原因可能在于随着农户人均纯收入的提高,农户对农地的经营不太在乎,因此会减少对农地的长期投资。农村人力资本对农地长期投资有显著正向影响,随着农村人力资本的提升,农户会增加对农地的长期经营和维护,因此会增加对农地的长期投资。

2. 中介效应分析

农地产权结构对农业环境效率的直接影响以及通过农地长期投资产生的中介效应可以利用式(5.5)(5.6)(5.7)进行检验。具体回归结果见表5-4。

表5-4中的方程(1)是利用LSDVC方法检验农地产权结构对农业环境效率的总体效应,可以看出农地使用权对农业环境效率有

显著正向影响,影响系数为 0.0707,在 5% 水平上显著为正。农地收益权对农业环境效率具有显著正向影响,影响系数为 0.0315,在 10% 的水平上显著为正。农地处置权对农业环境效率具有显著正向影响,回归系数为 0.0824 且在 1% 的水平上显著为正。这一结果与第四章所检验的结果相同,在此不再对结果赘述。

　　由于农地产权结构对农业环境效率具有显著影响,因此中介效应可继续进行。表 5-4 中的方程(2)是利用 LSDVC 方法检验农地产权结构对农地长期投资的影响。农地使用权对农地长期投资具有显著正向影响,回归系数为 0.0392,并且在 10% 水平上显著。农地收益权对农地长期投资具有显著正向影响,回归系数为 0.0242,在 5% 水平上显著。农地处置权对农地长期投资具有显著正向影响,回归系数为 0.103,且在 5% 水平上显著。其他变量回归系数的含义在上文已经详细解释,此处不再重复论述。

表 5-4　农地产权结构与农业环境效率的中介效应回归结果

方程	(1)	(2)	(3)
	lnee	lninvt	lnee
use	0.0707 **	0.0392 *	0.0877 ***
	(2.12)	(1.93)	(10.73)
ben	0.0315 *	0.0242 **	0.0163 ***
	(1.67)	(2.07)	(11.33)
dis	0.0824 ***	0.103 **	0.0420 ***
	(3.58)	(2.18)	(5.07)
lninvt			0.001 ***
			(4.78)

续表

方程	（1）	（2）	（3）
x_1	−0.00226**		−0.247***
	（−2.01）		（−22.07）
x_2	0.0204***		0.193***
	（5.16）		（11.21）
x_3	0.00000147*		0.0000202***
	（1.89）		（37.61）
x_4	−0.00542*		−0.0194***
	（−1.73）		（−3.16）
x_5	−0.000723		−0.0224***
	（−0.06）		（−16.84）
x_6	−0.00467***		0.0200***
	（−15.18）		（5.90）
$x_7(hc)$	0.00819***	0.110**	0.0338***
	（15.56）	（2.35）	（18.89）
ruin		−0.000045***	
		（−4.62）	
l.ln$invt$		0.845***	
		（40.38）	
l.lnee	0.987***		0.907***
	（26.00）		（15.86）
year	−0.000818	−0.0137**	−0.00450***
	（−0.77）	（−2.35）	（−13.70）
id	已控制	已控制	已控制
N	1036	1036	1036

注：*、**、*** 分别表示在10%、5%和1%的水平上显著；括号内为稳健标准误。

方程(3)为农地使用权、农地收益权和农地处置权所代表的农地产权结构与农地长期投资对农业环境效率的影响。农地使用权、收益权和处置权与农地长期投资的回归系数均显著,说明农地使用权、收益权和处置权不仅对农业环境效率具有直接影响,而且存在通过农地长期投资对农业环境效率产生的中介效应。农地长期投资对农业环境效率的影响显著为正,回归系数为 0.001,且在 1% 的水平上显著。农地使用权对农地长期投资具有显著正向的直接影响,影响系数为 0.0392,且在 10% 水平上显著,因此农地使用权通过农地长期投资对农业环境效率的中介效应为 $a_1 \times b_1 = 0.0392 \times 0.001 = 0.0000392$,得到的结果说明农地使用权通过农地长期投资对农业环境效率产生的影响为正。这一结果说明农地使用权期限的延长不仅能够直接促进农业环境效率的提高,而且能够激励农户对农地进行长期投资从而提高农业环境效率。同时,如表 5-5 所示,农地使用权通过农地长期投资产生的中介效应占总效应的比重为 0.00055%,说明农地使用权通过农地长期投资对农业环境效率的影响能解释农地使用权对农业环境效率总影响的 0.055%。

表 5-5　全国样本中介效应检验结果

	农地使用权	农地收益权	农地处置权
中介效应	0.0000392	0.0000242	0.000103
中介效应/总效应	0.00055	0.000768	0.00125

资料来源:笔者整理所得。

农地收益权对农业环境效率的直接影响在 1% 的水平上显著为

正,回归系数为0.0163,说明农地收益权不仅对农业环境效率不仅有直接影响,而且通过农地长期投资产生间接影响。根据中介效应的定义和各回归系数,可以发现农地收益权通过农地长期投资所产生的中介效应为 $a_2 \times b_1 = 0.0242 \times 0.001 = 0.0000242$,这一结果表明农地收益权排他性的增强也能够刺激农户加大农地长期投资,促进农地的可持续利用进而提高农业环境效率。如表5-5所示,农地收益权通过农地长期投资产生的中介效应占总效应的比重为0.000768,说明其通过农地长期投资对农业环境效率的影响能解释农地收益权对农业环境效率总影响的0.0768%。

农地处置权对农业环境效率的直接效应显著为正,并且也在1%水平上显著为正,系数为0.042。而农地处置权通过农地长期投资对农业环境效率产生的中介效应为 $a_3 \times b_1 = 0.103 \times 0.001 = 0.000103$。因此农地处置权对农业环境效率的正的总效益来自于其对农业环境效率的正的直接影响和正的间接影响。同样,如表5-5所示,农地处置权通过农地长期投资产生的中介效应占总效应的比重为0.00125,说明其通过农地长期投资对农业环境效率的影响能解释农地收益权对农业环境效率总影响的0.125%。

从农地产权结构对农地长期投资的影响以及农地产权结构通过农地长期投资对农业环境效率的中介效应的估计结果中,我们可以发现,农地使用权、收益权和处置权对农地长期投资具有显著正向影响,而中介效应中农地使用权、农地收益权和农地处置权对农业环境效率的直接效应和通过农地长期投资产生的中介效应都是正向的,因而农地使用权、农地收益权和农地处置权对农业环境效率的总效应也是正向的。因此,通过中介效应模型的估计,结果也证明了假设2,即农地产权结构不仅通过"产权—环境"效应直接影响农业环境效率,而且通过农地长期投资产生中介效应影响农业环境效率。

三、不同区域的差异性分析

为了考察农地产权结构对农业环境效率的影响不仅具有直接效应而且具有通过农地长期投资产生的中介效应这一机制的稳健性,本章又进一步将全国样本分为东部、中部和西部三个地区来进行检验。

1. 东部地区

表5-6为东部地区农地产权结构通过农地长期投资对农业环境效率的中介效应检验结果。从表5-6可知,在东部地区,农地使用权对农业环境效率的总效应是正的,并且在1%的显著性水平上显著为正,这说明农地使用权排他性的提高对农业环境效率的总体影响是显著为正的,因此可以展开中介效应的检验。农地使用权对农地长期投资具有显著的促进作用,农地使用权排他性增强1个单位,农地长期投资增加88.6%。农地长期投资对农业环境效率具有显著的促进作用,农地长期投资增加1%,农业环境效率提高3.5%。此外,农地使用权对农业环境效率具有显著的直接效应。农地使用权排他性增强1个单位,农业环境效率提高17.1%。如表5-7所示,根据中介效应的计算公式,东部地区农地使用权通过农地长期投资对农业环境效率的中介效应为 $a_1 \times b_1 = 0.886 \times 0.035 = 0.031$,占总效应的比重为16.85%。这表明东部地区农地使用权的中介效应能

解释总效应的 16.85%。

同理,可以推出农地收益权通过农地长期投资对农业环境效率的中介效应。首先农地收益权对农业环境效率具有显著正向影响,其次农地收益权对农地长期投资具有显著正向影响,系数为 0.143,而农地长期投资对农业环境效率的影响系数为 0.035,因此农地收益权通过农地长期投资对农业环境效率的中介效应为 $a_2 \times b_1 =$ 0.143×0.035=0.005,占总效应的比重为 1.73%。

表 5-6　东部地区农地产权结构与农业环境效率的中介效应回归结果

方程	（1） ln*ee*	（2） ln*invt*	（3） ln*ee*
use	0.184***	0.886***	0.171***
	(3.26)	(4.49)	(2.94)
ben	0.289**	0.143*	0.282**
	(2.09)	(-1.74)	(2.06)
dis	0.0894*	0.00121**	0.100**
	(1.79)	(2.01)	(1.98)
ln*invt*			0.0350**
			(2.05)
x_1	-0.315***		-0.323***
	(-4.91)		(-5.07)
x_2	0.265		0.272
	(1.58)		(1.64)
x_3	0.0000145***		0.0000138***
	(10.04)		(9.02)
x_4	-0.0623***		-0.0622***

183

续表

方程	（1） ln*ee*	（2） ln*invt*	（3） ln*ee*
	（-2.59）		（-2.63）
x_5	-0.0353**		-0.0340*
	（-1.98）		（-1.86）
x_6	-0.00757		-0.0110
	（-0.26）		（-0.38）
$x_7(hc)$	0.0524***	0.0830*	0.0553***
	（4.26）	（1.72）	（4.61）
ruin		-0.0000165	
		（-1.56）	
l.ln*invt*		0.831*** （15.20）	
l.ln*ee*	0.807*** （12.88）		0.911*** （18.85）
year	-0.000250	-0.00450***	-0.000585
	（-0.11）	（-13.70）	（-0.25）
id	已控制	已控制	已控制
N	380	380	380

注：*、**、*** 分别表示在 10%、5% 和 1% 的水平上显著；括号内为稳健标准误。

农地处置权对农业环境效率也具有显著正向影响，农地处置权对农地长期投资的影响系数为 0.00121，农地长期投资对农业环境效率的影响系数为 0.035，因此农地处置权通过农地长期投资对农业环境效率的中介效应为 $a_3 \times b_1 = 0.00121 \times 0.035 = 0.00004235$，占总效益的比重为 0.05%。

由此可以看出,农地处置权通过农地长期投资对农业环境效率的影响最小,其次是农地收益权,农地使用权通过农地长期投资对农业环境效率的中介效应最大。总体而言,东部地区农地产权结构对农业环境效率的影响机制与全国样本来看是基本一致的。

表 5-7　东部地区中介效应检验结果

	中介效应	中介效应/总效应
农地使用权	0.031	0.1685
农地收益权	0.005	0.0173
农地处置权	0.00004235	0.0005

资料来源:笔者整理而得。

2. 中部地区

表 5-8 为中部地区农地产权结构通过农地长期投资对农业环境效率的中介效应检验结果。从表 5-8 中可以发现,农地使用权对农业环境效率的总影响是显著为正,且在 1% 的显著性水平下显著。农地使用权对农地长期投资的影响也是显著为正,影响系数为 0.661,而农地长期投资对农业环境效率的影响也是显著为正,影响系数为 0.0116。

如表 5-9 所示,根据中介效应的公式,农地使用权通过农地长期投资对农业环境效率的影响所产生的中介效应为 $a_1 \times b_1 = 0.661 \times 0.0116 = 0.0077$,占农地使用权对农业环境效率的总效应比重为 4.12%。农地收益权对农业环境效率的总影响显著为正,在 5% 的显著性水平下显著。农地收益权对农地长期投资的影响也是显著为正,影响系数为 0.0308,农地长期投资对农业环境效率的影响系数为 0.0116。因此农地收益权通过农地长期投资对农业环境效率的影响所产生的中介效应为 $a_2 \times b_1 = 0.0308 \times 0.0116 = 0.000357$,占总效应的比重为 3.47%。农地处置权对农业环境效率的总影响也是显著为正的,也是在 5% 显著性水平下显著。农地处置权对农地长期投资的影响显著为正,且影响系数为 0.787,因此农地处置权通过农地长期投资对农业环境效率的影响所产生的中介效应为 $a_3 \times b_1 = 0.787 \times 0.0116 = 0.01$,占总效应的比重为 27.47%。

表 5-8 中部地区农地产权结构与农业环境效率的中介效应回归结果

方程	（1） lnee	（2） lninvt	（3） lnee
use	0.187***	0.661***	0.107***
	(3.98)	(2.96)	(3.91)
ben _	0.0103***	0.0308*	0.00956***
	(11.61)	(5.22)	(10.56)
dis	0.0364**	0.787***	0.0344*
	(2.28)	(2.70)	(1.83)
lninvt			0.0116**
			(8.20)
x_1	−0.0501		−0.0660
	(−0.53)		(−0.69)
x_2	0.217*		0.238*
	(1.66)		(1.80)
x_3	0.000000794		0.000000826
	(0.16)		(0.16)

续表

方程	（1） lnee	（2） lninvt	（3） lnee
x_4	0.653 ***		0.659 ***
	（5.03）		（5.06）
x_5	-0.0452 ***		-0.0457 ***
	（-4.46）		（-4.50）
x_6	-0.00465		-0.00784
	（-0.18）		（-0.30）
$x_7(hc)$	0.0184 ***	0.161 *	0.0185 **
	（8.63）	（1.69）	（2.11）
ruinc		0.0000138	
		（0.57）	
year	-0.00557 **	-0.0861 ***	-0.00567 **
	（-2.04）	（-6.28）	（-2.03）
l.lninvt		0.850 ***	
		（13.66）	
l.lnee	0.773 *** （15.78）		0.827 *** （20.15）
id	已控制	已控制	已控制
N	304	304	304

注：*、**、*** 分别表示在 10%、5% 和 1% 的水平上显著；括号内为稳健标准误。

　　由此可以看出，在中部地区农地产权结构对农业环境效率的影响与全国的机制也是基本一致的，但是从中介效应的大小来看，农地处置权所产生的中介效应最大，其次是农地使用权，农地收益权通过农地长期投资对农业环境效率的影响所产生的中介效应最小。

表5-9 中部地区中介效应检验结果

	中介效应	中介效应/总效应
农地使用权	0.0077	0.0412
农地收益权	0.000357	0.0347
农地处置权	0.01	0.2747

资料来源:笔者整理而得。

3. 西部地区

表5-10为西部地区农地产权结构通过农地长期投资对农业环境效率的影响。从表5-10可知,在西部地区,农地使用权对农业环境效率的总效应是显著为正的,并且在5%的显著性水平下显著。农地使用权对农地长期投资具有显著正向影响,影响系数为0.706,同时农地使用权对农业环境效率具有直接影响。农地长期投资对农业环境效率具有显著正向影响,影响系数为0.0254。如表5-11所示,农地使用权通过农地长期投资对农业环境效率的中介效应为$a_1 \times b_1 = 0.706 \times 0.0254 = 0.018$,占农地使用权对农业环境效率的总效应的比重为17.65%。

农地收益权对农业环境效率的总效应也是显著为正,农地收益权对农地长期投资的影响显著为正,影响系数为0.557,农地长期投资对农业环境效率具有显著正向影响,影响系数为0.0254,因此农地收益权通过农地长期投资对农业环境效率的中介效应为$a_2 \times b_1 = 0.557 \times 0.0254 = 0.0079$。但是农地收益权对农业环境效率的直接影响不显著,说明在中部地区农地收益权通过农地长期投资对农业环境效率的中介效应是完全中介效应。

农地处置权对农业环境效率的总影响显著为正,农地处置权对农地长期投资的影响也是显著为正的,影响系数为 0.833,因此农地处置权通过农地长期投资对农业环境效率产生影响的中介效应为 $a_3 \times b_1 = 0.833 \times 0.0254 = 0.021$,占总效应的比重为 21.58%。

表 5-10 西部地区农地产权结构与农业环境效率的中介效应回归结果

方程	（1） ln*ee*	（2） ln*invt*	（3） ln*ee*
use	0.102**	0.706***	0.0844*
	(2.27)	(3.34)	(1.95)
ben	0.0898*	0.557*	0.0222
	(1.78)	(1.91)	(0.05)
dis	0.0973**	0.833*	0.107**
	(2.26)	(1.88)	(2.55)
ln*invt*			0.0254***
			(4.33)
x_1	−0.188*		−0.0972
	(−1.82)		(−0.92)
x_2	0.0820		0.0851
	(0.62)		(0.65)
x_3	0.0000127**		0.0000128**
	(2.35)		(2.41)
x_4	−0.00691		−0.000978
	(−0.24)		(−0.03)
x_5	−0.0373***		−0.0348***

续表

方程	（1） ln*ee*	（2） ln*invt*	（3） ln*ee*
	（−4.07）		（−3.84）
x_6	−0.0184		−0.0211
	（−0.80）		（−0.89）
x_7	0.0238 **	−0.0390	0.0283 ***
	（2.51）	（−0.62）	（2.95）
ruin		−0.0000688 ***	
		（−2.63）	
year	−0.00556 ***	0.0137	−0.00563 ***
	（−2.76）	（1.24）	（−2.85）
l.ln*invt*		0.793 *** （20.64）	
l.ln*ee*	0.873 *** （16.85）		0.921 *** （22.45）
id	已控制	已控制	已控制
N	380	380	380

注：*、**、*** 分别表示在 10%、5% 和 1% 的水平上显著；括号内为稳健标准误。

由此可以看出，在西部地区农地产权结构对农业环境效率的影响机制略有差异，农地使用权和农地处置权对农业环境效率的影响既有直接效应，也有通过农地长期投资的中介效应，而农地收益权对农业环境效率的影响是完全通过农地长期投资产生的，不存在直接效应。

表5-11 西部地区中介效应检验结果

	中介效应	中介效应/总效应
农地使用权	0.018	0.1765
农地处置权	0.021	0.2158

资料来源:笔者整理而得。

第四节 本章小结

本章通过梳理农地产权制度演进对农业产出绩效和农业生态环境关系的文献,深入剖析了农地产权结构对农地长期投资的影响机制及农地产权结构通过农地长期投资对农业环境效率的影响机制。并利用全面的 FGLS、LSDV 和 LSDVC 方法以及中介效应模型对农地产权结构对农地长期投资以及农地产权结构对农业环境效率的直接影响和中介效应进行实证检验。研究结果证明了本章提出的假设。结论如下:

(1)农地产权结构对农地长期投资有显著影响。农地使用权、收益权和处置权均对农地长期投资有显著正向影响。农地使用权排他性的增强,能够提高农地经营的稳定性,促使农户对加大对农地的长期投资。农地收益权排他性的增强,使农户能够最大限度地获得农地经营的收益,农户为了获得更多的长期收益,必然会加大农地的长期投资。农地的处置权排他性的增强,特别是农地抵押权的增强,能够促使农户对农地进行长期投资。农户为了提高农地的可抵押性,必定要提高农地的质量,从而会加大对农地的长期投资。

（2）农地产权结构不仅具有直接的"产权—环境"效应,而且通过农地长期投资产生中介效应影响农业环境效率。农地产权制度改革的不断推进,在一定程度上保证了农户收益的稳定和安全,从而激发农户引进先进的绿色生产技术,保护农业生态环境,提高农业长期产出绩效,能够直接提高农业环境效率。此外,农地使用权、收益权和处置权还会通过农地长期投资对农业环境效率产生影响。而在实证结果中,农地使用权、农地收益权和农地处置权均通过农地长期投资对农业环境效率产生显著正向的中介效应。利用中介效应的公式计算发现,在全国样本中,农地处置权通过农地长期投资对农业环境效率的中介效应最大,其次是农地收益权,农地使用权通过农地长期投资对农业环境效率的中介效应最小。

（3）为了检验上述结果的稳健性,同时也是考察这一结果的差异性,本章又进一步将全国样本分为东部地区、中部地区和西部地区。结果显示,东部和中部农地产权结构不仅对农业环境效率具有直接促进作用,而且通过农地长期投资对农业环境效率产生正向影响,这一机制与全国样本是一致的,说明上述结果的稳健性。但是两个地区在农地产权结构的中介效应的大小上存在差异。其中,东部地区农地使用权农地使用权的中介效应最大,其次是农地收益权,农地处置权的中介效应最小;而中部地区是农地处置权所产生的中介效应最大,其次是农地使用权,农地收益权通过农地长期投资对农业环境效率的影响所产生的中介效应最小。在西部地区,农地产权结构对农业环境效率的影响机制略有差异,农地使用权和农地处置权对农业环境效率的影响既有直接效应,也有通过农地长期投资的中介效应,而农地收益权对农业环境效率的影响是完全通过农地长期投资产生的,不存在直接效应。

第六章　农地产权结构、农地经营规模与农业环境效率

　　本书的第四章和第五章分别分析了农地产权结构对农业环境效率的总影响和农地产权结构通过农地长期投资对农业环境效率的中介影响。农地产权结构朝着不断强化农民土地产权的方向演进，使得农户的农地经营规模开始逐步增大。从全国平均水平来看，农地经营规模从 1983 年的 0.4122 公顷/人上升至 2020 年的 1.1026 公顷/人，增长了 2.67 倍，年均增长 2.62%。不同的农地经营规模的生产效率存在较大差异，同时对农户在绿色生产决策和行为上必然也会产生不同的影响，比如农户的化肥施用量。改革开放以来中国农业在取得巨大发展成就的同时化学投入品也在增加，对生态环境造成了严重破坏。以化肥施用量为例，中国农业化肥投入从 1978 年的 884 万吨增长到 2020 年的 5250.7 万吨，年均增长 4.23%。受国家环境规制的影响，2017 年以后化肥施用量较之前虽然有所下降，但仍然较高。中国每公顷耕地的氮肥、磷肥和钾肥的施用量分别是全球平均水平的 4.92、4.69 和 3.24 倍。中国农业亟须向绿色发展的

方向转型。农业环境效率是衡量农业绿色发展的主要指标,它是指增加的农业产出与增加的环境污染的比值[1]。

农地产权结构的变化对农地经营规模会产生影响,而农地经营规模又可能影响农业产出和农业生态环境,由此是否可以认为农地产权结构的变迁会通过农地经营规模进而影响农业环境效率?

学术界对农地经营规模与农业产出和绿色发展之间的关系展开了广泛的研究。宋金田和祁春节(2013)[2]、徐世艳和李仕宝(2009)[3]、唐博文等(2010)[4]均通过实证研究发现农户耕地规模对农户技术需求有显著正向影响。伍等(Wu 等,2018)利用 2015 年中国农村家庭跟踪调查数据研究发现农场规模提高 1%,亩均肥料和杀虫剂施用量分别下降 0.3% 和 0.5%[5]。由此可知,农地经营规模对农户绿色生产是会产生影响的,从而也必然对农业环境效率产生影响。

从现有文献来看,研究农地经营规模对农户绿色生产行为的影响较多,但是专门研究农地经营规模与农业环境效率的文献较少,对农地经营规模影响农业环境效率的机理研究就少之更少,而农地经

---

① 王宝义、张卫国:《中国农业生态效率的省际差异和影响因素——基于 1996—2015 年 31 个省份的面板数据分析》,《中国农村经济》2018 年第 1 期。

② 宋金田、祁春节:《农户农业技术需求影响因素分析——基于契约视角》,《中国农村观察》2013 年第 6 期。

③ 徐世艳、李仕宝:《现阶段我国农民的农业技术需求影响因素分析》,《农业技术经济》2009 年第 4 期。

④ 唐博文、罗小锋、秦军:《农户采用不同属性技术的影响因素分析——基于 9 省(区)2110 户农户的调查》,《中国农村经济》2010 年第 6 期。

⑤ Wu Y., Xi X., et al. "Policy distortion, farm size, and the overuse of agricultural chemicals in China", *Proceedings of the National Academy of Sciences of the United States of America*, 2018, 115(27), pp. 7010-7015.

营规模的调整其背后主要是农地产权制度改革在发挥作用。从农业环境效率视角来考察农地产权制度改革的政策效果有利于进一步完善当前我国正在推进的农地三权分置改革。当前农村土地制度改革的基本方向是"落实集体所有权、稳定农户承包权、放活土地经营权,实行三权分置"。其核心是将农地承包经营权分置为农地承包权和农地经营权以及如何实现农地经营权的活化,本质就是农地产权结构中农地使用权的进一步细化与农地处置权的完整和丰富,细分为农地流转权和农地抵押权。因此本章将重点探讨农地产权结构的变迁如何通过农地经营规模对农业环境效率产生影响,主要在以下几个方面进行补充:第一,从理论上分析农地产权结构的变迁如何影响农地经营规模进而影响农业环境效率;第二,在实证上利用联立方程检验了农地产权结构通过农地经营规模影响农业环境效率这一机制,在一定程度上解决了内生性问题;第三,在全国样本的基础上进一步拓展至不同区域样本,分析农地产权结构通过农地经营规模对农业环境效率的影响机制存在的差异

第一节　农地产权结构、农地经营规模对农业环境效率的影响机制

一、农地产权结构对农地经营规模的影响

农地经营规模是影响农业环境效率的重要影响因素。不同的农

地经营规模下农户在生产要素投入、生产技术的引进以及生产管理方面存在较大的差异,从而影响农业环境效率。而农地产权结构演进又会对农地经营规模的大小产生影响,原因在于农地产权结构的变化在土地和劳动力的配置上具有激励作用[1][2][3]。孙林和傅康生(2015)认为土地产权制度不规范、土地交易市场与社会化服务滞后等因素均会制约我国农地经营规模的进一步发展[4]。赵鲲和刘磊(2016)认为要发展适度规模经营必须完善土地承包经营制度[5]。当前我国农地承包权和经营权没有分离,许多农户不愿离开土地导致流转农地供给不足,从而导致土地规模化经营无法实现。农地承包经营权是包含占有、使用、收益和处分等多种权利。而我国农地承包经营权权能界限不清、结构不完整、权利交易受到限制等问题导致土地经营规模的扩大受到抑制[6]。由此可以看出,农地产权结构内部不同的产权安排对农地经营规模的作用存在差异。

---

①　Wang H., Tong J., Su F., et al. "To reallocate or not: reconsidering the dilemma in China's agricultural land tenure policy", *Land Use Policy*, 2011, 28(04), pp. 805-814.

②　Deininger K., Jin S., Xia F., et al. "Moving off the farm: land institutions to facilitate structural transformation and agricultural productivity growth in China", *World Development*, 2014, 59(03), pp. 505-520.

③　仇焕广等:《经营规模、地权稳定性与土地生产率——基于全国4省地块层面调查数据的实证分析》,《中国农村经济》2017年第6期。

④　孙林、傅康生:《农村土地适度规模经营的阻碍因素与转型路径》,《中共中央党校学报》2015年第1期。

⑤　赵鲲、刘磊:《关于完善农村土地承包经营制度发展农业适度规模经营的认识与思考》,《中国农村经济》2016年第4期。

⑥　曾福生:《推进土地流转发展农业适度规模经营的对策》,《湖南社会科学》2015年第3期。

1. 农地使用权排他性的增强对农地经营规模的扩大有正向影响

土地权属不清晰以及产权期限不明确均会影响农地经营规模。虽然目前政策有规定土地承包期"长久不变",但仍是一个模糊的表述,土地流出方无法安心转出土地,需求方无法对土地进行长期投资安排。此外,由于中国人多地少的国情导致农地使用权在分割的初期产生了"人地均分"的局面,从而导致农地经营规模偏小的状态。而安全稳定的农地使用权有利于农地的规模经营,主要是通过农业生产性效应和交易成本效益实现的[①]:第一,稳定排他的农地使用权有利于调动农户从事农地经营的积极性,加大对农地的生产性投资,从而促使其生产可能性边界的扩大,因此安全的农地使用权能够刺激农户的农地规模经营的需求[②];第二,农地使用权排他性的提高能够降低农地的交易成本,从而会促进农地流转和农地经营规模的扩大[③]。

农地使用权排他性与农地经营规模的关系如图 6-1 所示[④]。

在图 6-1 中,MU_1 和 MU_2 分别表示农地使用权缺乏稳定排他性和农地稳定排他性性增强条件下农户的农地经营边际收益曲线,MC

---

① Kimura S., Otsuka K., Rozelle S. " Efficiency of land allocation through tenancy markets: Evidence from China", *Economic Development and Cultural Change*, 2011, 59(03), pp. 485-510.

② 马贤磊:《农地产权安全性对农业绩效影响:投资激励效应和资源配置效应——来自丘陵地区三个村庄的初步证据》,《南京农业大学学报(社会科学版)》2010 年第 4 期。

③ 钱忠好:《农村土地承包经营权产权残缺与市场流转困境:理论与政策分析》,《管理世界》2002 年第 6 期。

④ 马贤磊:《农地产权安全性对农业绩效影响:投资激励效应和资源配置效应——来自丘陵地区三个村庄的初步证据》,《南京农业大学学报(社会科学版)》2010 年第 4 期。

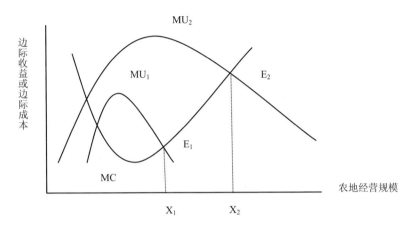

图 6-1　农地使用权排他性与农地经营规模

表示农户的农地经营边际成本曲线。当农地产权处于缺乏稳定排他性条件下时，MU_1 曲线与 MC 曲线相交于均衡点 E_1，因此从 E_1 点可知农户的最优农地经营规模为 X_1。随着农地产权排他性不断增强，农户的生产经营积极性不断被调动出来，从而增加在农地上的生产性投资[1][2][3][4]。而农户在农地上的生产性投资的增加会促进农户的边际收益上升，即边际收益曲线从 MU_1 上移至 MU_2，MU_2 与 MC 曲线相交于均衡点 E_2，由均衡点 E_2 可以得到农户的最优农地经营规模为 X_2。而农地经营规模 X_2 要大于农地经营规模 X_1。因此随着农地使用权稳定排他性的提高，农户的生产性效应会提高，交易成本降低，

---

①　Beekman G., Bulte E. H. "Social norms, tenure security and soil conservation: Evidence from Burundi", *Agricultural Systems*, 2012, 108, pp. 50-63.

②　马贤磊:《现阶段农地产权制度对农户土壤保护性投资影响的实证分析——以丘陵地区水稻生产为例》,《中国农村经济》2009 年第 10 期。

③　Brasselle A., Gaspart F., Platteau J. "Land tenure security and investment incentives: puzzling evidence from Burkina Faso", 2002, 67(02), pp. 373-418.

④　Besley T. "Property rights and investment incentives: theory and evidence from Ghana", *Journal of Political Economics*, 1993, 103(05), pp. 903-937.

从而使得农地经营规模会扩大。

2. 农地收益权排他性增强对农地经营规模的影响不确定

孙林和傅康生（2015）认为土地收益低且收益权的排他性不强，导致农户不愿经营土地①。农户经营土地的最终目的是实现经济收益的最大化，而如果土地收益排他性不断增强，那么农户就会继续经营农地而不愿将农地流转出来，从而使得农地经营规模总体会缩小。另外，随着农地收益权排他性不断增强，有能力的经营者希望通过兼并小规模农户进而扩大农地经营规模。因而农地收益权排他性的增强对农地经营规模的影响不确定。

3. 农地处置权排他性增强有利于农地经营规模的扩大

农地处置权包括农地流转权、农地抵押权和农地继承权。从农地流转权来看，孙林和傅康生（2015）认为农地流转是实现适度规模经营的必要条件②。而当前不完善的农地流转市场机制严重制约了适度规模经营的实现。一方面，土地流转程序不规范使得土地交易和适度规模经营受到影响；另一方面，土地流转的各项服务如咨询、评估等缺失严重，从而制约农地经营规模发展。文长存等（2017）通过对河南、黑龙江、四川和浙江四省的农户调查数据，实证研究了影响种粮农户规模化经营的影响因素，结果发现土地流转市场的发育对农地规模化经营有显著的正向促进作用③。由上述可知，农地流

---

① 孙林、傅康生：《农村土地适度规模经营的阻碍因素与转型路径》，《中共中央党校学报》2015 年第 1 期。

② 孙林、傅康生：《农村土地适度规模经营的阻碍因素与转型路径》，《中共中央党校学报》2015 年第 1 期。

③ 文长存等：《新形势下农户粮食规模经营行为及其影响因素研究——基于粮食主产区的调查数据》，《华中农业大学学报（社会科学版）》2017 年第 3 期。

转权的实现是农地实现规模经营的必经之路,也有利于提供农地生产效率①。许多学者通过研究发现农地流转是实现农业规模化经营的重要途径,能够促进农业现代化的实现和新型农业经营主体的培育②③④。

学术界的主流观点认为农地抵押权的改革有利于促进农地规模化经营。尹云松(1995)认为农地使用权作为一种物权,可进行交换流通如出租、出让或转让等方式,而农地使用权交换流通的过程需要货币作为媒介⑤。农地抵押权的改革有利于提供大量的资金从而促进农地使用权的流转进而促进农地规模的扩大。张龙耀和杨军(2011)研究发现农地产权和抵押制度改革能够促进高非农收入的低风险农户的资金可获得性,从而推动要素的流动和农业规模化经营⑥。陈明和陈泽萍(2012)认为必须积极稳妥地推进农村土地产权改革特别是要促进农地承包经营权的流转,才能进一步推动农地的适度规模经营⑦。而目前我国农地经营规模过小,是阻碍现代农业发展的重要障碍。而推进农地产权改革,促进农地承包经营权的流

---

① 郜亮亮、黄季焜:《不同类型流转农地与农户投资的关系分析》,《中国农村经济》2011 年第 4 期。

② 姚洋:《中国农地制度:一个分析框架》,《中国社会科学》2000 年第 2 期。

③ 许恒周、石淑芹:《农民分化对农户农地流转意愿的影响研究》,《中国人口·资源与环境》2012 年第 9 期。

④ 郭阳、徐志刚:《耕地流转市场发育、资源禀赋与农地规模经营发展》,《中国农村经济》2021 年第 6 期。

⑤ 尹云松:《论以农地使用权抵押为特征的农地金融制度》,《中国农村经济》1995 年第 6 期。

⑥ 张龙耀、杨军:《农地抵押和农户信贷可获得性研究》,《经济学动态》2011 年第 11 期。

⑦ 陈明、陈泽萍:《加快农地流转与发展农业适度规模经营的政策选择》,《求实》2012 年第 6 期。

转,能够改变这一状况。

二、农地经营规模对农业环境效率的影响

中国农业发展所面临的资源环境约束趋紧的问题要求我们必须发展资源节约型和环境友好型农业,农业适度规模经营是最佳的载体。它有利于激励经营主体节约资源,提高资源利用效率,引进先进的绿色技术和品种,从而实现农业发展方式的转变,提高农业环境效率[1][2]。农地规模化经营对农业的基础竞争力具有决定性作用,有利于促进农业新技术采用,进而提高农地资源配置效率[3][4]。

提高农业环境效率意味着在相同投入下,要获得最大的期望产出的同时实现最小的非期望产出即对环境的污染最小。自从恰亚诺夫(Chayanov,1991)首次提出了农场规模与生产效率之间的负向关系以来,农地规模与生产率之间的关系就一直是发展经济争论的焦点问题[5]。大量的学者从理论和实证角度证实了农地经营规模与农业生产率之间存在负向关系,也有一部分学者研究发现随着技术的进步和社会的发展,这种负向关系在消失。由此可见农地规模是农业生产效率的重要影响因素。但是这些研究并没有考虑到农业生产

① 曾福生:《推进土地流转发展农业适度规模经营的对策》,《湖南社会科学》2015年第3期。

② Adamopoulos T., Restuccia D. "The size distribution of farms and international productivity differences", *American Economic Review*, 104(06), pp. 1667–1697.

③ 文长存等:《新形势下农户粮食规模经营行为及其影响因素研究——基于粮食主产区的调查数据》,《华中农业大学学报(社会科学版)》2017年第3期。

④ Barrett C. B, Bellemare M. F., Hou J Y. "Reconsider Conventional Explanations of the inverse productivity-size relationship", *World Development*, 2010, 38(01), pp. 88–97.

⑤ 恰亚诺夫:《农民经济组织》,中央编译出版社1996年版,第125页。

对农业生态环境带来的负面影响,而只考虑了农业生产的期望产出。农地经营规模必然会影响农户的生产经营行为,改变生产要素投入,比如有些学者通过研究发现农地经营规模会影响农户的化肥投入和绿色生产技术的采用等,这些行为又进而影响农业生态环境,从而对农业环境效率造成影响[①]。

农地经营规模与生产率之间的关系一直是发展经济学争论的焦点。1926 年恰亚诺夫首次提出了农地经营规模与土地产出率的负向关系。费德(Feder,1985)认为要素生产率在不同的农场间应该相同,土地生产率与农场规模不存在相关性[②]。大量的学者对这一关系进行了理论和实证研究,发现在发展中国家确实存在着土地生产率与规模之间的反向关系[如 Assuncao 和 Braido(2007)[③]、Barrett 等(2010)[④]]。李谷成等(2009)利用 1999—2003 年农业部湖北省农村观察点的农户数据研究了农户效率与农户规模之间的关系,结果发现土地生产率与农户耕地规模之间是负相关的关系,劳动生产率和成本利润率与农户耕地规模呈负向关系,全要素生产率和技术效率与农户耕地规模没有显著关系[⑤]。也有部分学者研究表明,随着现

---

① 葛继红、周曙东:《农业面源污染的经济影响因素分析——基于 1978—2009 年的江苏省数据》,《中国农村经济》2011 年第 5 期。

② Feder G. "The relation between farm size and farm productivity: the role of family labor, supervision and credit constraints", *Journal of Development Economics*, 1985, 18 (02), pp. 297-313.

③ Assuncao J. J., Braido L. H. "Testing household-specific explanations for the inverse productivity relationship", *American Journal of Agricultural Economics*, 2007,89(05), pp. 980-990.

④ Barrett C. B, Bellemare M. F., Hou J Y. "Reconsider Conventional Explanations of the inverse productivity-size relationship", *World Development*, 2010, 38(01), pp. 88-97.

⑤ 李谷成、冯中朝、范丽霞:《小农户真的更有效率吗?——来自湖北省的经验证据》,《经济学(季刊)》2009 年第 1 期。

代农业投入品和劳动节约型机械的广泛使用,使得土地规模与生产效率之间的反向关系逐渐消失,并且土地产出率随着土地规模的扩大而上升。因此农地经营规模与生产率也有可能存在呈正向关系[①]。阿达莫普洛斯和雷斯图西亚(Adamopoulos 和 Restuccia,2014)发现大农场具有更高的劳动生产率[②]。王等(Wang 等,2015)利用2011 年中国 325 家种植户和印度 400 家种植户的调查数据检验了农场规模与生产率之间的负向关系[③]。研究结果表明,在中国土地产出随地块规模的扩大而上升,而在印度土地规模与生产率则存在负向关系。陈等(Chen 等,2011)利用 1995—1999 年中国 9 省的面板数据发现土地生产率与耕地面积确实存在负向关系,但是他们在控制了土地质量这一因素之后发现土地生产率与耕地面积之间的负向关系消失[④]。因此他们认为当前中国农地产出与农地规模之间是存在正向关系的,没有必要制定促使农地规模下降的政策措施。

农地规模可以通过以下几个方面影响农业环境效率:第一,过小的农地规模会导致农户在农地收益的激励之下过度使用化学肥料,

---

① Foster A. D., Rosenzweig M. R. "Agricultural productivity growth, rural economic diversity, and economic reforms: India, 1970-2000", *Economic Development and Cultural Change*, 2004,52(03), pp. 509-542.

② Adamopoulos T., Restuccia D. "The size distribution of farms and international productivity differences", *American Economic Review*, 104(06): p. 1667-1697.

③ Wang X., Chen K. Z., Gupta S. D., et al. "Is small still beautiful? a comparative study of rice farm size and productivity in China and India", *China Agricultural Economic Review*, 2015, 7(03), pp. 484-509.

④ Chen Z., Wallcace E. H., Scott R. "Inverse relationship between productivity and farm size: the case of China", *Contemporary Economic Policy*, 2011,29(04), pp. 580-592.

从而导致农业污染物排放增加①②③④。有研究发现农地经营规模对农业绿色生产行为也会产生影响。威廉姆斯（Williams，1999）利用西非的农户数据研究了农户有机肥施用的文化和社会因素，发现农场规模越大，有机肥的施用量越小，说明农地规模对有机肥的施用具有负向影响⑤。杨美丽等（2007）利用 1990—2004 年的省际面板数据分析我国农户农业生产性投资的影响因素，发现农地耕地规模对农户生产性投资有显著正向影响⑥。而宋金田（2013）⑦、徐世艳和李仕宝（2009）⑧、唐博文等（2010）⑨均通过实证研究发现农户耕地规模对农户技术需求有显著正向影响。农户种植规模越大，兼业化程度相对越低，越有动力采用新技术来提高产量。

　　第二，小规模农户经营者在农业生产技术信息获取渠道方面比

①　占辉斌、胡庆龙：《农地规模、市场激励与农户施肥行为》，《农业技术经济》2017 年第 11 期。

②　Wang X., Chen K. Z., Gupta S. D., et al. "Is small still beautiful? a comparative study of rice farm size and productivity in China and India", *China Agricultural Economic Review*, 2015, 7 (03), pp. 484-509.

③　褚彩虹、冯淑怡、张蔚文：《农户采用环境友好型农业技术行为的实证分析——以有机肥与测土配方施肥技术为例》，《中国农村经济》2012 年第 3 期。

④　葛继红、周曙东：《农业面源污染的经济影响因素分析——基于 1978—2009 年的江苏省数据》，《中国农村经济》2011 年第 5 期。

⑤　Williams T. O. "Factors influencing manure application by farmers in semi-arid west Africa", *Nutrient Cycling in Agroecosystems*, 1999, 55(01), pp. 15-22.

⑥　杨美丽、周应恒、王图展：《农村公共事业发展对农户农业生产性投资的影响——基于地区面板数据的实证分析》，《财贸研究》2007 年第 3 期。

⑦　宋金田、祁春节：《农户农业技术需求影响因素分析——基于契约视角》，《中国农村观察》2013 年第 6 期。

⑧　徐世艳、李仕宝：《现阶段我国农民的农业技术需求影响因素分析》，《农业技术经济》2009 年第 4 期。

⑨　唐博文、罗小锋、秦军：《农户采用不同属性技术的影响因素分析——基于 9 省（区）2110 户农户的调查》，《中国农村经济》2010 年第 6 期。

较狭窄,从而导致大部分的小农生产者大多选择传统的施肥技术,对新的绿色施肥技术不敏感[1][2]。因此,相对于小规模农户经营,大规模经营者在资金和技术上实力更强,能够采用先进的绿色施肥技术[3][4]。

第三,由于大规模经营者大多是新型农业经营主体,人力资本水平较高,能够有效保障技术实施的效果,提高农业的绿色产出,进而提高农业环境效率。霍瑜等(2016)利用湖北省农村地区的调研数据实证考察了不同土地规模经营农户与环境友好和资源节约的农业技术利用意愿以及技术应用效果之间的关系时发现,较大土地规模经营农户的利用意愿最大,效果最好,而中等规模次之,小规模农户最低[5]。大部分学者研究发现,农地经营规模与农业环境效率呈负向关系。莱因哈德等(Reinhard 等,2002)利用两阶段法对荷兰奶牛场的环境效率进行了研究,在第一阶段对奶牛场的环境效率进行测算的基础上,第二阶段分析了影响奶牛场环境效率的影响因素[6]。结果表明,农场规模与环境效率呈负向关系。侯昂和阮晋勇(Hoang

---

① Feder G. "The relation between farm size and farm productivity: the role of family labor, supervision and credit constraints", *Journal of Development Economics*, 1985, 18(02), pp. 297-313.

② 韩洪云、杨增旭:《农户测土配方施肥技术采纳行为研究——基于山东省枣庄市薛城区农户调研数据》,《中国农业科学》2011 年第 23 期。

③ 张忠明、钱文荣:《不同土地规模下的农户生产行为分析——基于长江中下游区域的实地调查》,《四川大学学报(哲学社会科学版)》2008 年第 1 期。

④ Newell A., Pandya K., Symons J. "Farm size and the intensity of land use in Gujarat", *Oxford Economic Paper*, 1997, 49(02), pp. 307-315.

⑤ 霍瑜等:《土地规模与农业技术利用意愿研究——以湖北省两型农业为例》,《农业技术经济》2016 年第 7 期。

⑥ Reinhard S., Lovell C. A. K., Thijssen G. J. "Analysis of environmental efficiency variation", *American Journal of Agricultural Economics*, 2002, 84(04), pp. 1054-106.

和 Nguyen，2013）在对韩国96家水稻农场的环境效率进行测算的基础上分析了其影响因素，结果发现农地经营规模越大，租赁的土地越多，技术效率越低，化肥、农药使用强度越大，农场环境效率越低[①]。斯盖沃斯等（Skevas 等，2012）分析了荷兰耕地农场的环境效率，发现环境效率与农场规模呈负向关系[②]。皮卡佐等（Picazo 等，2011）估计了西班牙农场的生态效率值，并对其影响因素进行了检验，研究发现农场规模对农业环境效率有显著影响[③]。

　　从以上梳理可以看出，现有研究对农地经营规模与农业生产效率之间的关系研究较多。随着工业化和城镇化进程的加快，农业生态环境破坏日益严重，将环境纳入农业生产效率中显得日益重要。国外学者对农地经营规模与农业环境效率之间的研究较多，而国内学者很少涉及这一领域。本研究是对国内最佳农地经营规模问题进行进一步的补充。

　　因此本章将重点探讨农地产权结构的变迁如何通过农地经营规模对农业环境效率产生影响，主要在以下几个方面进行补充：第一，从理论上分析农地产权结构的变迁如何影响农地经营规模进而影响农业环境效率；第二，在实证上利用联立方程检验了农地产权结构通

---

① Hoang V., Nguyen T. T. "Analysis of environmental efficiency variations: A nutrient balance approach", *Ecological Economics*, 2013, 86, pp. 37–46.

② Skevas T., Stefanou S. E., Lansink A. O. "Can economic incentives encourage actual reductions in pesticide use and environmental spillovers?", *Agricultural Economics*, 2012, 43(03), pp. 267–276.

③ Picazo-Tadeo A. J., Gomez-Limon J. A., Reig-Martinez E. "Assessing farming eco-efficiency: A data envelopment analysis approach", *Journal of Environmental Management*, 2011, 92(04), pp. 1154–1164.

过农地经营规模影响农业环境效率这一机制,在一定程度上解决了内生性问题;第三,在全国样本的基础上进一步拓展至不同区域样本,分析农地产权结构通过农地经营规模对农业环境效率的影响机制存在的差异。

三、农地产权结构通过农地经营规模对农业环境效率的影响

农地产权结构影响农地经营规模进而对农业环境效率产生影响的机制主要表现在以下方面(如图6-2所示):农地使用权排他性的增强对农地经营规模的扩大具有促进作用,从而促使具有适度规模的农场在农业绿色生产技术的引进、绿色生产要素的投入以及经营能力水平方面存在优势,使得农业生产过程中污染物排放降低,农业产出增加,进而提高农业环境效率。农地收益权对农地经营规模的影响存在不确定性,可能促进农地经营规模扩大,也可能导致农地经营规模缩小。由于农地收益权对农地经营规模影响的方向具有不确定性,从而使得农地收益权通过农地经营规模对农业环境效率的影响也存在不确定性。农地处置权中的流转权、抵押权和继承权可以让更多的土地集中于具有农业生产优势的大户手中,他们更有资本和能力去提高生产技术和管理水平,优化土地利用方式,最终实现农业环境效率的提高[1][2]。

---

① 陈杰、苏群:《土地流转、土地生产率与规模经营》,《农业技术经济》2017年第1期。
② 尹云松:《论以农地使用权抵押为特征的农地金融制度》,《中国农村经济》1995年第6期。

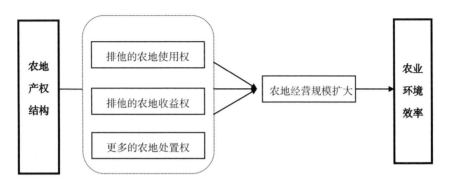

图 6-2 农地产权结构、农地经营规模与农业环境效率机理图

第二节 农地经营规模的度量及发展现状

本章以劳均耕地面积来代表农户的农地经营规模的平均水平，以此来分析农地规模的发展现状。表 6-1 为 1983—2020 年全国、东部、中部和西部地区农地经营规模的数据，图 6-3 为 1983—2020 年全国、东部、中部和西部地区农地经营规模的演变趋势。

一、全国农地经营规模发展现状

随着大量农业劳动力的非农转移，农业劳动力大量减少，农户的农地经营规模开始逐步增大。如表 6-1 所示，从全国平均水平来看，农地经营规模从 1983 年的 0.4122 公顷/人上升至 2020 年的 1.1026 公顷/人，增长了 2.67 倍，年均增长 2.62%。从农地经营规模的走势图来看（如图 6-3 所示），全国农地经营规模在 1983—1999

年间处于平稳的态势,但是 2000 年以后随着中国加入世界贸易组织,中国劳动密集型出口产业迅速发展,大量的劳动力向非农产业转移,导致劳均耕地面积增加,农地经营规模得到急剧地扩大。这一趋势一直持续到 2007 年前后,国际金融危机的爆发导致劳动密集型的出口产业开始紧缩,大量的劳动力返乡,导致劳均耕地面积开始下降,农地经营规模有所缩小。总体来看,全国的农地经营规模是呈上升的态势。

二、分区域农地经营规模发展现状

分地区来看,农地经营规模在各区域存在较大差异(如表 6-1 和图 6-3 所示)。其中中部地区农地经营规模在三大地区是最高的,劳均耕地面积从 1983 年的 0.4743 公顷/人上升到 2020 年的 1.4127 公顷/人,增加了 2.98 倍,年均增长 2.91%。其原因可能在于中部地区大多属于粮食主产区,总耕地面积较大,劳动力转移数量较多,因此劳均耕地面积不断增大。西部地区农地经营规模在三大地区处于居中水平,劳均耕地面积从 1983 年的 0.4272 公顷/人增加到 2020 年的 1.2199 公顷/人,增长 2.86 倍,年均增长 2.79%。西部地区大多属于产销平衡区,近年来随着退耕还林面积的增大以及农业劳动力的非农转移,劳均耕地面积在不断增加,特别是在 2000 年以后,劳均耕地面积超过了中部地区,成为三大地区农地经营规模最大的地区。2008 年以后由于国际金融危机的影响,导致大量的进城务工人员返乡,农业劳动力增加,导致劳均耕地面积减少,农地经营规模有所下降。东部地区的农地经营规模最小,劳均耕地面积从

1983 年的 0.3425 公顷/人上升至 2020 年的 0.9158 公顷/人,年均增长 2.62%。东部地区大多属于粮食主销区,耕地面积较少,因而劳均耕地面积也比较小,农地经营规模不大。与全国农地经营规模相比,中部地区大多数年份是高于全国平均水平,东部地区始终低于全国平均水平,而西部地区从 1999 年以后也是高于或者与全国平均水平持平。

表 6-1 1983—2020 年农地经营规模　　(单位:公顷/人)

	全国	东部	中部	西部
1983	0.4122	0.3425	0.4743	0.4272
1985	0.4615	0.4126	0.5253	0.4453
1990	0.4439	0.4233	0.4912	0.4137
1995	0.4917	0.4892	0.550	0.4378
2000	0.7203	0.6162	0.7121	0.8189
2005	0.8806	0.7800	0.8763	0.9658
2010	0.8043	0.7366	0.8524	0.8065
2015	0.9076	0.7881	1.0082	0.8943
2020	1.1026	0.91585	1.4127	1.2199

资料来源:根据《中国农村统计年鉴》和各地方《统计年鉴》的数据整理得出。

第三节　模型设定、变量选取与数据来源

根据前文的理论机制的分析,构建包含农地经营规模和农业环

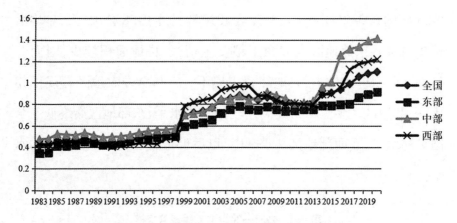

图 6-3　1983—2020 年农地经营规模走势图

资料来源：笔者绘制而得。

境效率的联立方程组来考察农地产权结构通过农地经营规模路径对农业环境效率的影响。联立方程组的估计方法主要可以分为两类[①]：单一方程估计法和系统估计法。单一方程估计法是对方程组中的每个方程逐个进行估计，而系统估计法则是将方程组作为一个系统进行联合估计。本章采用两种方法同时估计，并以此相互检验结果的稳健性。但是考虑到本章的理论机制更适合系统估计法，我们主要是对系统估计的结果进行分析。单一方程估计采用的方法是对单一方程进行两阶段最小二乘法（2SLS），而系统估计法采用的方法三阶段最小二乘法（3SLS）以及迭代式三阶段最小二乘法（IREG-3SLS）

一、计量模型设定

在参考现有文献的基础上[②]，为了考察农地产权结构通过农地

---

① 陈强：《高级计量经济学及 Stata 应用》，高等教育出版社 2014 年版，第 123 页。

② 杨敏：《产业集聚对工业污染排放的影响研究》，武汉大学 2017 年博士学位论文。

经营规模影响农业环境效率的机制,本章设定了如下计量模型:

$$scale_{it} = \beta_0 + \beta_1 use_{it} + \beta_2 ben_{it} + \beta_3 dis_{it} + \sum \phi_i z_{it} + u_{it} + \varepsilon_{it}$$

$$(6.1)$$

$$\ln ee_{it} = \beta_0 + \beta_1 scale_{it} + \beta_2 use_{it} + \beta_3 ben_{it} + \beta_4 dis + \sum \gamma_i x_{it} + u_{it} + \varepsilon_{it}$$

$$(6.2)$$

其中,ee_{it}表示第 t 年 i 地区的农业环境效率,$scale$ 表示农地经营规模。use、ben 和 dis 分别表示农地使用权、农地收益权和农地处置权,代表农地产权结构。下标 i、t 分别表示中国 28 个省级行政区域和 1983—2020 年的年份。x 表示一系列影响农业环境效率的控制变量,主要包括农地产权结构(x_1)、财政支农比重(x_2)、经济发展水平(x_3)、农业贸易条件(x_4)、农村人力资本(x_5)。z 表示影响农地经营规模的一系列控制变量,参考现有相关文献,影响农地经营规模的控制变量包括农业产业结构(x_1)、经济发展水平(x_3)、城镇化($urban$)。u_i代表不随时间变化的个体效应标准差;ε_{it}为随时间变化的干扰项标准差。

二、变量选取

1. 被解释变量

被解释变量是农业环境效率,为第三章测度的结果。在第三章中通过构建 Global-DEA 超效率模型和非径向的方向性距离函数,利用 1983—2020 年中国 28 个省份的面板数据测算了环境效率。其中投入要素主要有农业劳动力、土地、化肥、灌溉面积和机械。产出包括期望产出和非期望产出,其中期望产出是以 1980 年价格计算的农业总产值,非期望产出为化肥和农作物固体废弃物所排放出的 TP、TN 和 COD。农业环境效率用 ee 表示。

2. 核心解释变量

农地产权结构:农地产权结构为核心解释变量之一,包括农地使用权、收益权和处置权,本书的第二章对农地使用权、收益权和处置权的度量有详细说明,分别用 use、ben 和 dis 表示。

农地经营规模:农地经营规模也是本章的核心解释变量。本章采用劳均耕地面积表示,主要原因有二:其一是耕地面积能够较准确地反映各地区土地资源禀赋。其二是耕地面积是未经复种的面积。此外,在后文将使用劳均播种面积表示农地经营规模来做稳健性检验,以保证结果的稳健性。农地经营规模用 $scale$ 表示。

3. 控制变量

①农业结构(x_1)。相关研究表明,农业结构是影响我国农业环境效率的重要因素[1][2]。该变量用粮食播种面积占农作物播种面积的比重表示。

②财政支农比重(x_2)。财政支农的力度对农业环境效率有重要影响。考虑到数据的可得性,参考现有文献,本书用各地财政支出中农业相关支出所占比重来表示财政支农制度。

③经济发展水平(x_3)。经济发展水平是用人均 GDP 表示。此

---

[1] 杜江、王锐、王新华:《环境全要素生产率与农业增长:基于 DEA-GML 指数与面板 Tobit 模型的两阶段分析》,《中国农村经济》2016 年第 3 期。

[2] 李谷成:《中国农业的绿色生产率革命:1978—2008 年》,《经济学(季刊)》2014 年第 2 期。

外,本章人均 GDP 是以 1980 年的不变价来表示。

④农业贸易条件(x_4)。本书参考李谷成(2014)[1]和杜江等(2016)[2]的做法,用农产品生产价格指数和农业生产资料价格指数之比来表示农业贸易条件,即农业对工业品贸易条件计算,原因在于农业生产资料价格和农产品价格会改变农户的生产决策和生产行为方式,对农业产出和农业污染排放产生影响,进而对农业环境效率产生影响。

⑤农村人力资本(x_5)。人力资本测度一般有教育年限法、在校学生比例法、教育经费法和教育回报率为基础的扩展型人力资本法等,各类方法都存在一定的优缺点。本书参考陈仲常和马红旗(2011)[3]的做法,采用教育年限法,即人均受教育程度来衡量人力资本。农村人力资本的测算表达式为 $hc_{it} = \sum_{i=1}^{K} \alpha_{it} n_{it}$。其中 hc 表示各地区农村人力资本,n_i 表示农村劳动力的受教育年限,其中大专及以上以 15 年计,高中为 12 年,中专为 13 年,初中为 9 年,小学为 6 年,文盲或半文盲考虑其务农经历为 2 年。α_i 为各类教育程度的农村劳动力的比重。通过表达式本章可以计算出样本期各省份农村人力资本总量。

⑥城镇化(urban)。大部分文献对城镇化水平的度量是用城市

①　李谷成:《中国农业的绿色生产率革命:1978—2008 年》,《经济学(季刊)》2014 年第 2 期。

②　杜江、王锐、王新华:《环境全要素生产率与农业增长:基于 DEA-GML 指数与面板 Tobit 模型的两阶段分析》,《中国农村经济》2016 年第 3 期。

③　陈仲常、马红旗:《人力资本的离散度、追赶效应与经济增长的关系——基于人力资本分布结构的异质性》,《数量经济技术经济研究》2011 年第 6 期。

户籍人口与总人口之比,但是随着外出务工的农业劳动力数量的增加,这一比例会大大低估我国的城镇化水平。因此本书采用各地区城镇常住人口与总人口之比,这个比例更能反映改革开放以来我国城镇化水平的状况。

三、数据来源

考虑到数据的可得性和一致性,本章选择 1983—2020 年一共38 年的时间为样本考察期,全国 28 个省份为研究对象,由于西藏数据缺失严重,因此本书样本中不包含西藏。为保持口径一致,将1988 年后海南的数据并入广东,1998 年后重庆的数据并入四川,因此,本章采用的面板数据由 1983—2020 年共 38 年 28 个单位所构成,共有 1064 个样本。

本章中数据如不做特别说明均来自历年《中国统计年鉴》《改革开放三十年农业统计资料汇编》《新中国五十年统计资料汇编》《新中国六十年统计资料汇编》《中国农业统计资料》以及《(各地区历年)统计年鉴》。缺失的数据通过插值法予以补齐。本章中价值型变量数据均以 1980 年为基期进行平减以消除价格因素干扰。

四、变量的描述性统计

表 6-2 为相关变量的描述性统计。从表 6-2 中可以发现,1983—2020 年间,农业环境效率的均值是 0.6686,最小值是 0.5059,最大值为 1.1330。农村人力资本的平均值为 7.4951 年,最小值为3.0211 年,最大值为 11.87362 年,财政支农比重的均值为 0.0885,

最小值为 0.0213，最大值为 0.1805。人均 GDP 的均值为 4194.5 元，最大值为 35843.45 元，最小值为 290.16 元。农地经营规模的均值为 7.61243 亩/人，最小值为 4.3666 亩/人，最大值为 11.87362 亩/人。这说明各变量均存在显著的差异。

表 6-2 变量的描述性统计

变量	变量描述	观测数	均值	标准差	最小值	最大值
ee	农业环境效率	1064	0.6686	0.1147	0.5059	1.1330
$scale$	农地经营规模（亩/人）	1064	7.6124	1.11539	4.3666	11.8736
use	农地使用权	1064	0.6686	0.1359	0.25	1
ben	农地收益权	1064	0.9817	0.0407	0.0206	0.8333
dis	农地处置权	1064	0.3485	0.1984	0	0.8333
x_1	农业结构	1064	0.7046	0.1126	0.3282	0.957
x_2	财政支农比重	1064	0.0885	0.0317	0.0213	0.1805
x_3	经济发展水平	1064	4194.5	5021.3	290.16	35843.45
x_4	农业贸易条件	1064	1.0055	0.0904	0.8209	2.1
x_5	农村人力资本	1064	7.4951	1.2909	3.0211	11.87362
$urban$	城镇化率	1008	0.4215	0.1783	0.0902	0.896

资料来源：根据 Stata15.0 统计软件计算整理。

<h2 align="center">第四节 实证结果分析及效应分解</h2>

一、实证结果分析

表 6-3 为农地产权结构通过农地经营规模对农业环境效率产

生影响的估计结果,包含农地经营规模方程和农业环境效率方程,每个方程均采用了两阶段最小二乘法(2sls)、三阶段最小二乘法(3sls)和迭代式三阶段最小二乘法(ireg-3sls)。从表6-3的结果来看,三种方法的结果在个别变量的显著性和符号上存在差异外,其他结果大部分是一致的,这在一定程度上说明了结果的稳健性。在此本章以三阶段最小二乘法的估计结果来进行分析。通过农地经营规模方程可知,农地使用权排他性的增强对农地经营规模具有显著的正向影响,农地使用权排他性增强1个单位,导致农地经营规模上升2.625个单位。说明随着农地使用权排他性的提高,农户的生产性效应会提高,交易成本降低,从而使得农地经营规模会扩大。农地使用权承包期限越长,国家越放开粮食收购市场,农地使用权排他性越强,安全性越高,从而导致农户的生产收益提高,同时农地流转的交易成本下降,进而促使农地经营规模不断扩大。农地收益权排他性的增强对农地经营规模的扩大具有显著的促进作用。农地收益权排他性增强1个单位,农地经营规模扩大10.9个单位。说明随着农户独享农地收益的权利越大,农户会越来越多地从事农地经营,从而促进农地规模的扩大。农地处置权的增强对农地经营规模扩大有显著正向影响。农地处置权增强1个单位,农地经营规模扩大11.45个单位。这说明随着农地处置权中的流转权、抵押权和继承权的排他性的增强,有利于农地在不同的主体间的配置,从而促进农地经营规模的扩大。

从农地经营规模方程中的控制变量来看,农业结构、经济发展水平和城镇化率对农地经营规模有显著的正向促进作用。

农业环境效率方程结果显示,农地经营规模对农业环境效率具有显著的正向影响,在5%的显著性水平下显著。农地经营规模提高1个单位,农业环境效率提高3.7%。这说明农业环境效率是随着农地经营规模的扩大而不断提高,这与理论预期是一致的。农地使用权对农业环境效率具有显著正向影响,农地使用权排他性增强1个单位,农业环境效率上升35%。农地收益权对农业环境效率具有显著正向影响,农地收益权排他性增强1个单位,农业环境效率提高13.7%。农地处置权排他性增强1个单位,农业环境效率提高12.3%。这说明随着农地产权结构中农地使用权、收益权和处置权排他性的增强,农业环境效率会不断提高。这与理论预期也是一致的。

从农业环境效率方程中的控制变量来看,农业结构对农业环境效率具有显著的负向影响,财政支农比重、经济发展水平和农村人力资本对农业环境效率具有显著正向影响,这与前面几章的结论是一致的。农业贸易条件对农业环境效率的影响不显著。

表6-3　农地产权结构、农地经营规模与农业环境效率影响的估计结果

变量	lnee			scale		
	2sls	3sls	3sls-iter	2sls	3sls	3sls-ITER
scale	0.0738***	0.0370**	0.0102**			
	(2.85)	(2.44)	(2.51)			
use	0.437***	0.350***	0.287***	2.625***	2.625***	2.625***
	(3.87)	(3.13)	(3.75)	(4.90)	(4.91)	(4.91)
ben	0.285**	0.137*	0.0288**	10.90***	10.90***	10.90***

变量	lnee			scale		
	2sls	3sls	3sls-iter	2sls	3sls	3sls-ITER
	(2.37)	(1.66)	(2.20)	(3.58)	(3.59)	(3.59)
dis	0.0675***	0.123***	0.163***	11.45***	11.45***	11.45***
	(4.88)	(3.63)	(3.32)	(4.95)	(4.97)	(4.97)
x_1	−0.273***	−0.485***	−0.639***	32.11***	32.11***	32.11***
	(−5.11)	(−5.74)	(−11.31)	(12.26)	(12.31)	(12.31)
x_2	0.117***	0.128***	0.137			
	(5.39)	(6.45)	(0.95)			
x_3	0.00001**	0.00001***	0.00001***	0.00001	0.00001	0.00001
	(2.31)	(3.14)	(5.45)	(0.12)	(0.12)	(0.12)
x_4	−0.00387	0.0516	0.0921**			
	(−0.04)	(0.59)	(2.00)			
x_5	0.0214*	0.0209*	0.0206***			
	(1.81)	(1.86)	(3.67)			
urban				13.04***	13.04***	13.04***
				(6.38)	(6.40)	(6.40)
常数项	−0.959***	−0.531**	−0.219	−31.60***	−31.60***	−31.60***
	(−3.66)	(−2.05)	(−1.28)	(−4.42)	(−4.44)	(−4.44)

注:*、**、***分别表示在10%、5%和1%的水平上显著;括号内为稳健标准误。

二、效应分解

由上述联立方程可知,农地产权结构对农业环境效率具有直接影响,又有通过农地经营规模的间接影响,为了考察这种影响效应,可将上述方程表示为以下形式①：

$$\frac{d\text{lnee}}{d\text{use}} = \frac{\partial\text{lnee}}{\partial\text{use}} + \frac{\partial\text{lnee}}{\partial\text{scale}} \cdot \frac{\partial\text{scale}}{\partial\text{use}} \tag{6.3}$$

$$\frac{d\text{lnee}}{d\text{ben}} = \frac{\partial\text{lnee}}{\partial\text{ben}} + \frac{\partial\text{lnee}}{\partial\text{scale}} \cdot \frac{\partial\text{scale}}{\partial\text{ben}} \tag{6.4}$$

$$\frac{d\text{lnee}}{d\text{dis}} = \frac{\partial\text{lnee}}{\partial\text{dis}} + \frac{\partial\text{lnee}}{\partial\text{scale}} \cdot \frac{\partial\text{scale}}{\partial\text{dis}} \tag{6.5}$$

公式(6.3)、(6.4)和(6.5)所表示的含义是相同的,公式中左边分别代表农地使用权、农地收益权和农地处置权对农业环境效率的总影响,右边第一项分别代表农地使用权、农地收益权和农地处置权对农业环境效率的直接影响,第二项分别代表农地使用权、农地收益权和农地处置权通过农地经营规模对农业环境效率的间接影响。

通过计算上述公式,结果见表6-4。

表6-4　农地产权结构、农地经营规模对农业环境效率的效应分解

	直接效应	间接效应	总效应
使用权	0.350	0.097	0.447
收益权	0.137	0.403	0.54
处置权	0.123	0.423	0.547

资料来源:笔者计算获得。

从表6-4中可以发现,农地使用权对农业环境效率的直接影响为0.35,间接影响为0.097,总影响为0.447。由此可知,农地使用权通过农地经营规模对农业环境效率的产生了正向影响,证实了农地

---

① 杨敏:《产业集聚对工业污染排放的影响研究》,武汉大学2017年博士学位论文。

使用权促进了农地经营规模的扩大进而导致农业环境效率改善。农地收益权对农业环境效率的直接效应为 0.137,间接效应为 0.403,总效应为 0.54。因此农地收益权通过对农地经营规模对农业环境效率产生了正向影响,说明其通过促进农地经营规模的扩大促使农业环境效率的上升。农地处置权对农业环境效率的直接影响为 0.123,间接影响为 0.423,总效应为 0.547,因此农地处置权通过对农地经营规模对农业环境效率产生正向影响,说明其通过促进农地经营规模的扩大促使农业环境效率上升。

三、稳健性检验

此外,本章还利用劳均播种面积表示的农地经营规模来进行稳健性检验[①]。表 6-5 为利用劳均播种面积表示的农地规模进行稳健性检验。

表 6-5　稳健性检验回归结果

变量	lnee			scale		
	2sls	3sls	3sls-iter	2sls	3sls	3sls-ITER
scale	0.677**	0.885**	0.0860***			
	(2.29)	(2.16)	(5.16)			
use	0.399***	0.326**	0.293***	0.175**	0.175**	0.175**
	(2.85)	(2.34)	(4.44)	(2.14)	(2.14)	(2.14)
ben	0.680*	0.369**	0.230	0.509***	0.509***	0.509***

----

① 王亚辉等:《中国农地经营规模对农业劳动生产率的影响及其区域差异》,《自然资源学报》2017 年第 4 期。

续表

变量	lnee			scale		
	2sls	3sls	3sls-iter	2sls	3sls	3sls-ITER
	(1.80)	(3.98)	(1.29)	(3.40)	(3.40)	(3.40)
dis	0.0731***	0.0895**	0.0968**	0.323***	0.323***	0.323***
	(5.71)	(2.08)	(2.09)	(2.64)	(2.65)	(2.65)
x_1	0.209	−0.286**	−0.507***	1.210***	1.210***	1.210***
	(0.99)	(−2.37)	(−5.26)	(8.75)	(8.79)	(8.79)
x_2	0.773	0.346**	0.156*			
	(1.54)	(2.11)	(1.83)			
x_3	0.00001***	0.00001***	0.00001***	0.00001***	0.00001***	0.00001***
	(2.90)	(2.78)	(5.74)	(3.13)	(3.14)	(3.14)
x_4	0.0350	0.0813***	0.102**			
	(0.29)	(4.70)	(2.43)			
x_5	−0.0334	0.00836*	0.0270**			
	(−1.05)	(1.77)	(2.01)			
urban				0.828***	0.828***	0.828***
				(7.68)	(7.71)	(7.71)
常数项	−2.455***	−1.150	−0.569			
	(−2.82)	(−1.33)	(−1.40)			
N	1036	1036	1036	1036	1036	1036

注: *、**、*** 分别表示在10%、5%和1%的水平上显著;括号内为稳健标准误。

　　从表6-5的结果可以看出核心变量和控制变量在符号和显著性方面与表6-3基本一致。在此同样以三阶段最小二乘的估计结果来进行分析。在农地规模方程中,农地使用权与农地经营规模呈显著正向关系,农地使用权排他性增强 1 个单位,农地经营规模增加 0.175 个单位。农地收益权与农地经营规模呈显著正向关系,农地收益权排他性增强 1 个单位,农地经营规模扩大 0.509 个单位。农地处置权与农地经营规模呈显著正向关系,农地处置权的排他性增强 1 个单位,农地经营规模扩大 0.323 个单位。其他控制变量与农地经营规模的关系与前文基本保持一致。

在农业环境效率方程中,农地经营规模与农业环境效率呈显著正向关系,且在 5% 显著性水平下显著。农地经营规模增加 1 个单位,农业环境效率提高 88.5%。这一结果符合理论预期,且与前文结论保持一致。农地使用权与农业环境效率呈显著正向关系,农地使用权排他性增强 1 个单位,农业环境效率上升 32.6%。农地收益权与农业环境效率呈显著正向关系,农地收益权排他性增强 1 个单位,农业环境效率上升 36.9%。农地处置权与农业环境效率呈显著负向关系,农地处置权排他性增强 1 个单位,农业环境效率上升 8.95%。其他控制变量与农地经营规模的关系与前文基本保持一致。

第五节　进一步拓展分析:差异性分析

一、不同区域的差异性分析

鉴于中国东、中、西部三大区域的土地禀赋和经济发展状况存在较大差异,区域差异可能会掩盖农地产权结构通过农地经营规模对农业环境效率影响的真实性。为了考察这种异质性,本章进一步将全国样本分为东部、中部和西部三个子样本进行实证分析。由于篇幅的限制,本章只报告三阶段最小二乘法进行系统估计的结果,结果如表6-6所示。

从表6-6中可以看出,在农地经营规模方程中,东、中部地区差异不大,农地使用权、农地收益权以及农地处置权的排他性的增强均对农地经营规模具有显著正向影响,对农地经营规模的扩大具有显著的促进作用。这一结果与前文差异不大,控制变量的结果也与前文较为一致。西部地区稍有差异,西部地区农地使用权和农地处置权对农地经营规模的扩大均有显著促进作用,但是农地收益权对农地经营规模的扩大作用不显著。

在农业环境效率方程中,东部、中部和西部地区农地经营规模与农业环境效率具有显著正向关系,农地经营规模的扩大有利于促进农业环境效率的改善。农地使用权、农地收益权和农地处置权的排他性的增强均对农业环境效率具有显著的正向影响。这与前文基本保持一致。

表6-6　三大区域的实证结果

变量	ln*ee*			*scale*		
	东部地区	中部地区	西部地区	东部地区	中部地区	西部地区
scale	0.101***	0.341***	0.297**			
	(3.56)	(5.47)	(2.42)			

续表

变量	lnee			scale		
	东部地区	中部地区	西部地区	东部地区	中部地区	西部地区
use	0.487**	0.304***	0.618***	0.716***	0.00468**	0.546**
	(2.14)	(4.65)	(6.36)	(3.97)	(6.02)	(2.61)
ben	0.442***	0.0365*	0.351***	0.955*	0.131*	4.970
	(2.76)	(1.74)	(5.12)	(1.95)	(1.82)	(0.20)
dis	0.302**	0.0373*	0.101**	0.0663**	0.698**	1.428***
	(2.27)	(1.95)	(2.18)	(2.43)	(2.40)	(4.17)
x_1	1.633***	−0.636***	−0.213*	1.450***	3.275***	−0.475
	(3.46)	(−7.49)	(−1.76)	(7.84)	(12.33)	(−1.42)
x_2	−3.122***	0.787***	−0.839*			
	(−3.26)	(2.90)	(−1.93)			
x_3	0.00004***	−0.00001*	0.00002***	0.00002***	−0.00002	0.0002***
	(5.36)	(−1.83)	(2.70)	(5.35)	(−1.02)	(7.85)
x_4	−0.220	0.133***	0.00564			
	(−0.78)	(3.35)	(0.05)			
x_5	0.385***	−0.000891	0.0884***			
	(3.75)	(−0.06)	(6.40)			
urban				0.402***	4.511***	0.0370
				(3.89)	(13.37)	(0.15)
常数项	1.282	−0.245*	6.672***	−0.188	−2.614***	−3.913
	(1.39)	(−1.85)	(5.17)	(−0.39)	(−5.67)	(−0.96)
N	380	304	380	380	304	380

注：*、**、***分别表示在10%、5%和1%的水平上显著；括号内为稳健标准误。

进一步深入运用公式(6.3)、(6.4)和(6.5)可以求出东中西部地区农地产权结构对农业环境效率的直接影响,农地产权结构通过农地经营规模对农业环境效率的间接影响,以及农地产权结构对农业环境效率的总影响。结果见表6-7。

从表6-7中可以看到,东部地区农地使用权对农业环境效率的直接效应为0.487,农地使用权作用于农地经营规模进而影响农业环境效率的间接影响为0.0723,总影响为0.559。说明东部地区农地使用权排他性的增强提升了农业环境效率,并且通过农地经营规模对农业环境效率产生显著正向影响。农地收益权对农业环境效率的直接影响为0.442,通过农地经营规模对农业环境的间接影响为0.096,总效应为0.538。这说明农地收益权对农业环境效率提升具有显著促进作用,通过农地经营规模对农业环境效率具有促进作用。农地收益权对农业环境效率的直接影响为0.302,通过农地经营规模对农业环境的间接影响为0.0067,总效应为0.309。说明农地处置权对农业环境效率具有显著促进作用,通过农地规模对农业环境效率同样具有显著促进作用。

表6-7　分区域的农地产权结构、农地经营规模对农业环境效率的影响

地区	解释变量	直接效应	间接效应	总效应
东部地区	使用权	0.487	0.0723	0.559
	收益权	0.442	0.096	0.538
	处置权	0.302	0.0067	0.309

地区	解释变量	直接效应	间接效应	总效应
中部地区	使用权	0.304	0.0016	0.306
	收益权	0.0365	0.045	0.081
	处置权	0.0373	0.238	0.275
西部地区	使用权	0.618	0.162	0.78
	收益权	0.351	—	0.351
	处置权	0.101	0.424	0.525

资料来源:笔者计算获得,"一"表示间接效应不存在。

中部地区农地使用权对农业环境效率的直接影响为 0.304,通过农地经营规模作用农业环境效率的间接影响为 0.0016,总影响为 0.306。说明农地使用权排他性的增强对农业环境效率提升具有直接促进作用,同时通过农地经营规模对农业环境效率的改善也具有促进作用。农地收益权对农业环境效率的直接影响为 0.0365,通过农地经营规模产生的间接影响为 0.045,总影响为 0.081。农地处置权对农业环境效率的直接影响为 0.0373,通过农地经营规模对农业环境效率的间接影响为 0.238,总影响为 0.275。这说明农地收益权和处置权对农业环境效率均有正向促进作用,并且通过农地经营规模对农业环境效率具有正向促进作用。

西部地区农地使用权对农业环境效率的直接影响为 0.618,通过农地经营规模对农业环境效率的间接影响为 0.162,总影响为 0.78。农地处置权对农业环境效率的直接影响为 0.101,通过农地经营规模对农业环境效率的间接影响为 0.424,总影响为 0.525。但是由于农地收益权对农地经营规模的影响不显著,使得农地收益权通过农地经营规模影响农业环境效率的间接影响不存在，因此，西部地区农地收益权对农业环境效率的总影响只有直接影响，大小为 0.351。

从三大地区来看，东部和中部地区农地使用权、收益权和处置权对农业环境效率均产生显著促进作用，并且通过农地经营规模对农业环境效率产生显著间接作用。只是在使用权、收益权和处置权的直接效应、间接效应以及总效应的大小方面存在差异。从农地产权结构的间接影响来看，东部地区农地收益权通过农地经营规模对农业环境效率的间接作用最大，其次是农地使用权，最小的是农地处置权。中部地区是农地处置权的间接作用最大，其次是农地收益权，最小的是农地使用权。西部地区与东部和中部地区的差异较大。西部地区的农地使用权和处置权均对农业环境效率具有直接促进作用，并且通过农地经营规模对农业环境效率产生间接作用，但是农地收益权对农地经营规模的影响不显著，从而使得其通过农地经营规模的间接作用不存在，因而西部地区农地收益权只对农业环境效率具有直接的促进作用，不通过农地经营规模影响农业环境效率。原因可能在于西部地区农地经营收益较差，即使农地收益权排他性不断增强，农户也不愿意从事农地经营活动，因而对农地经营规模的正向影响不显著。

二、不同地貌的差异性分析

相关研究表明不同地貌类型农业环境效率存在较大差异，且不同的地貌类型农地产权结构对农地经营规模的影响也存在差异，进而对农业环境效率的影响也存在差异。本章参考王亚辉等(2017)的做法,将全国的样本分为平原地区和丘陵山区来考察不同地貌类型农地产权结构通过农地经营规模对农业环境效率影响的差异①。丘陵和山区的划分标准参考《中国农村住户调查年鉴》中各地区农村居民家庭经营土地情况,其主要原则是家庭中人均经营山地面积占家庭总耕地面积的比重低于1/4,则认为该地区为平原地区,反之为丘陵地区。其中,平原地区包括北京、天津、山西、河北、辽宁、内蒙古、山西、黑龙江、吉林、安徽、上海、江苏、山东、新疆、宁夏和河南,丘陵山区则包括福建、浙江、湖北、湖南、江西、海南、广西、广东、四川、云南、贵州、陕西、青海和甘肃。限于篇幅,本书只给出三阶段最小二乘法的系统估计结果。结果见表6-8。

从表6-8中可以看到,在农地经营规模方程中,平原地区农地使用权对农业经营规模具有显著正向影响,农地收益权排他性增强对农地经营规模具有显著正向影响,农地处置权排他性增强对农地经营规模具有显著正向影响。

在农业环境效率方程中,平原地区农地经营规模对农业环境效率有显著正向影响,农业环境效率随着农地经营规模的扩大而上升,农地经营规模扩大1单位,农业环境效率提高38.2%。农地使用权、农地收益权和处置权排他性的增强对农业环境效率具有显著的正向影响。这一结果与前文是一致的。其他控制变量的符号与前文也是一致的。

---

① 王亚辉等:《中国农地经营规模对农业劳动生产率的影响及其区域差异》,《自然资源学报》2017年第4期。

表 6-8　不同地貌下的实证结果

变量	lnee		scale	
	平原地区	丘陵山区	平原地区	丘陵山区
scale	0.382 ***	0.532		
	(6.57)	(0.54)		
use	0.527 ***	0.219 **	0.249 **	0.281 **
	(8.03)	(2.39)	(2.37)	(2.35)
ben	0.865 ***	0.0391	5.669 ***	0.241
	(4.29)	(0.32)	(5.81)	(1.06)
dis	0.133 **	0.126	0.916 ***	0.675 ***
	(2.49)	(1.33)	(3.97)	(6.79)
x_1	−0.178 ***	0.193	1.546 ***	0.171
	(−3.44)	(0.95)	(6.60)	(1.11)
x_2	−0.384 *	−0.615 **		
	(−1.80)	(−2.40)		
x_3	0.0000132 ***	0.0000317 ***	−0.0000553 ***	−0.00000612
	(9.05)	(11.14)	(−6.95)	(−1.17)
x_4	0.165 ***	−0.137		
	(3.43)	(−1.40)		
x_5	0.0408 ***	−0.0185		
	(4.35)	(−0.72)		
urban			2.390 ***	−0.330 ***
			(11.04)	(−4.08)
常数项	−1.525 ***	−0.343	−6.475 ***	−0.0804
	(−7.47)	(−1.63)	(−6.76)	(−0.30)
N	608	532	608	532

注：*、**、*** 分别表示在10%、5%和1%的水平上显著；括号内为稳健标准误。

从丘陵地区来看,结果与平原地区差异较大。在农地经营规模方程中,农地使用权排他性增强对农地经营规模具有显著正向影响;而农地收益权排他性增强对农地经营规模的影响为正,但是不显著;农地处置权排他性增强对农地经营规模具有显著正向影响。

在农业环境效率方程中,农地经营规模对农业环境效率的影响不显著。农地使用权对农业环境效率具有显著正向影响,而农地收益权和处置权对农业环境效率影响不显著。这一结果说明在丘陵地区农地产权结构对农业环境效率的直接影响和间接影响都不存在,其原因可能在于丘陵地区农地分布比较分散,经营规模较小,农地产权结构的调整对农地经营规模的扩大不能产生显著影响,同时农地经营规模对提高农户保护环境的意识作用不大。

进一步利用公式(6.3)、(6.4)和(6.5)求出平原地区农地产权结构对农业环境效率的直接影响,通过农地经营规模对农业环境效率的间接影响,以及总影响。结果如表6-9所示。

从表6-9可知,平原地区农地使用权对农业环境效率的直接影响为0.527,通过农地经营规模对农业环境效率的间接影响为0.095,总影响为0.622。说明平原地区农地使用权排他性增强对农业环境效率具有显著促进作用,通过农地经营规模对农业环境效率也会产生显著的促进作用。农地收益权排他性增强对农业环境效率的直接影响为0.865,通过农地经营规模对农业环境效率的间接影响为2.166,总影响为3.031。说明平原地区农地收益权排他性增强对农业环境效率具有显著促进作用,通过农地经营规模对农业环境效率间接作用也是显著正向的。平原地区农地处置权排他性增强对农业环境效率的直接影响为 0.133,对通过农地经营规模对农业环境效率的间接影响为 0.35,总影响为 0.483。说明平原地区农地处置权增强对农业环境效率具有显著的促进作用,其中农地处置权增强通过农地经营规模对农业环境效率的间接影响是显著为正的。

表 6-9　平原地区农地产权结构、农地经营规模对农业环境效率的影响分解

	直接效应	间接效应	总效应
使用权	0.527	0.095	0.622
收益权	0.865	2.166	3.031
处置权	0.133	0.35	0.483

资料来源:笔者计算得到。

第六节　本章小结

本章的主要目的在于深入探讨农地产权结构通过农地经营规模对农业环境效率的影响这一机制。首先本章从理论上梳理了农地产权结构对农地经营规模的影响、农地经营规模如何影响农业环境效率,进而农地产权结构通过农地经营规模影响农业环境效率这一机制。然后对全国及东、中、西部地区农地经营规模的状况进行了分析。最后在此基础上利用 1983—2020 年中国 28 个省份的面板数据,进一步考察了农地经营规模对农业环境效率的影响及其机制。结论如下:

（1）从全国总体样本来看，农地产权结构通过农地经营规模对农业环境效率产生影响。农地使用权、农地收益权和农地处置权的排他性的增强对农地经营规模均有显著促进作用，而农地经营规模的扩大对农业环境效率的提高具有显著促进作用，并且农地使用权、农地收益权和农地处置权对农业环境效率具有显著促进作用。因此农地产权结构对农业环境效率具有直接作用，同时通过农地经营规模对农业环境效率产生间接效应。农地使用权通过农地经营规模对农业环境效率的间接效应为 0.097，农地收益权通过农地经营规模对农业环境效率的间接效应为 0.403，农地处置权通过农地经营规模对农业环境效率的间接效应为 0.423。本章又利用劳均播种面积来代理农地经营规模，得到了基本一致的结论，证明了结果的稳健性。

（2）鉴于中国东、中、西部三大区域的土地禀赋和经济发展状况存在较大差异，为了考察这种异质性，本章进一步将全国样本分为东部、中部和西部三个子样本进行实证分析。结果发现，农地产权结构通过农地经营规模对农业环境效率的间接影响在不同地区的样本下具有一定的差异性。东部和中部地区农地使用权、农地收益权和农地处置权对农业环境效率具有显著正向的直接影响，同时通过农地经营规模对农业环境效率产生显著正向的间接影响。但是西部地区只有农地使用权和农地处置权对农业环境效率产生显著正向的直接影响，同时通过农地经营规模对农业环境效率产生显著正向的间接影响，农地收益权对农业环境效率具有显著正向的直接影响，但是对农地经营规模的影响不显著，从而导致其通过农地经营规模影响农业环境效率的间接影响不显著,因此农地收益权对农业环境效率只有直接影响。

(3)不同地貌条件下农地产权结构对农地经营规模的影响也存在差异,进而对农业环境效率的影响也存在差异,因此将全国样本又分为平原地区和丘陵地区。结果表明在不同地貌条件下农地产权结构通过农地经营规模对农业环境效率的间接影响存在差异。在平原地区,农地使用权、农地收益权和农地处置权对农地经营规模均有正向促进作用,而农地经营规模对农业环境效率也有正向促进作用,从而使得农地使用权、农地收益权和农地处置权通过农地经营规模进而对农业环境效率产生正向促进作用。因此在平原地区农地产权结构既有对农业环境效率的直接效应,也有通过农地经营规模对农业环境效率的间接效应。但是在丘陵山区只存在农地使用权对农业环境效率的直接效应,不存在通过农地经营规模对农业环境效率的间接效应,而农地收益权和处置权对农业环境效率既没有显著的直接效应,也不存在通过农地经营规模对农业环境效率的间接效应。

第七章　结论与政策建议

本书在借鉴和吸收现有相关文献的基础上,运用制度经济学、发展经济学、农业经济学和环境经济学等相关理论,构建了农地产权结构影响农业环境效率的研究框架。在系统分析了农地产权结构影响农业环境效率的理论机制,同时深入研究了农地产权结构通过农地长期投资和农地经营规模对农业环境效率的间接影响机制,并利用多种计量方法对这些机制进行实证检验,试图厘清农地产权结构对农业环境效率的影响机制及影响程度。最后提出相关政策建议,为具有产权结构变动内涵的农地三权分置改革实践提供理论指导。

第一节　研究结论

(1)新中国成立以来我国农地产权制度经历了多次变迁,由激进型向渐进型转变。

农地产权结构在不同主体间的配置逐渐以农户为主体,特别是改革开放以来农户的农地使用权、农地收益权和农地处置权的排他性在不断增强。

（2）通过构建 Global-DEA 超效率模型测算了 1978—2020 年中国 28 个省份的农业环境效率，并分析了中国农业环境效率的时空演变特征和收敛性。

从时间演变模式来看，中国农业环境效率呈现出先下降后缓慢上升的特征，上升幅度较小，农业环境效率整体处于较低的水平，说明在投入不变的条件下，农业环境效率提升空间较大。分区域来看，东、中、西部地区的农业环境效率的变动趋势与全国基本保持一致，只是增长幅度有所不同。从农业环境效率均值的排名来看，东部地区的农业环境效率最高，其次是西部地区，中部地区的农业环境效率最低。分省份来看，天津、四川和上海的农业环境效率最高，青海、安徽和宁夏的农业环境效率最低。

此外，利用经济收敛理论和实证方法对中国农业环境效率的收敛性进行了分析。从全国来看，农业环境效率不存在 σ 收敛，即农业环境效率的地区差异没有随时间的推移而逐渐缩小，并且农业环境效率较低的省份增长速度慢于农业环境效率较高的省份，即不存在绝对 β 收敛，但是各地区农业环境效率存在各自的稳态水平并向该稳态水平收敛，即存在条件 β 收敛。分区域来看，东部地区农业环境效率存在条件 β 收敛，但不存在 σ 收敛和绝对 β 收敛；中部和西部地区农业环境效率不存在 σ 收敛但是存在绝对 β 收敛和条件 β 收敛。由此可以看出，全国和东、中、西部三大地区都具有条件 β 收敛，从条件收敛的速度来看，东部收敛速度最快，其次是中部和全国，西部的收敛速度最慢。

（3）揭示了农地产权结构对农业环境效率的作用机理。首先是以可持续发展理论和产权经济学理论为基础指出了农地产权制度是影响农业环境效率的重要制度因素。其次分析了农地产权结构对农业环境效率的作用机制,认为农地产权结构主要是通过农地产权投资和农地经营规模对农业环境效率产生影响的。最后在理论和机制分析的基础上提出了农地使用权和处置权对农业环境效率具有正向促进作用而农地收益权对农业环境效率的影响不确定的理论假设。

（4）指出了农地产权结构与农业环境效率的关系。农地使用权、农地收益权和农地处置权的排他性的增强对农业环境效率具有显著的促进作用。利用 1983—2020 年中国 28 个省（区、市）的面板数据,运用全面的 FGLS、LSDV 和 LSDVC 等计量方法实证检验了农地产权结构演变对农业环境效率的影响。结果表明农地使用权排他性增强对农业环境效率具有显著的正向效应。农地使用权排他性的提高,能够激励农户对农地的经营行为,加大对农地的长期投资,增加农业产出的同时减少农业污染物的排放。农地收益权排他性的增强对农业环境效率的影响显著为正。农地的收益权排他性的增强一方面可以激励农户增加农地长期投资,提高农业产出,但另一方面也会促使农户追求短期产出收益而加大对化肥、农药的使用,从而使得农业污染物排放有所增加。但是由于农地收益权对长期投资的促进作用大于其对短期投资的促进作用,从而使得农地收益权对农业环境效率具有显著的正向影响。农地处置权排他性的增强对农业环境效率具有显著促进作用。赋予农户更充分的处置权,使农户能够通过土地流转、抵押等方式,更有效地配置土地资源,促进农业环境效率的提高。

(5)检验了农地产权结构通过农地长期投资对农业环境效率的间接影响。通过梳理农地产权制度演进对农业产出绩效和农业生态环境关系的文献,深入剖析了农地产权结构对农地长期投资的影响机制及农地产权结构通过农地长期投资对农业环境效率的影响机制并提出了两个理论假设,同时利用全面的 FGLS、LSDV 和 LSDVC 方法以及中介效应模型对农地产权结构对农地长期投资以及农地产权结构对农业环境效率的直接影响和中介效应进行实证检验。研究结果证明了提出的假设。

研究发现农地产权结构对农地长期投资有显著影响。农地使用权、收益权和处置权均对农地长期投资有显著正向影响。农地使用权排他性的增强,能够提高农地经营的稳定性,促使农户加大对农地的长期投资。农地收益权排他性的增强,使农户能够最大限度获得农地经营的收益,农户为了获得更多的长期收益,必然会加大农地的长期投资。农地处置权排他性的增强,特别是农地抵押权的增强,能够促使农户对农地进行长期投资。农户为了提高农地的可抵押性,必定要提高农地的质量,从而会加大对农地的长期投资。

农地产权结构不仅具有直接的"产权—环境"效应,而且通过农地长期投资产生中介效应影响农业环境效率。农地产权制度改革的不断推进,在一定程度上保证了农户收益的稳定和安全,从而激发农户引进先进的绿色生产技术,保护农业生态环境,提高农业长期产出绩效,能够直接提高农业环境效率。此外,农地使用权、收益权和处置权还会通过农地长期投资对农业环境效率产生影响。而在实证结果中,农地使用权、农地收益权和农地处置权均通过农地长期投资对农业环境效率具有显著正向的中介效应。利用中介效应的公式计算发现,在全国样本中,农地处置权通过农地长期投资对农业环境效率的中介效应最大,其次是农地收益权,农地使用权通过农地长期投资对农业环境效率的中介效应最小。

为了检验上述结果的稳健性,同时也是考察这一结果在不同地区的差异性,将全国样本分为东部地区、中部地区和西部地区。结果显示,东部和中部农地产权结构不仅对农业环境效率具有直接促进作用,而且通过农地长期投资对农业环境效率产生正向影响,这一机制与全国样本是一致的,说明上述结果的稳健性。但是两个地区在农地产权结构的中介效应的大小上存在差异。其中,东部地区农地使用权的中介效应最大,其次是农地收益权的中介效应,农地处置权的中介效应最小。中部地区是农地处置权所产生的中介效应最大,其次是农地使用权,农地收益权通过农地长期投资对农业环境效率的影响所产生的中介效应最小。在西部地区农地产权结构对农业环境效率的影响机制略有差异,农地使用权和农地处置权对农业环境效率的影响既有直接效应,也有通过农地长期投资的中介效应,而农地收益权对农业环境效率的影响是完全通过农地长期投资产生的,不存在直接效应。

(6)检验了农地产权结构通过农地经营规模对农业环境效率的影响的机制。首先从理论上梳理了农地产权结构对农地经营规模的影响、农地经营规模如何影响农业环境效率,进而农地产权结构通过农地经营规模影响农业环境效率这一机制。然后对全国及东、中、西部地区农地经营规模的状况进行了分析。最后在此基础上利用1983—2020年我国28个省份的面板数据,构建联立方程组实证考察了农地产权结构通过农地经营规模对农业环境效率的影响及其机制。

研究结果表明,农地产权结构通过农地经营规模对农业环境效率产生影响。农地使用权、农地收益权和农地处置权的排他性的增强对农地经营规模均有显著促进作用,而农地经营规模的扩大对农业环境效率的提高具有显著促进作用,并且农地使用权、农地收益权和农地处置权对农业环境效率具有显著促进作用。因此农地产权结构对农业环境效率具有直接促进作用,同时通过农地经营规模对农业环境效率产生间接效应。农地使用权通过农地经营规模对农业环境效率的间接效应为0.097,农地收益权通过农地经营规模对农业环境效率的间接效应为0.403,农地处置权通过农地经营规模对农业环境效率的间接效应为0.423。为了证明这一机制的稳健性,又进一步以劳均播种面积来代理农地经营规模,得到了与上述基本一致的结论。

鉴于我国东、中、西部三大区域的土地禀赋和经济发展状况存在较大差异,为了考察这种异质性,将全国样本分为东部、中部和西部三个子样本进行实证分析。结果发现,农地产权结构通过农地经营规模对农业环境效率的间接影响在不同地区的样本下具有一定的差异性。东部和中部地区农地使用权、农地收益权和农地处置权对农业环境效率具有显著正向的直接影响,同时通过农地经营规模对农业环境效率产生显著正向的间接影响。但是西部地区只有农地使用权和处置权对农业环境效率产生显著正向的直接影响,同时通过农地经营规模对农业环境效率产生显著正向的间接影响,农地收益权对农业环境效率具有显著正向的直接影响,但是对农地经营规模的影响不显著,从而导致其通过农地经营规模影响农业环境效率的间接影响不显著,因此农地收益权对农业环境效率只有直接影响。

不同地貌条件下农地产权结构对农地经营规模的影响也存在差异,进而对农业环境效率的影响也存在差异,因此将全国样本又分为平原地区和丘陵地区。结果表明在不同地貌条件下农地产权结构通过农地经营规模对农业环境效率的间接影响存在差异。在平原地区,农地使用权、农地收益权和农地处置权对农地经营规模均有正向促进作用,而农地经营规模对农业环境效率也有正向促进作用,从而使得农地处置权、农地收益权和农地处置权通过农地经营规模进而对农业环境效率产生正向促进作用。因此在平原地区农地使用权、农地收益权和农地处置权既有对农业环境效率的直接效应,也有通过农地经营规模对农业环境效率的间接效应。但是在丘陵山区只有农地使用权对农业环境效率具有显著的直接效应,不存在通过农地经营规模对农业环境效率的间接效应。而农地收益权和处置权对农业环境效率既没有显著的直接效应,也不存在通过农地经营规模对农业环境效率的间接效应。

第二节　政策建议

根据上文所述的主要结论,本书的政策启示是显而易见的。

一、促进农地产权管制放松对农业环境效率的提升效应

当前农村土地制度改革的基本方向是"落实集体所有权、稳定农户承包权、放活土地经营权,实行三权分置"。由此可以看出农地产权管制在不断放松,农地的最终产权是国家的,但是土地的使用权、处置权和收益权是农民的。农民是土地的主人,将土地真正有效利用起来并促使土地"流动"起来,中国农村的规模经济、农地长期投资以及绿色发展将会随之加快进程。大量的文献表明中国农地产权配置越来越以农户为主体,其实质就是农地产权管制的放松。农地产权管制的放松具体包括农户获得更多的农地产权、更为稳定的农地使用权、排他性更高的农地收益权和处置权等。近年来随着国家对农地产权制度改革的逐步深入,农户的农地产权更为完整,这个过程也是农地产权管制放松的过程。而这种放松有利于激发农户对农地和生态环境的保护,提高农业环境效率。由本书的实证研究表明农地使用权、农地收益权和农地处置权的排他性的增强是有利于农业环境效率的改善。因此逐步放松农地的产权管制,赋予农民更多的农地使用权、收益权和处置权能够促进农业的绿色发展。

二、稳定农地使用权激发农户提高农业环境效率的积极性

制度的主要功能之一就是要降低不确定性。然而我国的农地产权制度仍然没有达到一定的法律高度,从而导致当期中国的农地制度还无法降低和消除不确定性。从提高农业环境效率,促进农业绿色发展的角度出发,中国农地产权制度变迁的过程应该要继续坚持农地承包经营的长期化。近十年的改革实践表明,在中国许多农村地区探索实施的农地承包经营权期限延长至 50 年甚至在一些沿海地区还实行了土地承包经营权 70 年不变的政策,均取得了较大的成功,一些学者也提出要继续延长农地承包经营权。而在 2017 年召开的中国共产党第十九次全国代表大会更是明确提出"保持土地承包关系稳定并长久不变,第二轮土地承包到期后再延长 30 年"。因此笔者认为通过赋予农民永久的使用权期限可以降低甚至消除农民在土地使用和经营过程中的不确定性和不安全感。同时,要进一步加快对农户进行农地使用权确权登记工作。通过登记、合同等程序对农地使用权进行确权登记是为了明确农地物权的归属,以此可以排除他人对农地使用权的非法干涉。农地使用权主体应该要积极主动对农地使用权登记进行申请,以更好地确定和保护自己的权利不受侵犯。同时要进一步明确农地使用权的具体内容,要加快落实承包地块、合同、面积和证书"四到户",而不能仅仅是作笼统登记。通过对农地使用权的确权登记工作可以确认农地使用人的使用权,提高农地使用权的稳定排他性,激发农户保护生态环境和采用绿色生产技术进而提高农业环境效率的积极性。因此农地使用权的确权不仅

是关乎农户的切身利益,而且也关乎农业的可持续发展。

三、完善农地流转和抵押机制促进农业环境效率的提高

要进一步提高农地处置权的改革,尤其是要大力推动农地抵押权和流转权的改革。本书的实证研究表明,农地处置权排他性的增强对农业环境效率具有显著正向影响。因此要进一步提高农地处置权的改革,赋予农户更多的农地处置权。

首先,土地的合理流转有利于土地优化配置,实现农地规模经营,增加农地长期投资,进而促进农业环境效率的提高。在促进农地合理流转的过程中,健全农地健康合理的流转是必需的。当前农地流转权只限于本集体村民,而非本集体成员特别是农地转入方对农地是否进行流转没有表决权,从而导致农地流转的封闭性,因此建议进一步放宽农地流转表决成员的范围,将农地转入方纳入农地流转表决中来。此外,还要制定合理的土地流转价格形成机制。当前农地流转的价格是遵循政府官方的指导价位,并非健康市场自发产生的价格,因此建议在进行土地流转时完全遵循市场价格机制,保障农地流转顺利进行。与此同时还要建立合理的农地收益分配机制。在农地转让时应按照自愿、公平和有偿的原则进行的,而在流转时所产生的流转收益大部分应归承包方获得,农村集体作为发包方可以抽取一定比例的佣金,用以支持村集体在完善流转服务方面的基金,促进农地供求信息的畅通,解决农地流转过程中出现的争端和纠纷,促进农地流转市场的平稳健康运行。

其次,完善的农地抵押权机制有利于促进农户对农地的长期投

资,促进农业环境效率的提高。党的十八届三中全会将农民对农地的抵押担保权利试点提上议事日程,但是目前仍在试点过程中。因此要放松法律限制,为土地经营权抵押提供法律保障,要鼓励中介参与,为农地抵押贷款匹配适宜的治理机制。此外,从参与主体来看,金融机构对农地抵押项目的热情不高,金融项目供给的意愿不强,这主要是由于农地产权相关法律法规不够健全、农业生产本质特征等原因所造成的,因此还要加快形成支撑农地抵押的金融体系,出台相关政策鼓励金融主体加大对农地抵押项目的实施力度。与此同时还要出台相关政策对适度规模的新型农业经营主体进行培育和扶持。当前并非所有的农户都有农地金融需求,真正有贷款需求的是经营规模较大、资金经济实力较强、经营项目附加值较高的新型农业经营主体。这些经营主体处于初步发展时期,未来发展潜力较大,也是绿色农业发展的主力军,加大对这些经营主体的扶持,一方面可以促进农地抵押市场的形成,另一方面有利于直接促进绿色农业的发展。

四、建立农地产权制度改革量化标准

农地产权制度作为影响农业生态环境和农业环境效率的最根本的因素,其改革目标之一应是促进农业环境效率的提高,实现农业绿色可持续发展。若通过改革的农地产权制度促进了农业环境效率的提高,则该项改革就是成功的,否则就是没有效果的。因此建议从农业环境效率提高的角度来评价农地产权制度变革,根据环境效率评价结果查找农地产权制度存在的问题,再进行有针对性的农地产权制度变革。

首先可以在农村地区建立农业环境效率测评小组。考虑到不同的地区生态环境存在较大的差异,测评小组应根据这些差异性选取与其相应的指标体系对农业环境效率进行测度。同时将时间的差异性考虑进来,从而得到一个较为全面和有代表性的农业环境效率评价体系。其次将测评小组的测度标准纳入政策制定范围。设定一个农业环境效率评价结果区间,依据这个评价区间来核查农地产权制度存在的问题,为农地产权制度变革的效果设定一定的量化标准。

五、渐进开展农地产权改革试点工作

为了更好地促进农业可持续发展,提高农业环境效率,要渐进地开展农地产权改革试点工作。在推进农地产权改革试点的过程中,要充分了解和平衡各地农地资源的不同属性,在国家、地方各级政府、集体经济以及农户等相关利益主体之间寻求最佳的平衡点。

在改革过程中要遵循地区差异和多样性原则。中国国土辽阔,不同地区的经济发展水平存在较大的差异,社会文化基础也有很多不同之处,在对农业的依赖度上也存在差异,因此不同地区对农地制度的需求也有较大的差别。这种差别存在于东中西部之间,相同地区的近郊和远郊之间也存在差异。比如,在中西部欠发达地区,农户对农地的社会保障功能仍然有着强烈的需求,而在东部沿海发达地区,农业已经不再是主要收入来源,非农务工机会很多,因此农地流转相对比较频繁,能够形成农地的规模化经营从而获得规模收益。因此在改革的过程中应允许不同地区在现有法律法规范围内根据自身不同的情况探索渐进性的农地产权制度创新改革试点。事实上,中国从 1987 年到目前为止建立了多个农地制度改革创新的试验区，包括广东南海、山东平度、湖南怀化等多个地区，均取得了较好的效果。

其次要尊重农户的自主决策。经济学大师哈耶克多次强调，在信息充分条件下，人是有限理性的，没有任何一个人会比当事人自己更了解自己的处境。因此在推进农地产权制度改革过程中，要充分地尊重农户的自主选择，给予农户充分的权利。

第三节　研究不足

笔者在梳理农地产权结构与农业环境效率相关理论的基础上，以农业环境效率为突破口，对中国农地产权结构对农业环境效率的影响机制展开了较为深入的研究。从中了解了中国农业环境效率的时空演变特征及其收敛性，同时分析了中国农地产权结构影响农业环境效率的总影响，在此基础上，又进一步分析了中国农地产权结构演进通过农地长期投资和农地经营规模对农业环境效率的影响，最后在此基础上提出了优化农地产权制度改革的对策建议以促进农业绿色发展。总体而言，本书虽尽全力将研究做得深入、细致，但由于数据可得性以及笔者研究能力的限制，本书仍然存在一些不足之处，主要体现在以下几个方面：

第一，在样本选择方面，由于数据的不可得性，未能将 1978—1982 年各省份的面板数据纳入考察范围，无法完整地呈现改革开放以来中国农地产权结构变迁与农业环境效率的状况及其二者之间的影响机制。但是1983—2020年的样本期也基本涵盖了改革开放以后的范围,因此本书的研究也是有一定的参考价值。

第二,在构建农业非期望产出指标中忽视了物料平衡原则。在国外相关文献中对农业非期望产出的构建大多采用物料平衡原则,将农业生产中的营养元素与产出中营养元素进行比较,二者之差即为非期望产出。这一方法更为科学地刻画了非期望产出。但是国内对生产投入中的营养元素与产出中的营养元素的数据基本处于缺失状态,而在农业领域这方面的数据缺失更为严重,无法利用这一方法。因此本书采用清单分析法来构建农业非期望产出指标,以尽可能准确刻画农业生产带来的环境污染。

第三,研究设计有待完善。在分析农地产权结构影响农业环境效率的机制中主要是利用宏观数据进行分析,缺乏微观层面的分析。宏观分析有其优点,能够从全局把握总体趋势,而微观研究有利于从微观层面深入剖析。然而由于数据的局限,本书无法从微观层面深入地考察农地产权结构对农业环境效率的影响,尤其是农地产权结构对农业环境效率的间接影响机制还有待进一步探讨。

第四节　后续研究展望

根据上述分析,本书的后续研究可以从以下三个方面进行拓展和深化:

一是不断扩展样本考察期的期限,尽可能延长考察期,从更加长期的宏观数据中历史地考察农地产权结构对农业环境效率的影响,从而更为精准地提供理论参考。

二是对重点关注的变量与农业环境效率之间的影响机制进行更为细致的分析。充分挖掘微观数据库如农业部固定观察点的数据,构建农地长期投资、农地经营规模等变量的代理指标,识别农地产权结构通过农地长期投资和农地经营规模影响农业环境效率的中介机制。

三是对研究设计进行更加缜密的谋划。采用宏观数据和微观数据相结合的研究范式,对农业环境效率进行测算和深入研究农地产权结构对农业环境效率的影响机制,并比较宏观研究和微观研究的差异,从宏观和微观层面提出全面的政策建议。

参考文献

学术著作

[1]布坎南:《伦理学、效率与市场》,中国社会科学出版社 1991年版。

[2]陈强:《高级计量经济学及 Stata 应用》,高等教育出版社2014年版。

[3]冯海发:《农业可持续发展:理论与实践》,吉林出版集团2016年版

[4]德姆塞茨:《关于产权的理论》,载刘守英等译:《财产权利与制度变迁——产权学派与新制度学派译文集》,上海人民出版社1994年版。

[5]黄少安:《产权经济学导论》,山东人民出版社 1997年版。

[6]黄宗智:《长江三角洲小农家庭与乡村发展》,中华书局2000年版。

[7]戴利、汤森:《珍惜地球———经济学、生态学、伦理学》,马杰等译,商务印书馆 2001年版。

[8]蕾切尔·卡逊:《寂静的春天》,马绍博译,天津人民出版社2017年版。

[9]科斯等:《财产权利与制度变迁——产权学派与新制度学派译文集》,刘守英等译,上海人民出版社1994年版。

[10]李静:《中国地区环境效率的差异与规制研究》,社会科学文献出版社2012年版。

[11]林毅夫:《制度技术与中国农业发展》,上海人民出版社1994年版。

[12]罗必良:《产权强度、土地流转与农民权益保护》,经济科学出版社2013年版。

[13]速水佑次郎、弗农·拉坦:《农业发展的国际分析》,郭熙保等译,中国社会科学出版社2000年版。

[14]斯韦托扎尔·平乔维奇:《产权经济学:一种关于比较体制的理论》,蒋琳琦译,经济科学出版社1999年版。

[15]张五常:《佃农理论》,商务印书馆2002年版。

[16]张振环:《中国农地产权制度对农业生态环境的影响研究》,经济科学出版社2016年版。

[17]周其仁:《产权与制度变迁:中国改革的经验研究》,社会科学文献出版社2002年版。

[18]梅多斯等:《增长的极限》,李涛等译,机械工业出版社2013年版。

[19]恰亚诺夫:《农民经济组织》,中央编译出版社1996年版。

期刊论文

［20］陈杰、苏群:《土地流转、土地生产率与规模经营》,《农业技术经济》2017 年第 1 期。

［21］陈敏鹏、陈吉宁、赖斯芸:《中国农业和农村污染的清单分析与空间特征识别》,《中国环境科学》2006 年第 6 期。

［22］陈明、陈泽萍:《加快农地流转与发展农业适度规模经营的政策选择》,《求实》2012 年第 6 期。

［23］陈小君:《我国〈土地管理法〉修订:历史、原则与制度——以该法第四次修订中的土地权利制度为重点》,《政治与法律》2012 第 5 期。

［24］陈志刚、曲福田:《农地产权制度变迁的绩效分析——对转型期中国农地制度多样化创新的解释》,《中国农村观察》2003 年第 1 期。

［25］陈仲常、马红旗:《人力资本的离散度、追赶效应与经济增长的关系——基于人力资本分布结构的异质性》,《数量经济技术经济研究》2011 年第 6 期。

［26］成德宁:《各种发展思路视角下的城市化》,《国外社会科学》2004 年第 6 期。

［27］褚彩虹、冯淑怡、张蔚文:《农户采用环境友好型农业技术行为的实证分析——以有机肥与测土配方施肥技术为例》,《中国农村经济》2012 年第 3 期。

［28］杜江、王锐、王新华:《环境全要素生产率与农业增长:基于

DEA-GML 指数与面板 Tobit 模型的两阶段分析》,《中国农村经济》2016 年第 3 期。

[29]丰雷、蒋妍、叶剑平:《诱致性制度变迁还是强制性制度变迁？——中国农村土地调整的制度演进及地区差异研究》,《经济研究》2013 年第 6 期。

[30]丰雷等:《中国农村土地转让权改革的深化与突破——基于 2018 年"千人百村"调查的分析和建议》,《中国农村经济》2020 年第 12 期。

[31]高帆:《中国农业生产率提高的优先序及政策选择》,《经济理论与经济管理》2008 年第 8 期。

[32]高圣平:《新型农业经营体系下农地产权结构的法律逻辑》,《法学研究》2014 年第 4 期。

[33]郜亮亮等:《中国农地流转市场的发展及其对农户投资的影响》,《经济学（季刊）》2011 年第 4 期。

[34]郜亮亮、冀县卿、黄季焜:《中国农户农地使用权预期对农地长期投资的影响分析》,《中国农村经济》2013 年第 11 期。

[35]郜亮亮、黄季焜:《不同类型流转农地与农户投资的关系分析》,《中国农村经济》2011 年第 4 期。

[36]葛继红、周曙东:《农业面源污染的经济影响因素分析——基于 1978—2009 年的江苏省数据》,《中国农村经济》2011 年第 5 期。

[37]郭忠兴、罗志文:《农地产权演进:完整化、完全化与个人化》,《中国人口资源与环境》2012 年第 10 期。

［38］郭忠兴、汪险生、曲福田:《产权管制下的农地抵押贷款机制设计研究——基于制度环境与治理结构的二层次分析》,《管理世界》2014 年第 9 期。

［39］郭阳、徐志刚:《耕地流转市场发育、资源禀赋与农地规模经营发展》,《中国农村经济》2021 年第 6 期。

［40］韩洪云、杨增旭:《农户测土配方施肥技术采纳行为研究——基于山东省枣庄市薛城区农户调研数据》,《中国农业科学》2011 年第 23 期。

［41］侯伟丽:《可持续发展模式的兴起与经济学理论范式的转变》,《经济学家》2004 年第 2 期。

［42］洪绂曾:《新中国农业 60 年成就、经验与可持续发展》,《中国人口·资源与环境》2010 年第 8 期。

［43］黄季焜、冀县卿:《农地使用权确权与农户对农地的长期投资》,《管理世界》2012 年第 9 期。

［44］胡雯、张锦华、陈昭玖:《农地产权、要素配置与农户投资激励:"短期化"抑或"长期化"》,《财经研究》2020 年第 2 期。

［45］黄少安、孙圣民、宫明波:《中国土地产权制度对中国农业经济增长的影响》,《中国社会科学》2005 年第 3 期。

［46］霍瑜等:《土地规模与农业技术利用意愿研究——以湖北省两型农业为例》,《农业技术经济》2016 年第 7 期。

［47］胡平波、钟漪萍:《政府支持下的农旅融合促进农业生态效率提升机理与实证分析——以全国休闲农业与乡村旅游示范县为例》,《中国农村经济》2019 年第 12 期。

[48]侯孟阳、姚顺波:《1978—2016 年中国农业生态效率时空演变及趋势预测》,《地理学报》2018 年第 11 期。

[49]冀县卿、钱忠好:《中国农业增长的源泉:基于农地产权结构视角的分析》,《管理世界》2010 年第 11 期。

[50]冀县卿、钱忠好:《农地产权结构变迁与中国农业增长:一个经济解释》,《管理世界》2009 年第 1 期。

[51]金书秦、沈贵银:《中国农业面源污染的困境摆脱与绿色转型》,《改革》2013 年第 5 期。

[52]金书秦、牛坤玉、韩冬梅:《农业绿色发展路径及其"十四五"取向》,《改革》2020 第 2 期。

[53]李翠霞、曹亚楠:《中国奶牛养殖环境效率测算分析》,《农业经济问题》2017 年第 3 期。

[54]李谷成、冯中朝、范丽霞:《小农户真的更有效率吗?——来自湖北省的经验证据》,《经济学(季刊)》2009 年第 1 期。

[55]李谷成:《中国农业的绿色生产率革命:1978—2008 年》,《经济学(季刊)》2014 年第 2 期。

[56]李谷成、范丽霞、闵锐:《资源、环境与农业发展的协调性——基于环境规制的省际农业环境效率排名》,《数量经济技术经济研究》2011 年第 10 期。

[57]李国祥:《论中国农业发展动能转换》,《中国农村经济》2017 年第 7 期。

[58]李宁、何兴邦、王舒娟:《地权结构细分视角下中国农地产权制度变迁与变革:一个分析框架的构建》,《中国农村观察》2017 年

第 2 期。

[59]李宁等:《农地产权结构、生产要素效率与农业绩效》,《管理世界》2017 年第 3 期。

[60]李全伦:《我国农村土地产权关系变迁:基于两权分离理论的解释》,《宏观经济研究》2009 年第 9 期。

[61]梁树春:《对石油农业与生态农业的再认识——兼论我国现代化农业模式的选择》,《农业现代化研究》1988 年第 3 期。

[62]林文声、秦明、王志刚:《农地确权颁证与农户农业投资行为》,《农业技术经济》2017 年第 12 期。

[63]林卿:《试论农地产权制度与生态环境》,《中国土地科学》1996 年第 2 期。

[64]刘成军:《试论城镇化的关键要素:人口、土地和产业所引发的城镇生态环境问题》,《理论月刊》2017 年第 1 期。

[65]刘强:《中国经济增长的收敛性分析》,《经济研究》2001 年第 6 期。

[66]刘兴凯、张诚:《中国服务业全要素生产率增长及其收敛分析》,《数量经济技术经济研究》2010 年第 3 期。

[67]刘守英:《中国农地制度的合约结构与产权残缺》,《中国农村经济》1993 年第 2 期。

[68]罗能生、张梦迪:《人口规模、消费结构与环境效率》,《人口研究》2017 年第 3 期。

[69]吕娜、朱立志:《中国农业环境技术效率与绿色全要素生产率增长研究》,《农业技术经济》2019 年第 4 期。

［70］马林静、欧阳金琼、王雅鹏:《农村劳动力资源变迁对粮食生产效率影响研究》,《中国人口·资源与环境》2014年第9期。

［71］马贤磊:《现阶段农地产权制度对农户土壤保护性投资影响的实证分析——以丘陵地区水稻生产为例》,《中国农村经济》2009年第10期。

［72］马贤磊:《农地产权安全性对农业绩效影响:投资激励效应和资源配置效应——来自丘陵地区三个村庄的初步证据》,《南京农业大学学报(社会科学版)》2010年第4期。

［73］马贤磊等:《耕地流转与规模经营改善了农业环境吗?——基于耕地利用行为对农业环境效率的影响检验》,《中国土地科学》2019年第6期。

［74］孟祥海、杜丽永、沈贵银:《中国农业环境技术效率与绿色全要素生产率增长变迁——基于种养结合视角的再考察》,《农业经济问题》2019年第6期。

［75］钱忠好:《农村土地承包经营权产权残缺与市场流转困境:理论与政策分析》,《管理世界》2002年第6期。

［76］仇焕广等:《经营规模、地权稳定性与土地生产率——基于全国4省地块层面调查数据的实证分析》,《中国农村经济》2017年第6期。

［77］饶芳萍、马贤磊、石晓平:《土地产权安全性对生态友好型农业项目增收绩效的影响——以新疆林果套种项目为例》,《南京农业大学学报(社会科学版)》2016年第6期。

［78］沈能、周晶晶、王群伟:《考虑技术差距的中国农业环境技

术效率库兹涅茨曲线再估计:地理空间的视角》,《中国农村经济》2013 年第 12 期。

[79]宋金田、祁春节:《农户农业技术需求影响因素分析——基于契约视角》,《中国农村观察》2013 年第 6 期。

[80]孙林、傅康生:《农村土地适度规模经营的阻碍因素与转型路径》,《中共中央党校学报》2015 年第 1 期。

[81]孙圣民、陈强:《家庭联产承包责任制与中国农业增长的再考察——来自面板工具变量法的证据》,《经济学(季刊)》2017 年第 2 期。

[82]谭秋成:《作为一种生产方式的绿色农业》,《中国人口·资源与环境》2015 年第 9 期。

[83]唐博文、罗小锋、秦军:《农户采用不同属性技术的影响因素分析——基于 9 省(区)2110 户农户的调查》,《中国农村经济》2010 年第 6 期。

[84]滕泽伟、胡宗彪、蒋西艳:《中国服务业碳生产率变动的差异及收敛性研究》,《数量经济技术经济研究》2017 年第 3 期。

[85]田伟、杨璐嘉、姜静:《低碳视角下中国农业环境效率的测算与分析——基于非期望产出的 SBM 模型》,《中国农村观察》2014 年第 5 期。

[86]王宝义、张卫国:《中国农业生态效率的省际差异和影响因素——基于 1996—2015 年 31 个省份的面板数据分析》,《中国农村经济》2018 年第 1 期。

[87]魏琦、张斌、金书秦:《中国农业绿色发展指数构建及区域

比较研究》,《农业经济问题》2018 年第 11 期。

[88]温忠麟等:《中介效应检验程序及其应用》,《心理学报》2004 年第 2 期。

[89]王亚辉等:《中国农地经营规模对农业劳动生产率的影响及其区域差异》,《自然资源学报》2017 年第 4 期。

[90]王跃生:《制度因素与中国农业的环境生态问题》,《经济学家》1998 年第 2 期。

[91]文长存等:《新形势下农户粮食规模经营行为及其影响因素研究——基于粮食主产区的调查数据》,《华中农业大学学报(社会科学版)》2017 年第 3 期。

[92]邢丽荣、徐翔:《水产养殖经济效率与环境效率的测度及分析——以不同模式下淡水鱼池塘养殖为例》,《农业技术经济》2016 年第 4 期。

[93]许恒周、石淑芹:《农民分化对农户农地流转意愿的影响研究》,《中国人口与资源与环境》2012 年第 9 期。

[94]许庆、章元:《土地调整、地权稳定性与农民长期投资激励》,《经济研究》2005 年第 10 期。

[95]徐世艳、李仕宝:《现阶段我国农民的农业技术需求影响因素分析》,《农业技术经济》2009 年第 4 期。

[96]杨美丽、周应恒、王图展:《农村公共事业发展对农户农业生产性投资的影响——基于地区面板数据的实证分析》,《财贸研究》2007 年第 3 期。

[97]杨骞、王弘儒、武荣伟:《中国农业用水效率的分布格局与

空间交互影响:1998—2013 年》,《数量经济技术经济研究》2017 年第 2 期。

[98]姚洋:《农地制度与农业绩效的实证研究》,《中国农村观察》1998 年第 6 期。

[99]姚洋:《中国农地制度:一个分析框架》,《中国社会科学》2000 年第 2 期。

[100]姚增福、唐华俊、刘欣:《要素积累、人力资本与农业环境效率间门槛效应研究——低碳约束下面板门槛模型检验》,《重庆大学学报(社会科学版)》2017 年第 4 期。

[101]姚增福:《环境规制、农业投资与农业环境效率趋同——"波特假说"和投资调整成本整合框架的分析》,《统计研究》2020 年第 7 期。

[102]叶初升、惠利:《农业财政支出对中国农业绿色生产率的影响》,《武汉大学学报(哲学社会科学版)》2016 年第 3 期。

[103]叶剑平、田晨光:《转型深化期中国农村土地产权结构考察与思考——基于 2005 年和 2011 年中国 17 省调查的实证分析》,《财经科学》2012 年第 9 期。

[104]尹云松:《论以农地使用权抵押为特征的农地金融制度》,《中国农村经济》1995 年第 6 期。

[105]于法稳:《习近平绿色发展新思想与农业的绿色转型发展》,《中国农村观察》2016 年第 5 期。

[106]余东华、孙婷:《环境规制、技能溢价与制造业国际竞争力》,《中国工业经济》2017 年第 5 期。

[107]俞海等:《地权稳定性、土地流转与农地资源持续利用》，《经济研究》2003 年第 9 期。

[108]曾福生:《推进土地流转发展农业适度规模经营的对策》，《湖南社会科学》2015 年第 3 期。

[109]占辉斌、胡庆龙:《农地规模、市场激励与农户施肥行为》，《农业技术经济》2017 年第 11 期。

[110]张可、丰景春:《强可处置性视角下中国农业环境效率测度及其动态演进》，《中国人口·资源与环境》2016 年第 1 期。

[111]张龙耀、杨军:《农地抵押和农户信贷可获得性研究》，《经济学动态》2011 年第 11 期。

[112]张曙光、程炼:《复杂产权论和有效产权论——中国地权变迁的一个分析框架》，《经济学(季刊)》2012 年第 4 期。

[113]张屹山、崔晓:《资源、环境与农业可持续发展——物料平衡原则下的省级农业环境效率计算》，《农业技术经济》2014 年第 6 期。

[114]张振环、张光宏:《农地产权制度对耕地生态环境的影响》，《中南财经政法大学学报》2013 年第 4 期。

[115]张忠明、钱文荣:《不同土地规模下的农户生产行为分析——基于长江中下游区域的实地调查》，《四川大学学报(哲学社会科学版)》2008 年第 1 期。

[116]张杨、陈娟娟:《农业生态效率的国际比较及中国的定位研究》，《中国软科学》2019 年第 10 期。

[117]赵丽平、王雅鹏、何可:《我国粮食生产的环境技术效率测

度》,《华南农业大学学报(社会科学版)》2016 年第 3 期。

[118]赵鲲、刘磊:《关于完善农村土地承包经营制度发展农业适度规模经营的认识与思考》,《中国农村经济》2016 年第 4 期。

[119]赵阳:《对农地再分配制度的重新认识》,《中国农村观察》2004 年第 4 期。

[120]郑林庄:《农业现代化的目标是提高农业生产效率》,《经济研究》1980 年第 6 期。

[121]朱民、尉安宁、刘守英:《家庭责任制下的土地制度和土地投资》,《经济研究》1997 年第 10 期。

[122]朱宁、秦富:《畜禽规模养殖场环境效率与环境全要素生产率分析——以蛋鸡为例》,《农业技术经济》2015 年第 9 期。

博士论文

[123]李谷成:《转型期中国农业生产率研究》,华中农业大学 2008 年博士学位论文。

[124]梁流涛:《农村生态环境时空特征及其演变规律研究》,南京农业大学 2009 年博士学位论文。

[125]庞家幸:《中国农业生态效率研究》,兰州大学 2016 年博士学位论文。

[126]杨敏:《产业集聚对工业污染排放的影响研究》,武汉大学 2017 年博士学位论文。

[127]李宁:《农地产权变迁中的结构细分特征研究》,南京农业大学 2016 年博士学位论文。

英文专著

[128]North D. C. *Understanding the Process of Economic Change*, Princeton, Princeton University Press, 2005.

[129]Schultz T. W. *Transforming Traditional Agriculture*, New Haven: Yale University Press,1964.

英文期刊

[130]Abdulai A. N., Abdulai A. "Examining the impact of conservation agriculture on environmental efficiency among maize farmers in Zambia",*Environment and Development Economics*, 2017,22(02).

[131]Abdulai A., Owusu V., Goetz R. "Land tenure differences and investment in land improvement measures: Theoretical and empirical analyses",*Journal of Development Economics*, 2011,96(01).

[132]Abedullah, Kouser S., Qaim M. "Bt Cotton, pesticide use and environmental efficiency in Pakistan",*Journal of Agrilulutural Economics*, 2015,66(01).

[133]Adamopoulos T., Restuccia D. "The size distribution of farms and international productivity differences",*American Economic Review*, 104(06).

[134]Alchian A., Demsetz H. "The property right paradigm",*The Journal of Economic History*, 1973,33(01).

[135]Alejandro N. P. "Reducing the Environmental Efficiency

Gap in Global Livestock Production", *American Journal of Agricultural Economics*, 2013,95(05).

[136]Andersen P., Petersen N. C. "A procedure for ranking efficient units in data envelopment analysis", *Management Science*, 1993,39 (10).

[137]Assuncao J. J., Braido L. H. "Testing household-specific explanations for the inverse productivity relationship", *American Journal of Agricultural Economics*, 2007,89(05).

[138]Baron R. M., Kenny D. A. "The moderator-mediator variable distinction in social psychological research: conceptual, strategic and statistical considerations", *Journal of Personality and Social Psychology*, 1986,51(06).

[139]Barrett C. B, Bellemare M. F., Hou J Y. "Reconsider Conventional Explanations of the inverse productivity-size relationship", *World Development*, 2010, 38(01).

[140]Beekman G., Bulte E. H. "Social norms, tenure security and soil conservation: Evidence from Burundi", *Agricultural Systems*, 2012,108.

[141]Beltran-Esteve M., Gomez-Limon J. A., Picazo-Tadeo A. J., Reig-Martinez E. "A metafrontier directional distance function approach to assessing eco-efficiency", *Journal of Productivity Analysis*, 2014,41.

[142]Bernard A. B., Jones C. I. "Comparing Apples to Oranges:

Productivity Convergence and Measurement Across Industries and Countries", 1996, 86(05).

[143] Besley T. "Property rights and investment incentives: theory and evidence from Ghana", *Journal of Political Economics*, 1993, 103 (05).

[144] Brasselle A., Gaspart F., Platteau J. "Land tenure security and investment incentives: puzzling evidence from Burkina Faso", 2002, 67(02).

[145] Brunno U. S. F. "Approximating the bias of the LSDV estimatior for dynamic unbalanced panel data model", *Economic Letter*, 2005, 87(03).

[146] Charnes A., Cooper W. "Programming with linear fractional functional", *Naval Research Logistic Quarterly*, 1962, 9(03).

[147] Chen Z., Wallcace E. H., Scott R. "Inverse relationship between productivity and farm size: the case of China", *Contemporary Economic Policy*, 2011, 29(04).

[148] Chung Y. H., Fare R., Grosskopf S. "Productivity and Undesirable Outputs: A Directional Distance Function Approach", *Journal of Environmental Management*, 1997, 51(03).

[149] Clark M., Tilman D. "Comparative analysis of environmental impacts of agricultural production system, agricultural input efficiency, and food choice", *Environmental Research Letters*, 2017, 12(06).

[150] Coelli T., Lauwer L., Huylenbroeck G. V. "Environmental

efficiency measurement and the materials balance condition", *Journal of Productivity Analysis*, 2007,28(1-2).

[151]Coase R. H. "The problem of social cost", *Journal of Law and Economics*,1960,3(04).

[152]Cuesta R. A., Lovell C. A., Zofio J. L. "Environmental efficiency measurement with translog distance functions: a parametric approach",*Ecological Economics*, 2009,68(08).

[153]Deininger K., Jin S. "Tenure security and land-related Investment: Evidence from Ethiopia ", *European Economic Review*, 2006, 50(05).

[154]Deininger K., Jin S., Xia F., et al. "Moving off the farm: land institutions to facilitate structural transformation and agricultural productivity growth in China", *World Development*, 2014, 59(03).

[155]Demsetz H. "Toward a theory of property rights Ⅱ: the competition between private and collective ownership", *Journal of Legal Studies*,2002,31(02).

[156]Dong X. Y. "Two tier land system and sustained economic growth in post-1978 rural China", *World Development*, 1996,24(05).

[157]Färe R., Grosskopf S. "Modeling undesirable factors in efficiency evaluation: Comment ", *European Journal of Operational Research*, 2004,157(01).

[158]Fare R., Grosskopf S., Lovell C., Pasurka C. "Multilateral productivity comparisons when some outputs are undesirable: a nonpara-

metric approach", *Review of Economics and Statistics*, 1989, 71(01).

[159]Feder G. "The relation between farm size and farm productivity: the role of family labor, supervision and credit constraints", *Journal of Development Economics*, 1985, 18(02).

[160]Feder G. "Land ownership security and farm productivity: Evidence from Thailand", *Journal of Development Studies*, 1987, 24 (01).

[161]Feder G., Lau L. J., Lin J. Y., Luo X. "The Determinants of Farm Investment and Residential Construction in Post-reform in China", *Economic Development and Cultural Change*, 1992,41(01).

[162]Fenske J. "Land tenure and investment incentives: evidence from west African", *Journal of Development Economics*, 2011,95(02).

[163]Forsund F. R. "Good modeling of bad outputs: pollution and multiple-output production", *International Review of Environmental and Resource Economics*, 2003, 3(01).

[164]Foster A. D., Rosenzweig M. R. "Agricultural productivity growth, rural economic diversity, and economic reforms: India, 1970-2000", *Economic Development and Cultural Change*, 2004, 52 (03).

[165]Gebremedhin B., Swinton S. M. "Investment in soil conservation in northern Ethiopia: the role of land tenure security and public program", *Agricultural Economics*, 2002, 29(01).

[166]Gerezihar K., Tilahun M. "Impacts of parcel-based second

level landholding certificates on soil conservation investmentin Tigrai, Northern Ethiopia", *Journal of Land and Rural Studies*, 2014, 2(02).

[167] Hoang V., Alauddin M. "Input-Orientated Data Envelopment Analysis Framework for Measuring and Decomposing Economic, Environmental and Ecological Efficiency: An Application to OECD Agriculture", *Environmental and Resource Economics*, 2012, 51(03).

[168] Hoang V., Coelli T. "Measurement of agricultural total factor productivity growth incorporating environmental factors: A nutrients balance approach", *Journal of Environmental Economics and Management*, 2011, 62(03).

[169] Hoang V., Nguyen T. T. "Analysis of environmental efficiency variations: A nutrient balance approach", *Ecological Economics*, 2013, 86.

[170] Jacoby H. G., Li G., Rozelle S. "Hazards of Expropriation: Tenure Insecurity and Investment in Rural China", *American Economic Review*, 2002, 92(05).

[171] Jin S., Deininger K. "Land rental markets in the process of rural structural transformation: productivity and equity impacts from China", *Journal of Comparative Economics*, 2009, 37(04).

[172] Kimura S., Otsuka K., Rozelle S. "Efficiency of land allocation through tenancy markets: Evidence from China", *Economic Development and Cultural Change*, 2011, 59(03).

[173] Kung J. K., Bai Y. "Induced Institutional Change or Trans-

action Costs? The Economic Logic of Land Reallocations in Chinese Agriculture",2011,47(10).

[174]Kuosmanen T., Kortelainen M. "Measuring eco-efficiency of production with data envelopment analysis", *Journal of Industrial Ecology*, 2005, 9(04).

[175]Lansink A. O., Wall A. "Frontier models for evaluating environmental efficiency: an overview", *Economics and Business Letters*, 2014,1(03).

[176]Lauwers L. "Justifying the incorporation of the materials balance principle into frontier-based eco-efficiency model", *Ecological Economics*, 2009,68(06).

[177]Li G., Rozelle S., Brandt L. "Tenure, Land Rights, and Farmer Investment Incentives in China", *Agricultural Economics*, 1998, 19(01).

[178]Lin J.Y. "Rural reforms and agricultural growth in China", *American Economic Review*, 1992,82(01).

[179]Lovo S. "Tenure Insecurity and Investment in Soil Conservation. Evidence from Malawi", *World Development*, 2016,78.

[180] Mankiw W. "A contribution to the empirics of economic growth", *Quarterly Journal of Economics*, 1990,107(02).

[181]McMillan J., Whalley J., Zhu L. "The Impact of China's Economic Reforms on Agricultural Productivity Growth",1989,97(04).

[182]Newell A., Pandya K., Symons J. "Farm size and the inten-

sity of land use in Gujarat", *Oxford Economic Paper*, 1997, 49(02).

[183]Nelson R. R., Edmund S. "Investment in humans, technological diffusion, and economic growth", *American Economic Review*, 1966, 45(61).

[184]Nguyen T. T, Hoang V. N., Seo B. "Cost and environmental efficiency of rice farms in South Korea", *Agricultural Economics*, 2012, 43 (04).

[185]Patrick G. F., Kehrberg E. W. "Costs and returns of education in five agricultural Regions of Eastern Brazil", *American Journal of Agricultural Economics*, 1973, 31(55).

[186]Pastor J. T., Lovell C. A. K. "A global Malmquist productivity index", *Economics Letters*, 2005, 88(02).

[187]Picazo-Tadeo A. J., Gomez-Limon J. A., Reig-Martinez E. "Assessing farming eco-efficiency: A data envelopment analysis approach", *Journal of Environmental Management*, 2011, 92(04).

[188]Reinhard S., Lovell C. A. K., Thijssen G. J. "Analysis of environmental efficiency variation", *American Journal of Agricultural Economics*, 2002, 84(04).

[189] Reinhard S., Lovell C. A. K., Thijssen G. J. "Environmental efficiency with multiple environmentally detrimental variables: estimated with SFA and DEA", *European Journal of Operational Research*, 2000, 121(02).

[190]Reinhard S., Lovell C. A. K., Thijssen G. J. "Econometric

estimation of technical and environmental efficiency: an application to Dutch dairy farms", *American Journal of Agricultural Economics*, 1999, 81(01).

[191] Rezitis N. A. "Agricultural productivity and convergence: Europe and the United States", 2010, 42(08).

[192] Saint-Macary C., Keil A., Zeller M., et al. "Land titling policy and soil conservation in the northern uplands of Vietnam", *Land Use Policy*, 2010, 27(02).

[193] Seiford L. M., Zhu J. "A response to comments on modeling undesirable factors in efficiency evaluation", *European Journal of Operational Research*, 2005, 161(01).

[194] Sicular T. "Plan and market in China's agricultural commerce", *Journal of Political Econmy*, 1988, 2(02).

[195] Skevas T., Stefanou S. E., Lansink A. O. "Can economic incentives encourage actual reductions in pesticide use and environmental spillovers?", *Agricultural Economics*, 2012, 43(03).

[196] Song M. L., An Q. X., Zhang W., Wang Z. Y., Wu J. "Environmental efficiency evaluation based on data envelopment analysis: a review", *Renewable and Sustainable Energy Reviews*, 2012, 16(07).

[197] Tamini L. D., Larue B., West G. "Technical and environmental efficiencies and best management practices in agricultrue", *Applied Economics*, 2012, 44(13).

[198]Urdiales M. P., Lansink A. O. "Eco-efficiency among dairy farmers: the importance of socio-economic characteristics and farmer attitudes",*Environmental and Resource Economics*, 2016,64(04).

[199]Vandenbussche J., Aghion P., Meghir C. "Growth, distance to frontier and composition of human capital", *Journal of Economic Growth*, 2006, 51(11).

[200]Vlontzos G., Niavis S., Manos B. "A DEA approach for estimating the agricultural energy and environmental efficiency of EU countries",*Renewable and Sustainable Energy Reviews*, 2014, 40.

[201]Wackernagel M., Rees W. E. "Our Ecological Footprint: Reducing Human Impact on the Earth",*New Society Publishers*, 1996,1(03).

[202]Wang H., Tong J., Su F., et al. "To reallocate or not: reconsidering the dilemma in China's agricultural land tenure policy",*Land Use Policy*, 2011, 28(04).

[203]Wang X., Chen K. Z., Gupta S. D., et al. "Is small still beautiful? a comparative study of rice farm size and productivity in China and India",*China Agricultural Economic Review*, 2015,7(03).

[204]Williams T. O. "Factors influencing manure application by farmers in semi-arid west Africa", *Nutrient Cycling in Agroecosystems*, 1999, 55(01).

[205]Wu Y., Xi X., et al. "Policy distortion, farm size, and the overuse of agricultural chemicals in China",*Proceedings of the National*

Academy of Sciences of the United States of America, 2018, 115(27).

[206] Yao Y. "The development of the land lease market in rural China", *Land Economics*, 2000, 76(2).

后　记

本书是在我的博士论文基础上进行修改补充完成的。首先要感谢我的导师成德宁教授。作为一位工作多年的大龄女青年，我并非读博的最佳生源，然承蒙老师不弃，让我能有再次深造的机会。恩师言传身教、耳提面命使我受益终身，其严谨的治学作风和高深的学术造诣令人钦佩。难忘老师对我的资格论文和毕业论文逐字逐句、兢兢业业地修改，三年来更是不厌其烦地悉心指导与谆谆教诲，学生所取得的每一点成绩都凝聚着恩师的心血。成老师工作十分繁忙但是仍然挤出时间与我讨论，并给我充分的时间研读文献，让我寻找自己的兴趣点，从不干扰我的研究。生活上，老师厚德载物、两袖清风的人格魅力对我影响深远，身正为范地教我为人处世。他总是教导我们要平衡好学习和生活，努力学习也是为了更好地生活。尽管我尽力按照老师说的去做，然而仍然没能达到老师的要求，这是我深感遗憾之处，也是我今后努力的方向。衷心感谢恩师，愿恩师一生平安。感谢师母侯伟丽副教授在学习和生活上给予我们无微不至的关怀，整个师门就是温暖的大家庭，师门同心，其利断金。

同时也要感谢武汉大学经济研究所的钟水映教授、刘传江教授、杨艳琳教授、杨冕教授、余江副教授等。他们在我博士论文的写作、开题和预答辩过程中提出了宝贵的写作和修改意见，使得我的论文得到不断的改进和提升。特别要感谢钟水映教授、杨冕教授和余江副教授，在博士论文写作过程中我多次向他们请教，他们都不厌其烦给出了很好的建议。各位老师严谨求实的治学态度、开阔的研究视野、深厚的理论功底，令我深感敬佩！我还要感谢我的硕士生导师——湘潭大学的资树荣教授。即使毕业多年，也是时常关心我的学习和生活，尽他最大的力量给予帮助。

感谢亲爱的母校武汉大学为我们提供优美的学习环境，在珞珈山求学的三年是痛苦的，也是幸福的。感谢珞珈山和东湖水的滋养，为我的写作提供了创新的灵感。在我疲惫时，只要散步于珞珈山，就会倍感轻松；在我烦恼时，我骑行于东湖绿道，所有的烦恼都会烟消云散，重新获得能量，投入新的创作中。校园的一草一木、一砖一瓦都流露出家人般的亲切。山水一程，无论将来学子游向何方，母校永远是我们心灵的港湾！

一路走来，也要感谢支持和鼓励我的博士同学们（李强谊、张颖莉等），感谢你们在人生最美好的年华与我并肩作战，我们的革命友谊将陪伴我一生。感谢我的两任室友，他们是张亚芳博士和付明辉师妹，我们在学习和生活上相互鼓励，没有你们的支持和帮助，我很难顺利地走到今天。

感谢我的家人，他们无条件地支持我读博，让我学习期间没有后顾之忧。在我毅然决然地辞掉轻松稳定的工作时，父母没有半句指责,承担起家里的生活负担,让我心无旁骛地完成学业,当我遇到困难时总是开导我。家人就是我最坚强的后盾,无论我做多少都无法回报你们的恩情!

本书能够顺利出版,还要感谢中共广东省委党校(广东行政学院)《岭南理论视野丛书》的专项经费资助,同时感谢人民出版社赵圣涛编辑以及所有为此书出版而付出的工作人员。

由于我能力有限,书中存在不尽如人意之处,恳请批评指正。

李　燕

2022 年 6 月于广州黄华园

责任编辑:赵圣涛

封面设计:胡欣欣

图书在版编目(CIP)数据

农地产权结构对农业环境效率的影响研究/李燕 著. —北京:人民出版社,
 2022.10

ISBN 978 - 7 - 01 - 025117 - 2

Ⅰ.①农… Ⅱ.①李… Ⅲ.①农地制度-土地产权-影响-农业环境-生态
 环境-中国 Ⅳ.①F321.1②S181

中国版本图书馆 CIP 数据核字(2022)第 182291 号

农地产权结构对农业环境效率的影响研究

NONGDI CHANQUAN JIEGOU DUI NONGYE HUANJING XIAOLÜ DE YINGXIANG YANJIU

李 燕 著

人民出版社 出版发行

(100706 北京市东城区隆福寺街 99 号)

中煤(北京)印务有限公司印刷 新华书店经销

2022 年 10 月第 1 版 2022 年 10 月北京第 1 次印刷

开本:710 毫米×1000 毫米 1/16 印张:18.5

字数:320 千字

ISBN 978 - 7 - 01 - 025117 - 2 定价:89.00 元

邮购地址 100706 北京市东城区隆福寺街 99 号

人民东方图书销售中心 电话 (010)65250042 65289539